明道任事

教育之道

席西民◎编著

清华大学出版社
北京

内 容 简 介

教育变革从世界发展趋势看迫在眉睫，从中国现状看箭在弦上。战役已启动、口号已喊响、部署已发布，但如何切实有效行动？依据作者的观察和西交利物浦大学（简称西浦）的实践，很多号召缺乏落实的动力，有些部署前瞻性不够。本书收集了这两年作者写的文章、政策建议、接受媒体的采访以及西浦探索总结，分为“教育的反思与重塑”“寄望西浦”“西浦的故事”“第三只眼睛看教育”“教育与社会发展”“为人为教”和“附录”七部分。希望借助对教育的研究与思考（明道）以及西浦脚踏实地的持续创新（笃行），能对教育的前行，特别是中国新一轮的教育改革发出一点能够让人反省的声音，为教育反思、教学重塑、大学再定义时代的中国高等教育的健康发展摇旗呐喊、擂鼓助威，为数字智能时代的高教变革贡献力量。这些“在路上”的探索和思考，可使关心教育的读者，包括学校领导和管理者、老师、学生、家长、教育从业者、其他社会人士等有身临其境的共鸣和启示。

图书在版编目(CIP)数据

明道任事：教育之道 / 席酉民编著. —北京：清华大学出版社，2020.6（2020.9重印）
ISBN 978-7-302-55080-8

Ⅰ. ①明… Ⅱ. ①席… Ⅲ. ①高等教育－教育研究－中国 Ⅳ. ① G649.2

中国版本图书馆 CIP 数据核字（2020）第 039390 号

责任编辑：杜　星
封面设计：李伯骥
版式设计：方加青
责任校对：王荣静
责任印制：杨　艳

出版发行：清华大学出版社
网　　址：http://www.tup.com.cn，http://www.wqbook.com
地　　址：北京清华大学学研大厦 A 座　　**邮　　编：**100084
社 总 机：010-62770175　　**邮　　购：**010-62786544
投稿与读者服务：010-62776969，c-service@tup.tsinghua.edu.cn
质 量 反 馈：010-62772015，zhiliang@tup.tsinghua.edu.cn
印 装 者：三河市国英印务有限公司
经　　销：全国新华书店
开　　本：185mm×260mm　　**印　　张：**21.5　　**字　　数：**306 千字
版　　次：2020 年 6 月第 1 版　　**印　　次：**2020 年 9 月第 3 次印刷
定　　价：69.00 元

产品编号：084040-01

前言

教育的国际化催生了西交利物浦大学（以下简称“西浦”）。经过10年孜孜以求的努力，针对数字化、智能化时代的教育，西浦已经迈出了可喜的一步，受到了同行和社会各界的日益关注。恰逢西浦步入其发展2.0的关键时刻，中国高等教育又迎来了一个新的春天。

为了贯彻习近平新时代中国特色社会主义思想和党的十九大精神，全面落实习近平总书记2018年5月2日在北京大学师生座谈会上重要讲话精神，6月21日教育部在四川省成都市召开“新时代全国高等学校本科教育工作会议”，共5.2万教育领导者、管理者、教师代表通过主会场和视频分会场参加了会议，预示着“坚持‘以本为本’，推进‘四个回归’，加快建设高水平本科教育、全面提高人才培养能力，造就堪当民族复兴大任的时代新人”的一个教育变革新时代的开启。

教育部部长陈宝生对“以本为本”做了生动的阐述：高教大计，本科为本；本科不牢，地动山摇。……高等教育战线要树立“不抓本科教育的高校不是合格的高校”“不重视本科教育的校长不是合格的校长”“不参与本科教育的教授不是合格的教授”的理念，坚持“以本为本”，把本科教育放在人才培养的核心地位、教育教学的基础地位、新时代教育发展的前沿地位。高校领导注意力要首先在本科聚焦，教师精力要首先在本科集中，学校资源要首先在本科配置，教学条件要首先在本科使用，教学方法和激励机制要首先在本科创新，核心竞争力和教学质量要首先在本科显现，发展战略和办学理念要首先在本科实践，核心价值体系要首先在本科确立。

进而，陈部长强调了“四个回归”的推进：一是回归常识。要围绕学生刻苦读书来办教育，引导学生求真学问、练真本领。二是回归本分。要引导教师热爱教学、倾心教学、研究教学，潜心教书育人。三是回归初心。要坚持正确政治方向，促进专业知识教育与思想政治教育相结合，用知识体系教、价值体系育、创新体系做，倾心培养建设者和接班人。四是回归梦想。要推动办学理念创新、组织创新、管理创新和制度创新，倾力实现教育报国、教育强国梦。

在阐述如何推进此轮教育变革时陈部长指出要写好“奋进之笔”：一是内涵发展更深一些。二是领跑发展更快一些。三是公平发展更实一些。四是“变轨超车”更坚定一些。五是创新发展更紧迫一些。而且提出了格局很高的要求：要不断推动高等教育的思想创新、理念创新、方法技术创新和模式创新，更加自信地在世界舞台、国际坐标和全球格局中去谋划发展，参与竞争和治理，创建中国理念、中国标准、中国方法和中国模式，建设世界高等教育新高地。

西浦的使命是通过整合东西方教育最优实践，根据未来世界发展趋势和需求，探索教育新模式、新型大学运行体系及其与社会的互动关系，并以此影响中国和世界教育发展！可以看出，西浦的创建与发展，暗合了国家的战略部署和期待。然而，在与大量来西浦参与各类培训和研讨班的教育领导、管理者和教师及支撑员工的交流中，我们不难体会到这种即使是回归本质，甚或是常识性的改革似乎阻力不小，路还很长！每当我在国家教育行政学院、大会或西浦的培训班演讲完后，提问环节总会听到这样的感叹：席校长，我们听了感动、看了激动，但回去不动，因为我们的体制不同。你们可以做，我们做不成。其实我内心并不认同这种说法，于是回应：当下教育变革，有体制问题，也有管理问题和技术问题。后两者不受体制约束，可以立即行动。

即使是体制问题，一是无法等，二是并没有大家想象的那样大，在现有体制下只要愿意，我们仍有很大行动空间。当大家创造性地走出一步后，你便会发现，体制也在演变，我们的空间在日益增大。听到我的回答后，大部分听众会接着说，你应该给我们书记和校长讲！

上述体验让我深深感到，从世界发展局势来讲，此轮教育变革迫在眉睫，否则中国教育将跟不上其经济社会发展需求和世界教育发展潮流；从国内教育本身来看，此轮教育改革应该是一种救赎性的行动。现在，战役已启动，口号已喊响，行动部署已发布，等待的是切实有效的行动。依据我的观察和西浦的探索实践，我们很多号召还缺乏落实的动力，很多具体的部署前瞻性不够，例如，如何真正落实“以学生和以学习为中心”？如不从资源配置和评估体系上变革，就难有落实的态度和动力；如何变革现行的“内容导向的被动式的应试教育”为数字化、网络化的新教育，形成相应的学与教的方式，仍缺乏哲学、教育理论和方法论上的研究；如何适应机器人和人工智能时代的人才需求，创建新的育人理念和教育模式，现在在理论和实践上的有效探索还远远不够；即使通过政策改变解决了教师专注于教育的态度问题，但大量颠覆性技术的涌现以及教育理念的巨变，令师资队伍本身跟不上时代的要求，现有的大学师资发展中心从理念到技术和资源急需提升；另外，教育系统本身的行动受制于社会对人才和教育的认知，社会在呼吁教育变革的同时，又在不断地制造阻力，教育环境是我们此轮变革不可忽视的挑战……

在引领西浦发展的过程中，自然无法回避上述这些困难和挑战，然而通过创新、努力和坚守，我们也做出了自己的解读，形成了西浦的方案，取得了西浦初步的成功实践。这也是我出版这本小书的动因之一。一是与大家分享我们教育探索的心路历程，从这些文本中大家可以窥视一二；二是我从事管理研究和实践以及教育探索几十年，除学术研究外，也出版过一个关于管理反思和感悟系列——《管理之道》；在西浦 10 周年之际，曾计划出版另一个关于教育的探索和感悟系列——《教育之道》，2016 年已由人民大学出版社出版《理性“狂言”——教育之道》，这本书是该系列之二。

本书收集了近些年来我所写的文章、部分政策建议、所接受的媒体采访以及我就西浦教育探索（作为一只改革的“麻雀”）的简单总结，呈献给大家，希望能对教育的前行，特别是中国新一轮的教育改革发出一点点能够让人反省的声音，为教育反思、教学重塑、大学再定义时代的中国高等教育的健康发展摇旗呐喊、擂鼓助威！

本书中文章虽被分为“教育的反思与重塑”“寄望西浦”“西浦的故事”“第三只眼睛看教育”“教育与社会发展”“为人为教”六部分，其实每篇具有相对独立性，好处是可以根据兴趣和关注点分开阅读，缺点是局部素材可能稍有重复感，但权衡阅读利弊，依然保留了当下的结构，当然在编辑的过程中已尽力减少或避免之。

虽然源自理论分析、真诚实践，出自理性思考、客观总结，但文中不周之处在所难免，因目的是抛砖引玉，只要能引起反思、争论或讨论已达到目标。

最后，我要感谢西浦师生员工在教育探索上的不懈努力和杰出贡献，各界朋友对西浦发展的殷切关注和持续支持，西浦领导力与教育前沿院（ILEAD）常务副院长张晓军博士、我的前助理褚静枫女士等同事对有些文章的贡献，我的新助理魏双双女士对书稿的通读和文字修订！更欢迎读者的批评和指正！我的邮箱是：youmin.xi@xjtlu.edu.cn。

作者

2019 年 8 月 8 日于西浦

序

西交利物浦大学发展 2.0

这是一个令人无奈的时代，因为我们的传统生活方式在不断被颠覆……

这是一个令人困惑的时代，因为我们每天不得不与不确定性、复杂性、模糊性、快变性打交道……

这是一个精彩的时代，颠覆孕育全新的体验，不确定性带来创新的机遇，复杂性提供令人激动的挑战，模糊性保留迂回探索的空间，快变性保持生活的激情，催促我们从新到更新，从好到更好……

我庆幸生活在这个时代，特别是作为教育工作者，在全球反思教育、重塑教学、再定义大学的过程中，在有望引领 21 世纪发展的中国土地上，在重视教育又被教育煎熬的社会里，有机会通过创建一所国际大学，来探索教育、体验创造的激情！

从 2004 年以中方负责人身份筹建西交利物浦、2008 年接手直接运营西浦至今，乘风破浪，一路前行，充满了探索的激情，有收获蓬勃发展的喜悦，有与传统观念抗争的刺激，有教育和组织实验的惊奇，有管理和领导难题的破解，有文化冲突和治理体系上的新洞见，更有国际化知识组织驾驭的全新体验……

主政西浦后，在董事会的领导下，我们确立了西浦整合全球资源和东西方教育最优实践，探索未来的教育模式、知识组织运营体系、大学与社会互动关系、影响中国和世界高等教育四大使命！

10 年后，我们交出了第一份答卷，可称之为西浦发展 1.0。

（1）在教学模式方面，针对传统的以专业精英为目标的教育模式，我们进行了大胆创新，在教育理念上颠覆了大学教知识的定位，而把帮助学生健康成长作为教育的目标，构建了以学生为中心的教育及支撑体系，帮学生理解自己和未来从而形成以兴趣为导向的学习，全面提倡研究导向型的学习、教学和教育支持，帮学生学会学习、学会探索，树立梦想，勇敢追梦！并建立了国际化的师资团队、柔性的支持系统、高水平的质量保证体系和开放的校园文化。

（2）在知识组织运营体系方面，德鲁克先生曾指出：21 世纪人类将面临如何改进知识工作者和知识组织效率的挑战，我们以西浦为平台，探索和试验了基于互联网支持的扁平化、网络化的组织运营体系，强调角色、工作主动性和非正式合作，提倡研究型工作和持续创新，使正式组织更具有柔性和快速应变能力，并形成了相应的组织体系和校园文化。

（3）在大学和社会关系方面，我们不仅建设了无围墙校园，更注意消除社会上普遍存在的心理上的围墙，强调共享和共生的逻辑，提倡和构建了自然、知识和社会三级的大学生态体系，视大学为社会生态的子系统，发挥其智力、知识、创新的传媒作用，力促大学与社会的双向合作与资源共享，例如与政府、企业合作共建了研究院、国际创新港和国际技术转移平台等，促使大学走向社会，社会融入大学。

（4）在影响中国教育改革和世界教育发展方面，与国家教育行政学院合作，创建了西浦领导力与教育前沿院（Institute of Leadership and Education Advanced Development，ILEAD），进行教育及其领导力研究，收集全球最优实践，在西浦开展教育探索和实验，然后向国家提出教育变革政策建议，向其他高校和教育系统通过学术会议、理论和著作、各类培训项目、全国教学创新大赛等方式传播教育新思想、新理论、新技术和新实践。到目前为止，每年有上百所高校、上千教育领导者、管理者、教师和支撑人员参与到西浦的教育创新推广活动中！

展望未来 10 年，西浦将开启其建设的新阶段，或称西浦发展 2.0。

（1）在继续深化已有的教育创新的基础上，针对网络、人工智能和机器人的新挑战，瞄准能够利用人工智能和机器人发展未来新行业的人才特征，探索融合式教育（syntegrative education，SE），旨在培养未来的行业精英和业界领袖，为西浦学生提供专业精英和行业精英两种不同的培养模式与职业通道。

（2）在已构建的大学网络化组织架构和运行体系的基础上，探索未来大学或高等教育新概念和大学校园的新形态，并与地方政府和企业界合作建设西浦创业家学院（太仓）及其新校园，进行未来教育和大学的实验及示范，为未来高等教育和校园建设探路并提供西浦方案。

（3）在大学与社会互动关系上，将在原来开放合作的基础上，与国开行、苏州市合作建设“西浦新时代发展研究院”以及西浦国际化高端智库，进一步加强与地方政府合作，利用学校智力资源和全球知识网络，发挥大学发酵剂（catalyst）作用，探索人类命运共同体、国际化创新生态以及中国新时代现代化社会中的治理等理论与实践问题，为国家和社会发展提供西浦方案，而且西浦将不止步于理论研究和智库建议，而是更进一步，通过“学校驱动、政府支持、产金联盟、市场运行”的机制，与国际企业和组织联盟携手，在各级政府支持下，打造数个实验产品，例如“国际共同市场区”“国际创新生态港”和“现代化绿色社会试验区”，促进新时代社会发展和文明，这些实验产品还可进一步延展为不同地域不同主题的“西浦学习、创新、创业卓越中心”，为未来社会的开放式终身学习服务，为西浦 3.0 做好准备。另外，西浦还将积极在政府支持的公共平台、企业研发基地间建立共享合作机制，营造可持续发展和高效能的“创新与创业家社区”，以提升政府投资引导效率，强化政产学研互动与共生，以形成多元、共处、共享、碰撞（思想）、合作、共生的创新和产业发展生态。

（4）在影响中国高教改革和世界教育未来发展方面，基于ILEAD快速发展和成功运行的经验，进一步整合西浦学术提升中心（Academic Enhance Centre，AEC）和语言中心（Language Centre，LC）培训部等资源，重组和建设更强大的西浦ILEAD，利用西浦目前中国唯一国际教育学会（higher education academy，HEA）认证的教师发展项目（certificate in professional studies in learning and teaching in higher education，CPS，现已升级为Postgraduate Certificate，PGcert）和国际化教育引领的独特优势，开展教育和教育管理研究生教育，开放西浦PGcert、EAP（english for academic purpose）、EMI（english as medium of instruction）、MITS（management information，technology and system）等资源和技术，支持教师发展和教育技术推广，帮助学生获得校园学习和训练的最大价值，在中国日益重视教育的新机遇面前，以形成中国土地上最全面和强大的教育研究和传播基地，为教育变革、教师提升、教育体系重构、教育领导培训等做出更大贡献！

西浦1.0的发展逐渐得到学生、家长、社会各界和国内外同行的高度认可，在西浦走向更高更远之际，恰逢中国上下开启“以本为本”的教育变革新时期。2018年12月19日到20日，作为教育专家的教育部高等教育司司长吴岩、副司长徐青森一行赴西浦调研，并在西浦召开教育部经济管理类教指委主任联席会议。从听取报告、参观校园到体验真实的西浦课堂后，西浦的“不一样”，给司长们留下了深刻的印象，让与会者纷纷表示震撼。吴司长说：“这是一所excellent university（优秀的大学）。”“你们有非常好的dream（梦想），而且这个dream部分地实现了，你们确实是一所不一样的大学。”

吴司长说：在2018年9月颁布的《教育部关于加快建设高水平本科教育，全面提高人才培养能力的意见》中，强调了“建设高水平本科教育”的五大基本原则，其中有三项分别是“坚持学生中心，全面发展”“坚持服务需求，成效导向”“坚持完善机制，持续改进”。“你们做的很多事，跟我们的理念很契合。”“第一，我们倡导‘学生中心（student-centred）’。‘学生中心’不是围绕学生转，而是以学生发展为中心。你们这儿都有了，都是

（围绕着）我们所说的‘学生发展’。”“第二，我们讲的‘OBE（outcome based education，成效导向）’的理念，在你们这儿也看到了。特别是你们既有内部质量保证体系，还有外部质量保证体系。”吴司长还特别强调了第三点“CQI（continuous quality improvement，持续质量改进）”的重要性。“在这里我看到了 IQA（内部质量保证体系）的六个要素：机构、人员、标准、周期性的监测、反馈、持续改进。”“这六点是一所大学的质量保障体系、质量文化的要素，我在西浦都看到了。”

吴司长透露，他曾自称家长，两度“微服私访”过西浦，在听完我做的题为“敢于成为领导者：西浦的梦想和探索”的报告和其他老师的汇报后，对“熟悉”的西浦他立刻脱口而出：“刚才我听到了 12 个词：leader（领导者）、dream（梦想）、idea（教育理念）、philosophy（教育哲学）、logic（教育逻辑）、innovation（创新）、IQA（内部质量保证体系）、diversity（多元）、elite（精英）、self-confidence（自信）、teaching and learning（教与学）和 training（教师培训）。”他接着说：“我总结了三个词：past（过去）、now（现在）、future（未来）。我听到很多你们过去做过的事，有些是你们正在做的事，还有些是未来想要做的。”“成为 leader（领导者），西浦还得努力，领导者是要‘影响’别人，不只是‘领先’别人。”吴司长指出，“我特别希望你们能把这些理念在未来落地”。“办学校是天大的事业，看得出西浦是在用心办学！”

在参观西浦校园时，吴岩司长对其中蕴含的校园文化深表认可：“现在很多建筑只是漂亮，但是没有文化寓意。西浦的建筑里不仅有文化理念，还有教育理念。”

获得认同是对我们探索的肯定，然而 12 岁的西浦还是个孩子，处在发育成长过程中。如同吴岩司长所言，我们的目标不只是领先，而是影响，试图扮演一个领导者的角色，与同道们共同在这个教育重塑的时代，促进教育根据社会发展趋势和需求，快速变革、健康发展！

这本小书收集了我在西浦第二个 10 年伊始关于教育的认知以及西浦进一步升级其探索的实践，全书分为六部分：第一部分，教育的反思与重塑；第二部分，寄望西浦；第三部分，西浦的故事；第四部分，第三只眼睛看教育；第五部分，教育与社会发展；第六部分，为人为教。期望我们对教育的研究与思考（明道）以及西浦脚踏实地的持续创新（笃行），能够体现西浦校训“博学明道、笃行任事”的承诺，也能对教育重塑时代的高等教育变革贡献绵薄力量。

“在路上”的探索难免浅见和不足，我们真诚拥抱各方批评指正，热烈欢迎更多同道中人的合作，为了明天的教育和更美好的未来！

西交利物浦大学执行校长

英国利物浦大学副校长

席西民博士

2018 年 12 月 25 日

目录

第 1 部分　教育的反思与重塑 · 1

第 2 部分　寄望西浦 · 71

第5部分　教育与社会发展·241

第6部分　为人为教·283

附录 · 325

第1部分

教育的反思与重塑

1.1 遐想未来大学，深化高教改革

1.1.1 反思教育和重塑教学的时代

1 新时代呼唤教育变革

信息和通信技术革命，特别是互联网的发展，迫使人们进入一个反思教育、重塑教学、再定义大学的时代。首先链接革命会改变很多个人、组织和社会行为，自然包括学习的行为。传统的教育以教知识为主，现在利用一个芯片、可穿戴设备或者智能手机，所需知识就可以随身携带或随时随地廉价获得，如果大学还是以教知识为主，大学学习和教育的价值就会大打折扣，怎样重塑大学才能提升高教的价值？其次，互联网和物联网将所有人联系在一起，社会形成一种新的生存状态，即共享（sharing）和共生（symbiosis），资源共享、相互合作，进而达到你中有我、我中有你，运用得好，将会形成共生共赢的状态，在这种社会中，高教和大学将拥有什么样的新形态？再次，一系列颠覆性技术在不断地颠覆着我们的生活、我们的组织、我们的教育，在不少领域，范式革命正在涌动，新时代的教育和大学范式是什么？最后，要赢得未来，世界需要全球的竞合。在这样的背景下，教育要从过去消除无知转变到应对新的挑战，我们将这种挑战总结为UACC，即由不确定性（uncertainty）、模糊性（ambiguity）、复杂性（complexity）和快变性（changeability）四个变量构成的人类生存空间。谁也无法逃脱这四个变量的影响，那么生存在UACC这样一个空间里面，什么样的人才具备生存和竞争力？教育怎样培

养这样的人？应该讲，当下的大学或高教工作者对这个问题还重视不够、思考不深、准备不足。

2 互联网技术颠覆传统教育的价值

网络化的社会将导致学习的行为和方式发生革命性的变化。传统的教育经历了多次变革，从最原始的宗教到知识的传播到研究再到重视社会服务，基本上只是大学的功能不断向外延伸，在运行模式上几乎没有革命性的变化。但在知识获取日益便捷廉价的今天，传授知识以解决无知的问题似乎已经不是大学的主要任务。因为现在在大学里、社会上人们很难“无知”。遇到的问题反而是“知识”和信息太多，如何从杂乱的知识中选择出自己认为是对的和正确的，并运用所学知识解决问题或完成任务或迎接挑战已成为网络时代的难题，也即当下大学无法回避的任务。现在，学生如果不懂一件事情，并不可怕，只要有谷歌，有百度，就可以立即大体得到一个答案，难的是如何判断它的正确性。学生现在是有“知”，但是不见得真懂，不见得会用，这才是这个时代学习最主要的挑战和任务。所以说，如果课堂还仅仅是让大家“知道”，一定会有大量的替代物，因此大家要深刻反思我们当下的学习行为和教学方式。

当然，业界对“教育”这个词本身也有争议，有人说“教育”这个词是外来词，从国外翻译过来的，永远是强调以“教”为主，以老师为主；而教育在西方语境下是以“学生”为主体，是“我”在学习。于是我们不难看出，前者是塑造人，后者是自己成长，学校是帮助，这实际牵扯到教育的根本理念问题。

首先，观察人们日常的学习行为方式，不难发现有两种：非正式学习（informal learning）和正式学习（formal learning）。课堂、教学大纲设计的基本上是正式学习。先不说正式学习进行得好还是不好，对还是不对，先认真看看当下正式学习的情况，有多少教师认真研究为什么要学这门学问？这门学问想训练学生什么样的素养？什么样的能力？什么样的知识？用什么样的方式去训练这些东西更为有效？这些根本问题要么没得到重视，要么没有得到非常有效的研究。学生上课的时候拿着手机挑战老师，如果老师以传统的方式上课，学生肯定不愿听，所以有大学包括一些有名的大学不得已在教室的门口挂一个布袋子，学生上课之前必须把手机装进去。这是很荒谬的事情，其实在无法回避移动智能工具的当代，手机应该变成学习的工具。

西浦在2016年4月发布新的主页，技术上实现了网页在手机、平板电脑等任何移动终端设备上的自由使用，这样所有智能终端设备便可以整合到教育过程中，利于学生有效使用和共享资源，并强化有效的互动与合作。在西浦，一门学问分别由讲座（lecture）、辅导（tutoring）、研讨（seminar）、项目（project）、工作坊（workshop）、自学（self-study）等组成。讲座一般是大课，过去跟学生互动时，不可能允许每一个学生去做很长的表述，或者需要征集大家意见的时候很难。我们经常看到中央电视台的投票系统（clicker），可以即时统计多少人支持，多少人反对。我们开发了相应的手机课堂支持系统，而且更进了一步，不仅仅是简单地用手机表示赞同还是反对，还可以做一些比较短的评论。诸如此类的学生与老师之间快速的、大量的、频繁的互动通过现代手段可以很方便地实现，手机就成为一种促进课堂互动教学的工具。

此外，即使正式学习做到位了，现在学生有多少时间花在正式学习上？基本上是以非正式学习为主，真正的正式学习是非常有限的。所以，除了迅速改进正式学习外，我们还需要非常重视如何通过正式学习提升学生非正式学习的效果，怎样支持学生进行比重日益增加的非正式学习，如给学生大量的时间自学、研究，进而做项目，参与各种各样的活动。

西浦在这些方面做了很多探索。事实上，西浦的课时数比传统大学少1/3，但课堂的功能已从过去讲授知识逐步转移到引导学生学习和研究，例如西浦现在全面提倡研究导向型的教育，包括学生的研究导向型学习、老师的研究导向型教学、支撑人员的研究导向型工作。对于西浦课时数减少，有学生笑谈：只要你胆大，天天都是假。但其实大部分学生深深体会到，西浦的“假期”不是假期，是另一种方式的学习。现在越来越多的人强调“体验式学习”，中国民间也有“听一遍不如看一遍，看一遍不如做一遍，做一遍不如讲一遍，讲一遍不如辩一辩”的说法，西方人则讲“learning by doing”（干中学）。还有一种学问，叫作“education cybernetics”（教育控制论），即教育是学生学习的一个过程，在这个过程中学校提供环境和资源；老师提供指导；学生学习或相互学习。那么，在该过程中教育者提供什么样的干预，会让学生及其他利益相关者都能得到最大的价值？这也是现代教育需要探索的重要任务之一。

3 当代大学的教学重塑迫在眉睫

回想一下传统的大学课堂：永远是老师主导，一门课一本教材，老师将之分解为若干个知识点，上课时老师在上面讲，学生在下面听；老师讲知识点，学生记知识点；考试时候老师划重点，学生背重点，考试完后得高分，得完高分忘知识点。

教学的功能涵盖记忆、理解、应用、分析、评估和创造。传统的教学大多将时间和精力放在了记忆和理解层面。现在的学生普遍不喜欢上课，或者上课注意力很难集中，为什么？不是老师讲得不好，也许老师讲得非常清楚，但一堂课集中在一两个知识点上，前面听明白了，后面就无心听了。但当课堂成为引导学生学习和研究的地方，一堂课不会集中在一个知识点上，可能讲一章或更多，交代一个体系或骨架，从整体上帮助学生学习，然后学生自己去搭建出一个完美、丰富的知识体系。研究导向型的教学甚至更进一步，从现实现象和问题或任务入手，引发学生的问题意识、好奇心，然后引导学生如何通过研究解释现象、回答问题、完成任务，于是学生在这样的研究过程中，要搜寻信息，学习知识，学会学习，学会和别人合作，学会用已掌握的知识去解决问题。这种学习方式不仅帮助学生记住了知识，而且帮助学生培养了一系列人生所需要的能力。因此，如何在现代环境下更有效地教学，也是一个很值得思考和钻研的问题。

大学是一个学习的地方，是一个通过学知识帮学生健康成长的地方。学知识只是一个过程，通过这个过程实现学生成长并构建自己的人生梦想，然后帮学生插上逐梦的翅膀。以学生为中心，就是学生应处在核心位置，老师要把自己看成一种教育资源，看成学生学习和成长的帮助者，而不是塑造者，然后学校提供各种丰富多彩的教育资源和平台，支持学生有效学习和快速成长。在这种情况下，课堂只是学习的一小部分，而且是引导性的，大量的学习发生在课堂之外，学生通过自学、案例、项目、研究、实习、团队合作，甚至是社会的调研等习得知识、培养能力、提升素养。

那么如何组织学与教，让学生饶有兴趣地参与其中，吸引学生持续的关注度？有研究表明，就学生持续的关注度而言，讲课效果最差，然而大学目前最主要的教学形式就是上课。因此，教学重塑迫在眉睫。我们认为，学习是学生自己的事，不是老师的事。老师的任务是帮助学生学习，让他们少走弯路。如何创造上面提到的从上课到自学、辅导、实习、项目、研究等一系列的机会让学生去展现自己，帮学生融入其中去学习，这是教学重塑的重要任务。

4 大学需要重新定义

网络化环境和信息技术使社会形态发生了很大的改变，几乎所有的组织都在思考它的新版本，大学概莫能外，否则将会面临哈佛管理教授克里斯滕森（Clayton Christensen）在2014年预言的那样，“如果不变革，15年之内，美国一半大学将面临破产”！那么大学的新版本是什么？

近年来，关于MOOCS（massive open online course，大规模在线开放课程）和网上教育讨论很多，然而不少网课只是把传统的教育计算机化，尚没有很好地利用网络的优势。假如一些公司，出重资吸引全球最优资源搞网课开发，用现代教育的方式提供服务，便会吸引足够多的学生去选读，公司也可获高额利润，可以想见没有一个大学可以跟这门课程较量。如果高额利润促使这种公司成千上万地涌现，而大学依旧遵循传统的教育理念单纯地提供知识，大学一定会被打败。但是，如果大学认真研究现代环境下校园学习的意义和价值，而且充分利用现代技术支撑教育并站在这些公司的肩膀上，即使一千个这样的公司联合起来也没办法打败实体大学，因为这些公司很难制造出校园的价值。那么校园的价值是什么？如果没有考虑清楚，就有可能败在这些公司的手下。如果考虑清楚了，既能利用这些公司站得更高，而且可使校园的价值得以提升。一个人在屋子里通过网络选学50门课，跟在校园里学50门课的价值是完全不一样的。

反思大学的价值，要从学习者的需求说起，每个人都希望有所成就，所以选择入校学习，然后去干一番事业。人类从事一项事业可能有几个途径：当外界环境相对确定，利用人类已经积累的知识就可以实现目标，此时需要学习知识。但当不确定性比较高时，简单运用知识已不足以解决问题，例如，现在的房地产，是买还是卖？这种决策不仅需要知识，还需要价值判断、综合分析能力和心理承受能力等。如果再进一步，这个世界变得更加不确定和模糊，人们看不透未来，此时就需要像邓小平在改革开放初期所说的那样，“摸着石头过河”。很多人说摸着石头过河是试错，实际上不完全对，它是在方向明确的情况下通过无数个局部最优最后达到整体最优，但如果没有方向就可能无法达到整体最优，有可能陷入长期的布朗运动。如果再走向极端，面临的环境高度不确定、复杂、模糊和快变，怎么办？此时，只能相机行事、能动致变，为了生存和应对挑战不仅需要知识，还需要能力、素养和智慧。世界上不少学者在研究不同层级的学生需要训练哪些知识、能力、素养和智慧。即便有了答案，还涉及如何训练的问题。因为能力、素养和智慧无法通过课堂教出来。

那么，在能力、素养和智慧越来越重要的时代，大学教育能够满足时代的要求吗？能力怎样训练？素养怎么提升？智慧如何孕育？自然，以灌输知识为主的教育已远远无法适应时代的要求。其实，不难理解，能力靠训练和实践，素养需熏陶和滋养，智慧重在感悟和启迪，那么学校如何有意识地创造这样的条件和环境、如何营造氛围和文化、如何设计教学和活动，从而帮学生在学习知识的同时提升他们的能力、素养和智慧？怎样有意识地把这些训练纳入学校的育人计划？这是当代大学需要深入探索的。尽管现在大部分学校还是以教知识为目标的内容导向、被动式的教育，但世界上已有不少积极的讨论和探索，已有不少学校和教育者在逐步从内容导向的教育转到结果导向、主动式的教育。西浦的探索走得更远，我们以学生成长为目标、以兴趣为导向、以学生和学习为中心，提倡研究导向型教育，在完善专业精英教育的同时，已开始探索人工智能和机器人时代旨在培养行业精英和业界领袖的融合式教育模式。

1.1.2 中国正面临通过改革引领全球教育的历史机遇

1 全球大学面临的共同挑战

为什么现在的大学教育远远落后于时代的需求而又难以产生根本的变革？管理大师德鲁克先生曾指出：任何公益事业和非营利组织的变革大部分不是来自内部，而是来自外部。例如，大学发展史上很重要的洪堡大学，其诞生不是由大学教授而是由一个外交官来推动的。20 世纪五六十年代美国大学的迅速变革不是来自内部，而是来自社会对于大学的不满。现在，家长和孩子都不满意大学教育模式，甚至连教育者自己也很不满意，更何况还有一系列的颠覆性技术会颠覆中国大学的生态，大学亟须变革，然而，我们的教育工作者和管理者似乎都被锁定在一张无形的网中，难以自拔，大学的变革步履艰难。

2 中国的大学正面临通过改革引领全球的历史机遇

几百年来，中国的教育一直在学习和追随西方的现代教育体系，而今天，互联网和人工智能等一系列颠覆性技术的出现，使得全球的大学到了一个必须彻底改变现有体系的时代，这给了中国的大学一个千载难逢的历史机遇，如果我们能抓住这个机遇，创造人类大学教育新的历史，下一个时代中国必将引领世界的教育发展。中国共产党第十九次代表大会明确把教育作为国家优先发展的领域，把教育改革作为国家深化改革的重要组成部分。可以看出，我们国家对教育的重视以及改革教育的决心，走在了全世界的前列。如果我们能打破过去几十年对既有教育体系修修补补的改革方式，放弃复制和追赶在互联网时代已经过时的西方现代大学体系，瞄准未来构建新的符合未来社会需求的教育体系，中国引领世界教育发展并非没有可能。接下来我们将从五个方面来描述未来社会的教育。

1.1.3 从五个角度看未来的教育

1 从学生的知识结构看未来的大学：知识的广度、深度和高度

有很多教育专家认为，现在的学生缺乏的是知识的广度，笔者认为，现在知识的广度相对容易解决，几乎所有的人不懂的时候都可以用网络得到他基本想要得到的知识。但是除了知识的广度以外，我们现在需要提升的是“知识的深度”。因为知识的广度可以通过网络、搜索引擎以及多种渠道很容易得到。但是因为容易反而可能变得很肤浅，大学教育有利于学生知识深度的构建，这是未来实体大学可以扮演的一个角色。

除了深度以外，还有知识的高度，在未来社会，学校要防止学生变成“知道分子”，即什么都懂，但什么都不会干。我们需要提高学生的知识深度和知识高度，最后孕育出有造诣的人才。这是大学特别是实体校园要扮演的重要角色。在这种情况下学校需要彻底的变革，特别是改变以专业化为基础的现代教育体系。教育分成不同的专业对于职业训练来讲是很有意义的，但是对于一个迎接未来日益多变的社会、让学生有极强适应性的教育是远远不够的。

2 从能力结构变化看未来大学：融合式教育

现在有很多高校尝试跨学科的专业，但是跨学科依然无法让学生面对未来的竞争，原因在于未来学生所需要的一些基本的技能，在校园里缺乏有效

的训练，比如说领导技能、沟通技能、合作技能、创业精神，这些技能商学院的学生有机会正式地去学习，但其他专业的学生几乎没有正式地安排去学习这些东西。但这些东西不管将来是科学家、创业家还是其他工作者都需要。跨专业的教育依然无法保证这些能力的培养，这些能力的提升需要一种新的教育体系，通过穿越专业的训练来实现。西浦提出的融合式教育就是为了应对这一要求。

“融合式教育”主要致力于实现以下六个方面的融合：①在教育模式上，根据社会对高端应用人才的要求，将通识教育、专业教育、行业教育和管理教育有机融合；②在组织模式上，将校园学习、企业实践、行业引领和社会发展深度融合；③在学位设置上，将本科与硕士教育融合，大部分学生将完成从“半在职本科”学习到“在岗（职）硕士”研究全过程；④在培养环节上，将学习、实习、研究、实践相融合，打造校园、企业、行业和产业高度融合的新型学习环境（教育基地）；⑤在教学方式上，将西浦全面倡导的“以学生为中心”“研究导向型”的学习和教学与实习和在岗训练相融合；⑥在就业支持上，将选择未来新兴和有潜力的行业开设相关学院，并选择该行业中有领袖潜质的企业与学院合作，实现学习和实践融合，就业和继续深造融合，人才培养、研究和企业发展融合，不仅保证高端就业，而且通过促进企业强大来引领行业发展。

3 从大学使命看未来的大学：培养学生的四种能力

我们用 UACC 来描述未来世界的特征，那么大学培养的学生应该成为什么样的人，才能够在这样的环境下生存，这是教育者需要考虑的。从学校的角度理解，西浦提出要培养适应未来的具有国际视野和国际竞争力的人才。无论在哪个省、哪个国家工作，他都要有全球视野，因为他要在全球市场上去竞争。那么什么样的人才能成为这样的人才？简言之，跨文化的领导力应该是这些人才的核心素养，他们至少应该有以下四个方面的基本能力。

首先是跨文化的理解力，在一个全球互联的时代，这个能力的重要性不言而喻。其次是一种复杂心态，传统的教育强调科学理性的分析，主要训练科学的心态。但是现实社会日益复杂多变，要适应它人们除了掌握一定的科学以外，必须对人及社会的复杂性和不确定性有充分理解。比如说，我们不同民族之间的互融，它不是简单的、科学的、理性的，它需要考虑人的问题，如宗教、文化、政治等，所以人们需要一种复杂心态（智）立足于未来的UACC社会。再次，需要学会整合思维，学会融合西方的分析哲学和东方的整合哲学，形成更高的生存智慧。最后，人类每时每刻都面对变革，惧怕变化无济于事，只有学会和有能力拥抱变化，才可能成功地立足于未来，所以变革管理也很重要。

面对这样一种需求，再去想想传统的教育，大学面临的挑战是不言而喻的，这就是为什么需要反思教育、重塑教学、再定义大学。

4 从教育教学看未来的大学：研究导向型教育

从教学来看，传统的教育是老师在上面讲，学生在下面听，老师把一门课打散成很多知识点。这不是现在这个时代所要的教育，学生根本不需要简单地去记忆，一个智能手机，基本上可以把大百科全书全装进去，想了解的东西随时可以了解。这种情况下教育怎么办？绝对不是简单地传授知识。笔者一直对学生和家长说，大学不是学知识的地方，学知识是一个过程，一种手段，大学是帮学生成长的地方。什么是成长？成长是能力的培育，是价值观念的转变，是学生行为的改变。在未来，网络和学校都是学习平台，各种各样的资源都可以整合到平台上来。西浦现在探索研究导向型的教育，提倡的是以问题为导向，引导学生学习，在这个学习的过程中，学生不仅学到了知识，还学会了如何去学习，学会了如何互动，学会了如何用知识解决问题。

研究导向型教育的关键是：第一，改变学生的行为，第二，改变老师的教学方式，第三，构筑学校新的功能，学校是一个资源环境和支撑体系，只有这样才可能使校园的价值得到充分的释放，才不会被更多的网课公司所打败。总之，西浦试图制造一种超越现实的学习环境和研究环境，把线上和线下结合起来，学生要从过去的擅长记忆变成学会研究，老师要从过去的教书变成现在的领导学生学习，从过去关注教知识，到现在关注以新问题、任务来引导学生开展研究。在这种情况下，学生收获的不只是知识，而且包括：拥有好奇心，形成复杂心态，学会终身学习，批判性思维，创造性行为。学生在这个过程中学会了研究问题、搜寻知识、整合信息、解决问题、提升能力。

从学生的行为来看，实际上现在大部分学校重视的基本上是正式学习，即教学计划、课程大纲和上课，但认真研究学生的学习行为可以发现，他们更专注的往往是大量的非正式学习，例如自学、各种校园和社会活动、课外研讨、兴趣和爱好的满足，等等。于是我们不难发现，学校重视的与学生真正受益的活动之间存在巨大差异。在这种情况下，我们怎样改进学生不太上心的正式学习过程？如何把正式学习与非正式学习有效地结合起来，撬动学生高度投入的非正式学习的价值？西浦最重要的改变，是要让学生从学知识到关注成长，这个转变可能是当代教育需要关注的一个非常大的话题。

西浦提倡的是帮助学生健康成长，这是学校的教育目标。西浦让学生找到自己的兴趣，而不是家长或者亲戚朋友帮学生选定专业，学生开始痛苦地、没有兴趣地学习。另外，大学是学习的地方，而不是教学生的地方，要让学生学会学习，学生是主角，其他人都是帮学生学习的。西浦为了帮助学生学会学习，努力支持他们迅速实现三个方面的转变：从孩子变成年轻的成人，再变成世界公民；从过去擅长的被动学习变成主动学习，再变成研究导向型的学习；从过去盲目地学习，变成兴趣导向地学习，再变成关注自己的人生规划。

要做到这一点非常不容易，需要从学生一入学就开展引导。所以西浦成立一年级教育委员会，整合所有对一年级学生提供支持和服务的部门共同研究，探讨如何帮助学生实现上述三个方面的转变，包括学生工作、四个导师体系、社团工作等。真正实现这种转变，不是增加一门课程，而是改变整个大学的教育理念和文化，让学生一进入大学就会得到一种全方位的熏陶，从方方面面进行改变。

5 从大学结构看未来的大学：网络大学及其基本特征

现在大学的结构基本上是官僚层级式的，这种结构模式来自工业革命以来的工厂，但教育组织中的人都知道，这种结构并不适宜像大学这样的知识型组织的运转。国内大学的结构，从党委到校长再到各个部、各个处、各个院，正在向着更加官僚和层级化的方向发展，已经从过去的三级升到四级，不少学校现在已达五级。许多大学都在试图改变它，例如提出矩阵制等新的结构模式，但真正做到很难。然而随着互联网技术的发展，大学有机会真正追随自己的使命，改进其结构。例如西浦现在探索的是网络化的大学平台，西浦所有的行政事务由四个中心形成无缝链接的平台，为所有学生和学术事务提供支持与服务，老师和学生能够在这个平台上自由组合、互动与合作。学校关注与提倡学术共同体，形成了一种以学生为中心、研究导向型的教育，在研究领域鼓励老师互动、跨院系的全面合作，所以打破了院系分割的条块状架构，构成了一种扁平化、网状化的组织架构。当今网络社会实际上倡导且更容易采用扁平和网状的结构，因为网络可以并行，能够整合资源快速应对需求。

1.1.4 对国家深化教育改革的启示

1 关注教育，投资教育创新

2017 年 9 月发布的“双一流”建设规划和名单是当前与今后一段时间国家主导高教改革的主战场，尽管能够看到国家对教育改革和建设世界一流大学的决心，但是此次的“双一流”建设方案更多地倾向于提升大学的科学研究水平，对本书所描述的大学教育的重塑，基本没有涉及。尽管科学研究对一个国家的发展具有非常重要的推动作用，但国家的未来，更在于人才，而人才的培养要靠教育。国家下大力气投资教育的创新而不仅是科技的创新，等于投资于未来的人才，这才是真正投资于未来。当新一轮颠覆性的教育创新机遇来临，我们国家如果抓住这次机遇，则很有可能引领未来全球的教育发展。如果错过这个机会，则可能会继续作为西方发达国家的跟随者，在国际高端人才的竞争中持续处于低位。

2 面向未来，培养在未来有竞争力的人才

习近平总书记指出，大学要牢牢把握“培养什么人，如何培养人”的问题来深化改革。面向未来，我们可以对这两个问题做出新的回答，要培养能够在未来的互联网和人工智能时代有竞争力的人才，大学需要重新思考育人的目标，革新当前的育人体系，放弃以教知识为主导的灌输式教育模式，转而去探索一种“以培养学生的能力、素养和智慧”的体验式教育模式。因此，国家在政策的引导中，可以加大对这一改革趋势的支持，不再投入过多精力去修补过去改革中遗留的问题，而是直面未来，实现新的教育模式的革新和跨越。

3 深化改革，彻底改变当前的教育体制机制

教育体制机制一直是改革开放以来国家教育改革的核心内容，2017 年 9 月，国务院发布了一个关于教育体制机制改革的文件，全国各地、各部门紧锣密鼓地开展调研并形成落实方案，总体来看，这些方案依然只是在解决现有教育体制机制中的琐碎问题，致力于在一个落后的教育模式下修正当前的体制机制，缺乏真正从未来的教育需求出发，去构建一个能够支撑未来教育模式和终身学习的教育体制与机制。而要真正做到面向未来，需要彻底改革当前的教育体制和机制，例如国家各个部委对大学的条块化管理，政府对大学的过度行政干预，等等。这种革新是系统性的行动，需要提出全新的教育体制机制和范式。

（成文于笔者的演讲，感谢张晓军博士对本文的贡献）

1.2 中国高校“双一流”建设及需要防范的问题

中国高校“双一流”建设不仅使众多高校领导“夜不能寐”，大量院士和教授“废寝忘食”，而且让整个社会舆论高涨。如何使肩负引领教育历史使命、影响未来发展的“双一流”建设不辱使命，并在建设过程中防范潜在问题，已成为一个不得不深切关注的话题！

1.2.1 中国高校“双一流”建设启动

近几十年来，中国高教发展基本上依赖工程或项目推动，例如著名的“211”“985工程”“2011”等。2016年6月，实施多年的“211”“985”工程正式成为历史，“2011”似乎暂时休眠，其后继者则是时下热火朝天的“双一流”建设。

2015年11月5日国务院颁布《统筹推进世界一流大学和一流学科建设总体方案》，目标是到2020年，我国若干所大学和一批学科进入世界一流行列，若干学科进入世界一流学科前列；到2030年，更多的大学和学科进入世界一流行列，若干所大学进入世界一流大学前列，一批学科进入世界一流学科前列，高等教育整体实力显著提升；到21世纪中叶，一流大学和一流学科的数量和实力进入世界前列，基本建成高等教育强国。具体的策略是：鼓励和支持不同类型的高水平大学和学科差别化发展，每五年一个周期，2016年开始新一轮建设，并明确了五项建设和五项改革的任务：建设一流师资队伍、培养拔尖创新人才、提升科学研究水平、传承创新优秀文化、着力推进成果转化及加强和改进党对高校的领导、完善内部治理结构、实现关键环节突破、构建社会参与机制、推进国际交流合作。“双一流”已成为新时期国家、省、市、地方与各类高等学校发展和学科建设的纲领性文件，刹那间，各类争创“双一流”的策划（谋划）和活动热浪滚滚。

“双一流”建设的根本“目的在于高等教育强国，立足点是国家战略需求，重要内涵是一流专业建设”（杨兴林，《江苏高教》2016年第2期）。毋庸置疑，“211”“985”工程实施以来，我国高校在一流大学和一流学科建设方面已得到了长足发展。但“社会上对高校‘身份固化’的意见却越来越大。强调在推进‘双一流’中突出一流学科建设，就是要避免重复过去的政策偏差”（“认清‘双一流’建设的杪和根”，《中国教育报》，2016年5月9日）。因此，“双一流”建设在战略上试图为中国高校建构一个逻辑上更为公平的发展机遇，深受尚未进入国家重点建设篮子里的一般大学的欢迎。“双一流”建设序幕已经拉开，对高等教育发展的积极作用自不必多言，如刘光明先生（科学网博客）认为，“双一流”政策正在悄然改变着中国高等教育发展生态，将“促进高等教育协调发展的良性生态形成”。“双一流”建设方案公布后，引起了全社会的高度关注。“各省市、各高校的建设热情之高、参与力量之巨超出历史上任何一项决策。各省市大都因此出台了本省市的高等教育发展系列政策、规划和方案，提出了分类办学的思想，这足以最大范围地影响了中国高等教育的发展生态。”但作为真正关心教育的人士，在积极利用一项新政促进教育发展的同时，必须冷静思考和提防其可能引致的负面影响，例如，高等教育的国际竞争对重点大学与一般大学造成的不同发展压力是短期内难以消除的，不同类型学校获取资源的渠道和公平性会差异更大。“双一流”给中国高等教育带来的“马太效应”可能会使地区高等教育及各类高校之间的发展更加不平衡，其学科发展将呈现不同的竞争态势。因此，刘光明先生同时认为“双一流”建设也引发“阻碍高等教育协调发展的不良生态正在生成”。

1.2.2 “双一流”名单引发的讨论

2017年9月21日，教育部、财政部、国家发改委印发《关于公布世界一流大学和一流学科建设高校及建设学科名单的通知》，公布世界一流大学和一流学科（简称“双一流”）建设高校及建设学科名单。

“双一流”名单包括一流大学建设高校42所，其中A类36所，B类6所，一流学科建设高校95所。首先，政府部门相关负责人表示，“双一流”建设同过去的“985”“211”不同，是一个全新的计划，独特之处表现在高校拥有更大的自主权，例如原中山大学校长黄达人教授认为，当前高校拥有了建设一流学科的组织权。其次，“双一流”名单中的高校并非一劳永逸地获得来自政府的财政补贴，而是以五年为一个周期进行动态调整。此外，本次的名单是“建设”高校而不是“双一流”高校，更加重视建设而不是一种身份和标签。尽管和过去的建设项目相比有诸多不同，名单一经发布还是立刻成为高教甚至社会的热点话题，针对第一期“双一流”建设高校的名单的讨论，除去简单的“你在”“他不在”的欢呼或悲伤，基本上包含以下几个方面的观点。

第一，讨论最多的大概是国家通过行政手段举办这样的大学建设运动的合理性问题。近些年来，高教领域改革的一个重要话题是去行政化，重新定位政府和大学之间的关系，实行管办评分离，将办学自主权交还给大学。但是，“双一流”建设的项目动用了行政力量来引导大学办学，对大学资源分配起到决定性作用，这在一定程度上偏离了改革的大方向。很多教育界的人士质疑这样的行政推动是否能真正促进大学走向一流。特别是行政手段惯用的将发展结果简单量化评估的做法，可能无法深入触及一流大学的本质，从而很难引导大学持续走一条健康的发展之路。尽管从国家的角度尽快支持一批大学和学科达到世界一流的愿望是好的，但是简单通过投入和评比的循环来快速建设世界一流，可能反而离一流更远，特别是在育人上。

第二，由于“双一流”建设从根本上关系到国家办学资源的分配，所以教育资源配置的公平和均衡问题同样引发大量关注。除了有人对将郑州大学、新疆大学和云南大学纳入“双一流”建设高校名单而叫好，也有大量对资源的极不公平分配模式提出质疑。过去几十年来，高教的资源尽管经历了几次大的分配模式的调整，但都是基于对极少数高校给予极大关怀的理念，把大多数的资源分配给极少数的高校，这样一来，大量在业绩统计中不怎么突出的高校很难分到国家的资源，从而由于资源缺乏而无法获得基本的发展基础，耽误了发展机遇。这就造成一个问题：为了极少数大学冲一流而舍弃大量一般大学的发展是否值得提倡？

第三，社会十分关注本次“双一流”建设追求的目标。尽管近几年国家战略中明确指出高等教育现阶段的改革要推进内涵式发展，把提高人才培养质量作为改革的核心。但当前的双一流建设更多地基于学校的科学研究水平来分配资源，这就引导学生依然沿着过去“985”工程的道路，继续拼命发表论文，偏离了高校把“立德树人”作为办学基本目标的时代使命。

此外，还有很多关于“双一流”建设流程、操作方案等的讨论。这些讨论对人们深入理解和评估“双一流”的作用有重要帮助。但不管怎样，新一轮的“双一流”建设已经在路上，不管这一项目对中国高教改革的效果如何，我们都需要去思考如何尽可能地利用这一项目来促进高教和大学的发展，特别是要避免可能带来的问题。因此，接下来本文将重点讨论在“双一流”建设过程中，如何尽可能地防范这一项目带来的负面效果。

1.2.3 “双一流”建设需防范的五个问题

在我们看来，潜在的、更大的负面影响可能体现在以下五个方面。

第一个可能的负面影响是会在追逐“双一流”显性指标中有意无意地轻视教育，特别是本科教育，这是因为大学存在之本的教育很难量化和度量，所以很多“双一流”指标都与科研挂钩。例如，世界一流学科排名和“双一流”入选的基本评判指标基本上以一个学校和学科的科研水平特别是发表论文的数量和影响力来衡量，而这些衡量指标很少涉及教育。在欧美许多国家，人们已经意识到这一问题的严重性，尽管这些国家的本科教育在全球处于领先地位，“重建本科教育”越来越成为这些国家高校改革的方向。在中国，不少有识之士也意识到这一问题，强调教育在“双一流”建设中的地位，例如钟秉林先生就指出：一流本科教育是建设世界一流大学的重要基础。他认为，“世界一流大学必然拥有先进的教育理念与独立的大学精神，能够为各行各业培养领军人才和拔尖创新人才，能够取得原创性的科学研究成果，并对本国乃至世界的社会经济与文化发展产生重要影响”。“纵观国外一流大学，不论是学科专业特色突出的学院，还是综合实力突出的大学；不论是世界知名的私立大学，还是国际有影响的公立大学；不论是研究型大学，还是教学型大学，无不将本科生人才培养和本科教育教学质量放在学校发展的重要战略地位，甚至连大学校友会和基金会的工作重点也放在本科毕业生这个群体上。这种现象的存在绝非偶然，而是有其内在的规律性和必然性”。然而，在实践中，这一潜在影响不可轻视！

第二个可能的负面影响是会进一步加剧高等教育的浮躁之风，使原本比较落后或不受重视的教育的处境更加恶化；使我们的科学研究在强有力的多方支持下穷于应付，难以精心地专注于研究和创新，发表文章很多，科研成果也不少，但突破性的不多；使本应宁静的大学校园日益失去其应有的氛围。前边几个教育工程实施期这方面的教训已经很多。不少学者和教育家已非常焦虑这种慢慢扼杀大学精神的现象，例如北京大学任羽中先生就疾呼“大学要守住根本”（人民日报，2016年12月27日）。目前，在形形色色的世界大学排行榜的骚扰下，教育包括政府资源配置方式和大学发展战略常被误导，只有为数不多的大学能守住阵脚，他认为日本的京都大学就是其中能特立独行者之一，并以此为例，说明了其之所以成为出产9位诺贝尔奖得主、以“京都学派”举世闻名、被公认的世界一流大学的发展之路。“京都大学的一流之路，走得超然而自信，原因就在于它始终守得住根本，而不追赶时髦。以‘自由’学风和‘和谐’理念立校的京大，在一个多世纪的风云激荡中，既能够包容独立自主的教育和研究，不断孕育和激发出新的思想，又能够勇于担当社会责任，深刻地参与日本的历史进程。无论世事纷纭，京大校园都是比较宁静的，保持了‘自重自信、自主独立’的校风，老师们静心治学、全心育人，学生们安心求学，能够忍耐寂寞、拒绝浮躁。”“在办学实践中，京大力求给学生最大的弹性空间。全体教员参与基础教育、全校开放选课、全校开放资料室和实验室、自由转学、互换学分……而量化考评被放到最末位置，上课没有‘点名’，大量课程不设考试。这种‘散养’‘放养’，当然不意味着放任自流。恰恰相反，京大的学位制度极其严格。”

第三个可能的负面影响是违背教育与科学规律、瓦解大学和学科的可持续发展。强调在推进“双一流”中突出一流学科建设，这当然有利于让优秀学者找到归属感。但当下很多学校为了赶上“双一流”这趟时代列车，无心也没有足够的时间和精力静下心来专心从事学科建设，而是在短期内依靠过分拼凑和包装来达到“双一流”的标准，面对自身资源上的不足，不惜重金买来知名的教授、人才，甚至买来一个学科。这样一来，尽管从一个个学科学术指标来看，已经达到了“一流”，但作为一个教育机构，其教育的系统性生态已经被破坏。“人才学和人类历史不断证明，杰出人才和重大科学发现大都是冒出来，在可自由追随自己兴趣、能长期静心钻研的生态环境中，所有的苗子都有可能成为大才、对兴趣的执着追求可能孕育出重大科学发现和技术创新，一个社会如果能构建和营造这种良性的生态环境，伟大人物和重大的发明创造便会层出不穷。但我们目下习惯的以工程配置资源的机制、重科研轻教育的评价体系、重选拔轻土壤的各类人才工程虽然也可能浇灌出几棵苗甚或大树来，但却失去了大树成林的机会”。这极不利于大学和学科长期的可持续发展！教育本是一个系统和生态问题，生态最核心的机制是共生，即生态中各方之间的互利共赢，共同为人才培养创造价值。当下的大学最令人担心的问题是，系统性缺乏各方利益相关者为了学生的学习与成长共同合作的基础和动力，并由此导致生态系统自组织的失效，从而长期的可持续发展无从谈起。

第四个可能的负面影响是会使中国教育丧失千载难逢的赶上和引领世界教育的机遇，换句话说可能导致“欲速则不达”或“背道而驰”。稍加观察，我们不难发现，从部属大学到地方本科院校，大家都在热情拥抱“双一流”。

似乎没和“双一流”挂上钩，这所大学就会被时代所抛弃，这所大学的校长似乎就是缺乏理想抱负和责任担当，于是不少学校或领导失去理性思考，被裹挟着前行。从“双一流”项目的酝酿开始，很多大学领导和教授资源已经倾注在各种“一流”的谋划中，其中积极价值当然无须怀疑，但在这个过程中学校大量的精力和时间一定程度上背离了大学主业则是不争的事实。再加上学术界长期的重物轻人、重科研轻教学、重数据指标轻思想文化、重智育轻德育等倾向，使我们本来在教育理念上和操作上已经落后的“以知识和内容为导向”、重应试的“被动式”教育更是雪上加霜。在全球化、互联网和物联网网络一切的时代背景下，大量颠覆性技术不断涌现，如知识存储、传播、分享和机器人以及人工智能渗透到学习、生活、工作的所有领域，改变了人们的生活方式和学习行为，挑战着传统的学习和教育方式。在这个关键时刻，如果“双一流”建设执行不到位，或客观上（非主观意识）和实践上造成轻视教育的结果，把教育领导者、院士、大教授和老师的能量与眼光拴在为了一流的一些“数据和排名”上，忽略或偏离大学之根本，拉离对教育变革的关注、对教育探索的投入、对教育发展趋势的把握、对教育理念的更新以及对教与学模式的重塑，我们虽然会很快在一些指标上把一部分大学和学科搞成世界“一流”，但实际上则可能与真正的一流大学渐行渐远。从长远发展战略来讲，这可能影响中国教育遗失与全球一流大学站在同一起跑线探索未来教育、赶上世界发达教育理念并有可能引领未来教育的千载难逢的机会。

第五个负面影响是有可能误导一些一般院校的办学目标和特色发展道路。通过已经公布的“双一流”名单不难发现，名单中出现了一些在过去“985”和“211”名单中并不突出的高校的名字，这种对高校位次的洗牌确实给不少高校带来巨大的发展机遇。但是也让不少在过去投入大量资源的高校由于资源缺乏而无法持续发展。更为要紧的是，现在以科研水平为主要衡量视角的“双一流”评估并不关注一所大学对学生的学习和成长的贡献。因此，可以预见这次不设门槛所有高校都有机会的教育运动会把更多的高校纳入统一的学科和学术建设轨道上，让那些过去无法企及“985”和“211”的地方院校把注意力放在少有的几个有希望进入“世界一流学科”的ESI（基本科学指标）上，进而忽视其特色办学和育人的主要任务。《国家中长期教育改革和发展规划纲要（2010—2020年）》提出的未来十年的改革目标之一是，“……要以体制机制改革为重点，鼓励地方和学校大胆探索和试验，加快重要领域和关键环节改革步伐。创新人才培养体制、办学体制、教育管理体制，改革质量评价和考试招生制度，改革教学内容、方法、手段，建设现代学校制度。”国务院总理李克强在对教育工作的批示中还提出三个“进一步”：“进一步深化教育综合改革，优化调整教育结构”，“进一步缩小教育资源配置的城乡、区域、校际差距，继续提高贫困家庭学生上重点大学的比例”，“进一步提升教学和研究水平，重视加强创业创新教育，大力发展现代职业教育，培育更多管用实用的高技能人才、创新人才和拔尖人才”。大学应各自有自己的明确定位，不少大学应转向以应用型人才培养为主，走特色发展之路，但不恰当追求“双一流”不仅会背离国家主导的改革方向，也会使很多学校偏离自己的健康发展航线！

大学的根本是人，大学必须以人为本、育人为根，必须重视精神和文化的涵养。管理学大师马奇在《一个学者的追求》一文中曾写道：“大学只是偶然的市场，本质上应该是神殿——供奉知识和人类求知精神的神殿。在大学里，知识和学问之所以受到尊重，主要不是因为它们能够造福个人和社会，而是因为它们象征、承载并传递着有关人性的见解。”他认为“高等教育是远见卓识，不是精打细算；是承诺，不是选择；学生不是顾客，是侍僧；教学不是工作，是圣事；研究不是投资，是见证”。马奇这些关于大学和高等教育的见解对日益浮躁和世俗的高等教育无异于一声棒喝！

1.2.4 期待更多冷静思考后的积极行动者

上述问题似乎是老生常谈，但如何利用举国上下轰轰烈烈地开展“双一流”建设的浪潮，解决这些“顽固不化”的老问题难道不应是国家教育战略关注的新问题吗！反思一下我们的校领导、教授和老师当下的怨言和每天的工作，看看他们的精力和时间分配，再稍微研究一下欧美那些名副其实的一流大学，简单比较一下它们的校领导、教授和老师所做的事情及其时间和精力配置，我们就不难看出我们的很多努力可能已经背离了大学的“根本”，不要等到“双一流”建设完成后，再以另一个伟大工程来面对这些老问题。

教育这个人类最伟大也最复杂的事业，需要冷静的、独立的思考者，更需要敢于逆俗和能够挣脱潮流裹挟的行动者，特别需要那些能在一轮轮运动中关注趋势、遵循规律和敢于特立独行的坚守者！西浦诞生于这个特定时代，拥有与世界一流大学站在同一起跑线上反思教育、重塑教学、再定义大学的难得机遇。具备国际化平台和全球整合资源的优势，乐于“冷清”地探索未来的教育，构建恰当的基于网络技术支持的新型大学组织方式，营造与社会发展共生的运作机制和形态，特别是面对教育重塑，西浦全面推行“以学生健康成长为目标、以兴趣为导向、以学习为中心”的教育理念，大力提倡“研究导向型”的教育，在现有专业精英教育模式的基础上，又开启了融合学校、企业和行业的高端应用型精英教育的全新培养模式，构建自然、知识和社会三层次共生学术生态系统，以实现西浦育人、研究、社会服务、文化引领、国际化和影响教育变革的伟大使命！其实，只要我们根据未来趋势静心地探索和做好大学本应做的事，我们何尝不是行进在一流大学建设的路上！

参考文献

[1] 钟秉林，方芳. 一流本科教育是“双一流”建设的重要内涵[J]. 中国大学教学，2016（4）.

[2] 任羽中. 大学要守住根本[N]. 人民日报，2016-12-27.

[3] 席酉民，张晓军. 高教政策导向和现实发展为何出现偏差？[N]. 光明日报，2016-10-18.

[4] 詹姆斯·马奇. 马奇论管理[M]. 北京：东方出版社，2010.

[5] 中共中央，国务院. 国家中长期教育改革和发展规划纲要（2010—2020年），2010.

（本文载入21世纪教育研究院《教育蓝皮书：中国教育发展报告（2018）》，感谢张晓军在本文中的贡献）

1.3 论未来人才、教育及创新生态的孕育

当前，教育和社会发展融合得更加紧密，教育的变革不仅仅是大学、中学、小学的事，也是全社会的事。中国要在世界舞台上占据一席之地，江苏要融入世界和整合世界资源，都必须通过脚踏实地的创新，培养更多的创新型人才。

1.3.1 未来社会及人才需求

第一，全球化和世界互联互通对社会的影响。产业互联网是互联网分享时代未来10～20年的大事情，产业互联网会形成高地和示范。全球携手共享时代给江苏提供了很好的机会，江苏又有很强的经济基础，通过龙头企业及其产业链，利用互联网，把碎片式企业资源整合起来，形成产业生态，就可以拥有创新的高地。未来的社会是共生的社会，所有相关产业将形成一个完整的生态系统，其背后是一种共生合作的价值产生机制。

第二，催生未来社会巨变的六大推手。在未来社会的巨变过程中，以下六大推手将产生推动作用。一是极端的长寿。长寿可以给我们制造很多新的产业机会，也会制造很多矛盾和麻烦，如果我们抓住这个机会，就可能在中国老龄化的时代发挥引领作用。二是智能机器和系统的兴起。人工智能会替

代很多传统行业，也将会改造和升级一批传统行业，还将会孕育和涌现一大批新兴产业。三是计算世界。由于大数据和超级计算机的兴起，人类对未来活动有了更强的设计感和更科学的发展规划。四是新媒介生态。电视、报纸等传统媒体受关注度不断降低，新媒介的出现和发展不以人的意志为转移。五是超级结构组织。企业和企业之间的界限越来越模糊，一个人可以同时工作于多个组织领域，个人、组织及组织之间的合作关系将变得更加复杂。六是全球互联互通。这六大推手将进一步推动未来共享协作的社会化，也将会制造出更多的新兴产业。

第三，未来发展趋势和社会需要。一是知识获取更加方便。技术和智能机器人将逐步取代大量职位，职业日益碎片化或短期化，生活新需求多样化及高端化。二是知识融合愈加明显。创新能力、变革管理、国际视野、跨文化领导力等元素日益重要。在这种情况下，无论是家庭教育还是社会教育，都要帮助未来的学生树立这些发展理念，培养相关知识技能。三是未来社会（老龄化 + 互联网 + 机器人 + 全球化）会催生很多新行业。包括精准化服务、健康和养老、娱乐、新型供应链、新教育等。

第四，从能力结构变化想象未来的人才需求。要在未来生存，一定要在全球化时代成为世界玩家。世界玩家需要专业造诣，更需要一批专业精英。未来人口中 10% 的人将成为专业精英，他们可以给人类提供更多新的发现和新的发明。但要真正能够站在专业技术、人工智能和机器人的肩膀上驾驭未来，还需要很强的行业造诣，以及跨文化的领导力和企业家精神。换句话说，未来可能需要 20% 的人成为具有这些素养的行业精英和业界领袖，以引领未来时代的产业和行业发展。有了 10% 的专业精英，20% 的行业精英和业界领袖，剩下的 70% 的人就能够以终身学习的态度，追求自己的兴趣，充分享受这个世界，人类的将来可能就是这个样子。

回过头看我们的教育，还停留在传统模式，即被动灌输知识。即使被大家认为现代教育发达的美英等国的大学，同样也是以传授知识为主，只不过讲授方式和我们不同，他们更强调互动式教学，擅长改变和引导学生。我国的中长期教育规划已经提出，通过教育发展和变革，鼓励地方和学校大胆探索，培养创新型人才，借助创新型的办学体制和教育体制形成新的教育理念。为了落实国家的教育战略，亟须反思教育、重塑教学、再定义大学，并积极探索未来急需的大量高端融合型人才的培养之道。

1.3.2 教育的挑战及趋势

第一，未来实体大学存在的价值。大学怎么样才能培养未来需要的人才。2014 年，哈佛大学商学院的 Clayton Christensen 教授指出：未来 15 年之内，如果不变革，一半美国大学会面临破产。试想，中国大学视美国一流大学为模板，不少家长甚至不惜代价把学生送到美国大学去，而美国教授却说他们 15 年之内如果不主动求变，大学会破产一半，那我们的教育该怎么办？我们真的需要立即行动，这是中国教育难得的一次与世界一流大学站在同一起跑线上赶超的机会，如果我们把这一个机会失去了，以后朝前赶将会很难。另外，具体的教育过程可分为两块：一块是正式教育，一块是非正式教育。正式教育一般被认为是核心，即课堂学习。所谓非正式教育就是学生自己学习，参与各种研究、调研等课外活动，包括社团活动。现在学生、家长和大学都非常重视正式教育，但根据研究，学生最不动脑筋的时间恰恰是上课的时候，因为传统的以讲知识为重点的课堂没有吸引力，而且学生有很多其他更方便的渠道获取知识。所以，改进正式教育，以课堂引导学生研究和学习，才可能提高正式教育的效果。同时，学校要注意重视非正式教育活动的组织和作用，利用正式教育放大非正式教育的价值，这样既让大家认识到课堂的意义和价值，又以课堂帮助学生更有效地利用自学、各种活动、丰富多彩的训练提高校园生活的价值。从某种意义上说，这些过程有时候比正式学习更重要，对学生帮助更大。这样也有助于高等教育从老师主导转变为真正以学生和学习为中心。

第二，教育的反思：从学知识到帮学生健康成长。传统的课堂，老师在上面教，学生在下面记。这个课堂模式为什么会存在？因为历史上知识是有限的，特别是19世纪以前，人们的信息来源很匮乏，学知识只能到大学去，不像现在拿个手机什么都知道。那个时候，大学类似一个大百科全书，用灌输的方式把知识教给学生，人们经常把学生比喻成海绵，让学生尽可能吸收更多的知识。目前的大学跟100年前甚至30年前完全不一样了。现在的信息和知识太多，学生获得知识来源也太多。在这种情况下，大学应该致力于营造学术空间。在这个空间里，学生是主角。学生每天在这里学习，老师引导学生学习和在旁边做研究，学生有问题找老师，老师帮助学生学习。学校打造各种各样的实验室、学术活动平台，为学生提供学习资源并营造学习环境。

第三，教学的重塑：从学知识到学会研究。要想培养当前和未来社会需要的人才，就要改变学和教的方式，让学生善于发现问题，解决问题，为此我们提倡研究导向型学习。大学不能只顾上课，而是要在以学生和学习为中心的氛围中，引导学生树立理想，让学生有学习兴趣，从而学会学习，学会面对复杂的世界。学生已经是成人，是一个独立的人，要对社会有独立的判断和分析能力，要培育学生的责任感和担当精神。课堂传授知识只是学习的一小部分，要帮学生通过学习提升能力和释放潜力，变成在其学习领域有一定造诣的人，不仅有知识的宽度，更要有知识的高度和深度。为此，大学应该改变应试型教育，提倡研究型导向型教育，以此改变学生的学习行为。同时，老师也要改变其教学方式，学校更要优化资源环境和自身体系，帮学生进行新型的学习和体验。

第四，从人才需求看未来大学：融合式教育的迫切需求。当今世界已经网络化，产生了很多虚实相融的新鲜事物，过去的所有习惯几乎都会受到挑战。在这种情况下，一定要重新定义大学。未来的大学将是一种学习和创新生态。这个生态构筑好了，各种资源就来了。制度规范透明，才能吸引和造就真正的人才。我们要营造这样的大学和社会生态，并不断优化其运转机制，使之形成一个共生的系统，所有参与者共存、共生、共同繁荣。一所大学的意义是什么？是影响力。对这个世界影响越大，这个大学的价值越大，而非地大钱多。怎么扩大影响？我们主张通过教育改变一代一代人，通过研究和技术发明提升人类的生存能力，通过提倡新文化来影响社会的进步和文明。

所以，从人才需求的角度来看未来大学，融合教育将会成为未来社会的一种重要模式。教育要在完善目前的专业精英教育体系的同时，创建一种融合式教育，在提升学生素养的基础上，帮学生接受专业训练、习得行业知识、培养管理能力和创业精神，进而成为复合型的精英和创业家。创业家不仅是企业家，也是兴办各类社会事业的中坚力量。为此，未来学校需要与企业、行业、社会融合，需要通识教育、专业教育、行业教育、管理教育和创业教育的融合。通过这种融合，彻底把校门打开，跟社会沟通交融，形成终身学习、创新和创业的生态系统。

中国教育目前正面临一系列转型：①正在从精英教育走向大众教育，大学功能定位和管理理念都需要改变。②从计划经济到市场机制转型，大学的治理体系和资源配置方式需要调整。一旦科学透明的教育资源配置体系和机制得以建立，大学领导、教授、大学老师才可以静下心来好好做他们该做的事情。③大学的管理体系和组织方式也需要实现从科层式行政组织到知识组织的调整。当前全社会包括企业组织都正在扁平化和网络化，大学更应该是网络组织。④从知识传播到新功能的履行，大学的育人模式和教育流程都需要调整。

1.3.3 西浦实践的借鉴

西浦的发展思路是，以未来社会发展趋势和需求为导向，建立国际化学习、研究、创新平台，孕育创新和创造生态，服务于经济社会发展。具体讲，将更具未来社会发展需求和趋势，整合全球最优实践，探索新型教育理念和办学模式，构建适合知识组织的网状平台式大学运行体系，探索大学和社会的互动关系，以实现人才培养、科学研究、社会服务的功能。并通过上述三个方面的探索去影响中国的教育改革，甚至世界教育的发展。西浦试图借助云空间及其资源，形成一种虚实结合的融合式学习和研究环境，从而实现大学影响社会的价值。

西浦倡导研究型学习、研究型教学、研究型工作和持续性创新，把美式教育的灵活性、英式教育的质量体系、中俄教育的重基础结合起来，形成自己独特的育人体系，打造学习创新生态系统。这个生态系统包括三个层次：第一个是自然生态。例如，美丽、绿色、可持续、充满活力的校园。第二个是知识生态。即链接校内外各种资源，建立多元互动的环境，提供知识和思维碰撞的机会与条件，以产生新知和创新。第三个是社会生态，大学不能有围墙，至少心理上不能有围墙，从而利用大学撬动社会创新和发展。

我们提倡融合教育，实际上就是学校与企业和社会链接在一起，形成开放式终身学习、创新和创业生态，使选择专业精英教育道路的学生有更强的行业背景和训练，从而更有造诣；使梦想成为创业家的学生，通过通识教育、专业教育、行业教育、管理教育、创业教育的融合，学习、研究、实习、创业和产业的融合，成长为未来的行业精英，甚或会冒出一些业界领袖。这样，大学校园既是学习的地方，又是实验室、创新工场、研发中心、孵化器，还是企业和产业与人才、学术互动的桥梁，从而实现价值创造，不仅是所有参与者获得价值，而且通过网络分享和放大价值。

（本文基于笔者给江苏省委领导所作报告整理而成，曾发表于《江苏通讯》，2017 年 5 月，第 25—27 页）

1.4 改变资源配置机制，助高教发展回归本质

某大学校长透露教育部将取消“211”“985”工程建设后，引发了全社会对“211”“985”的再次关注和争论。也有热心的网友在《宣布失效的规范性管理文件目录》（教育部文件，教政法〔2016〕12 号）中发现了 8 个与

“985”和“211”有关的文件。针对社会的热议，教育部表示建设一流大学和一流学科是加快我国高等教育发展的战略决策。国家先后实施了“211”工程、“985”工程、“优势学科创新平台”和“特色重点学科项目”等重点项目，有效推动了我国高等教育整体水平的提升。今后将进一步加强顶层设计，坚持中国特色，强调战略引领，突出绩效原则，鼓励改革创新，避免重复交叉，提高集成效益，统筹推进世界一流大学和一流学科建设，不存在废除“211”工程、“985”工程的情况。教育部的否定并未消除人们对以工程或项目办法、靠行政措施进行高等教育建设的争议和批评。

笔者最近参与了一个有多位院士和高教领导参与的高教战略咨询研讨会，其间大家对各种扭曲心灵和行为的无穷的行政或事务性应付深表无奈和不安，包括科学家自尊受到伤害的一些审批和财务控制。国家用纳税人的钱来支持教育和科研活动自然应该受到监控，但不顾教育和科学规律的配置方式及监控手段不仅不会促进资源的有效利用，而且还可能人为地造成大量的浪费。

改革开放以来，国家针对高教发展的战略措施和政策频出，除被热议的“985”“211”外，还有渐渐淡出人们视线的“2011 协同创新”工程、目前如火如荼进行的“双一流”建设工程，还有备受争议的新一轮本科教学评估，等等。在人才方面的工程项目更是多如牛毛，遍地开花，如国家级的有“千人计划”“万人计划”、杰青、优青等在内的一整套人才计划。实际上 10 多年前国家就有“新世纪百千万人才工程”，不少人很困惑，这个工程的国家级人选是否可算为现在的“千人计划”，二者的关系是什么？其实，这些叩问并非真想搞清楚其间的关系，而是对这些不管前后衔接关系、不断“翻新”的工程和项目间接地发些牢骚或表示不满。

一方面可以说国家对高教发展倾注了很多心血和资源，但另一方面我们也听到或看到甚至直接体验到这期间高教发展中存在的很多奇怪现象，例如对高教改革失去方向的批评，对我们大学做跟班式科研的无奈，对海归人才质量的质疑，以及“双一流”主导下各高校对学科大拆大建甚或重新包装和折腾的抱怨，等等。作为业内人士和有责任感的公民，我们不仅为国家大量的财力、物力投入未能获得应有的成效而造成的直接浪费感到遗憾，更对高校大量的高阶科教人才资源被大量间接地浪费而感到痛心。例如，很多高校领导和管理者明知有些工作是不应该这样做的，但为了获得资源或得到支持，只能无奈地努力进行着；很多大教授甚或院士不是深入一线教学和研究，而是奔走在各种评估或“寻租”的活动中；很多教师不是把主要精力放在教学和科研上，而是花费大量的时间和精力准备和填报各种表格、参加很多会议和活动，而且当事人对这些活动背离主业心知肚明，但又非常无奈地陷入其中。目前高教系统这种日益浮躁、急功近利的氛围，扭曲了教育和科学发展的生态，与国家的意图和愿望出现了明显的偏离。到底是什么让高教政策导向和现实发展渐行渐远？

笔者认为，除依法治教和大学管理的体制问题外，关键是我们一直在用工程或项目的方式配置资源、以行政的手段来导向与操控教育和科学活动，违背了教育与科学发展的基本规律。

通常，教育和科学的发展受到其自身规律的演化，并接受市场机制和行政机制的引导。但不同的机制对教育和科学发展有截然不同的影响。例如，我们试图通过各种工程培育或支持出一些杰出人才，用意无疑是值得赞赏和支持的。但人才特别是杰出人才的诞生往往不是多方面提着水壶能浇出来的，而是在良好的文化和学术及教育环境下冒出来的。因此，真正的人才计划或政策应该是营造这种机制、文化和环境，而不是简单地选苗助长，或揠苗助长。纵然，通过各种工程的浇灌也可能促成一些人才的出现，但却会因为环境的浮躁与恶化抑制了大量优质甚至杰出人才的涌现，这种忽视教育和人才规律的工程式揠苗助长往往得不偿失。再如，教育资源可通过市场机制和行政机制配置。市场机制虽然也会诱致短期行为，但如果高校被赋予相对独立的市场竞争地位和运行机制，就不会不关注自己的教育质量和品牌，考虑到长期竞争力和可持续发展，市场机制常会支持长期行为；然而，行政资源配置往往因为政绩等因素更多关注短期行为。但毕竟公立教育具有公益事业性质，肩负着国家长远发展的人才培育的历史使命，国家自然需要大力的支持，但这种支持或资源配置绝大部分应该以一种基于学校性质、规模、使命而建立起来的科学、规范、透明的机制，而不是以各种名堂的工程来履行，从而使大家无须无休止地揣摩下一阶段又会有什么新工程，也无须整天费心思地设法增加自己的谈判砝码或筹划某种策略去争取一些工程，更无须把大量精力和时间花费在各种填表与寻租的活动中。这样高校领导、老师便会静下心来，集中精力研究和探索如何搞好教学和研究，高校也可以慢慢回归本质，不再因简单追求一些指标而产生负面影响，而是沉浸在育人的修炼中、兴趣的探索中、重大科研或发现的激动中。也许暂时一些显性的、意义不大的指标会有所回落，但我们可以会心地看到，随着时间的推移，杰出人才、震惊世界的科技创新或科学发现会不断涌现，此时我们再也不用成天把“钱学森之问”挂在嘴上，再也不用整天担心我们偌大的中国、众多的大学难出诺贝尔奖获得者！

以我们现行的科研管理为例具体分析，不难发现，首先，我国目前主要采取行政化的工程或项目配置资源，即使像国家自然科学基金这块本应支持以兴趣为主的基础研究、维护国家科学精神和文化、孕育一批科学家的净土，也着力设法搞出了各色各样的“工程”。高校作为我国科研主力之一，其科研管理体制采用的也是自上而下的行政管理模式，从国家到教育主管部门再到高校，层层管理，高校的科研管理部门是一级行政机构，有特定的行政级别。其次，高校科研活动组织方式行政化，工程化，甚至运动化，例如，当下不少高校及其主要研究力量就沉浸在“双一流”的运动中。行政人员由于掌握着资源分配权而居于主动控制地位，充当评审和验收的角色。研究人员则为了申请项目而奔波忙碌，不断准备申请材料，按照行政人员不断变化的要求提交信息，行政人员的服务角色不复存在。最后，科研成果评价体系和激励政策行政化。目前我国科研评价中体现的是行政逻辑而不是学术逻辑，权力和官本位深深侵蚀学术界，造成了学术界急功近利、学风浮躁，为政绩而重数量轻质量，很多学者为发表而发表，论文没有含金量，而且重短期轻长期，项目评价以资助的行政级别论高低，论文评价则以期刊的检索情况为依据，而不是考虑研究本身的价值，等等。可见行政机制取代学术机制主导科研管理问题很大，而行政权力之所以能干预学术事务，根源在于行政权力掌握着学术资源的配置，而且配置方式失当。

再深入观察教育的资源配置，因教育特别是公立教育体系的公益性，全世界的很多大学都要靠政府的资金来维持运营，因此政府支持大学并不鲜见，但政府如何把资源配置到大学却有行政和市场（学术竞争）两种机制。我们国家的资源配置是典型的行政主导模式，教育拨款从国家到大学，要通过国家或教育部设立的各种项目和工程来向财政部提出预算需求，然后再以项目和工程的名义把钱分拨到大学。如过去的“985”“211”和现在的“双一流”。大家心知肚明，如果进了笼子，就会得到大量的投资，因此大批大学和其主要力量倾尽全力，不惜包装和拼凑，设法戴上“双一流”的帽子。在这个过程中，部委的话语权很大，这就是为什么大家俗称的“跑部钱进”现象在我们国家包括教育部门很常见。很多西方的大学并不采用行政的机制，而是更加注重资源如何支持学术活动本身。例如美国、英国、日本的公立大学也接受政府的拨款，但一般会通过一个拨款委员会来具体运作拨款事务，而拨款委员会的成员包括高校、政府和业界的代表，能够基于多方的利益来确定拨款方案，达到双方满意和共赢。关于发达国家如何支持教育和进行资源配置的经验研究已有很多，这里无须赘述。

再深入剖析我们引以为豪和努力而为的各类人才工程，不能发现其逻辑弱点。人才学和人类历史不断证明，杰出人才和重大科学发现大都是冒出来的，在可自由追随自己兴趣、能长期静心钻研的生态环境中，所有的苗子都有可能成为大才，对兴趣的执着追求可能孕育出重大科学发现和技术创新，一个社会如果能构建和营造这种良性的生态环境，伟大人物和重大的发明创造便会层出不穷。但我们目下的资源配置机制、教育科研评价体系、人才选拔工程虽然也可能浇灌出几棵苗甚或大树来，但却失去了大树成林的机会。各类人才工程的动议很好，笔者很荣幸也曾是早年千百万人才工程的一员，但对近年来日益遍地开花的各类工程选拔过程中暴露出来的问题以及由此引起的各类投机行为深感痛心，甚至以拒绝参加此类评审专家组的方式来表达自己的观点。不难看出，这种资源配置方式的不良后果不只是浪费纳税人的钱，更重要的是破坏教育和科研生态，值得决策层和各级政府认真反思与关注！

教育与科学本是一个系统和生态问题，生态首先强调共生，系统中的主体之间的良性互动是生态存在的前提，主体之间的关系主要靠自主的动态调整，主体关系的失衡或者个别主体的过度强势必将破坏生态平衡从而难以实现良性循环。其次，生态系统具有涌现性，当环境条件具备，就有可能通过自组织产生良性循环。例如对于科学研究，我们营造了良好的生态环境，就有可能冒出更多杰出人才和伟大的科学创举。我们国家钟情的颠覆性技术，如智能手机、智能机器人、云计算、大数据、3D 打印、物联网、页岩气开发等最新一代影响社会发展的新技术，大都是由苹果、谷歌等公司开发的，原创性的科技创新或设计并没有出现在拥有全世界最多人口而且是全世界公认的“最聪明”民族之一的中国。从个体角度略加分析，我们不难理解其中的缘由。除了大学里主要精力用于角逐那些工程和教育模式依然停留在传统的教知识的过时模式外，社会的浮躁也阻碍着我们创新人才和成果的涌现，例如中国社会成功的观念太单一，扼杀了孩子们的兴趣和追求空间；长期应试教育抑制了年轻人的创造性；家长们对学生的过度溺爱和终生安排或干预使得不少想猎奇、有想法和创意的青少年放弃了初心；全社会对短期财富的追逐挤压了那些对个人兴趣长期执着追求的空间，等等。于是，很多颠覆性创新的机会只能留给像硅谷那样包容失败、可以在车库或地下室有一顿没一顿的创业者。另外，从机制上我们也可发现，曾经在20世纪主导诸如互联网、隐身技术、全球卫星定位系统（GPS）、激光、无人系统等重大颠覆性技术开发的美国军方，也开始重视与硅谷的合作，注重更加灵活多元和市场化的方式，而不再仅仅依赖国家行政主导的大项目制。

综上，工程和“名堂”式的资源配置机制、政绩性的评价体系、工程性的人才选拔方式一定会导致包装、作秀、投机行为的泛滥，孕育急功近利的浮躁氛围，扭曲教育和科学的生态环境。那么，到底如何真正建立有利于教育和科学长期健康发展的资源配置体系？通过科学、规范、透明的机制营造尊重教育和科学规律的生态系统，以替代行政主导的以工程或项目为主的配置方式很关键，例如以科学、规范、透明机制主导高教的资源配置，使高校静心于教育与科研主业，回归本质；建立质量与贡献导向的科研成果评价标准；加强学术权力在高校资源分配中的决策权；为人才的成长和科学研究创造生态环境而非直接刺激和鼓励短期行为等。

（该文以“高教政策导向和现实发展为何出现偏差”为题发表于《光明日报》2016年10月18日，张晓军博士是合作者）

1.5 研究型教学非在传统教学中加点研究作料

教学与研究是大学的基本使命，但往往由于评估和资源配置体系的影响，几乎所有大学特别是中国大学存在教学与科研的严重冲突，尤其是在重视文章和SCI（《科学引文索引》）、科研获奖、重点学科等简单的数数排名，并以此决定资源配置的今天，许多研究型大学主要精力和资源几乎都放在科研上，甚至放在指标制造上，这不仅诱发了大学的浮躁，更使大学的根本使命——教育成了不受待见的副产品，可以毫不夸张地说，很多大学不是悟人子弟，而是在误人子弟。

当教育方向和质量备受质疑时，人们往往会把账算到老师心不在学校上，于是乎，本来天经地义的老师上讲台，也需“教授上讲台”这样有点荒诞的强制性规定来实现。其实，让大学静下来，回归本质，关注育人，关键在于宏观资源的配置方法、大学的治理、大学办学自主权的到位等体制以及内部的管理和文化问题上，当然也涉及如何学、怎样教、怎么评估等技术问题。

本部分无意讨论体制和管理等大问题，而是重点关注教学中的师生互动以及每个学生、老师和学校都有权自我改进、不断完善的学与教的技术问题。

1.5.1 “无知的恐惧”与传统教学

谈到教学，备受诟病的是长期应试教育滋润出来的以内容或知识为导向、被动填鸭式的教育，一门课，一本教材，老师将内容归纳成很多知识点，老师讲知识点，学生记知识点，考试时候老师划重点，学生背重点，考完高分忘知识点。尽管这种传统教学的弊端已遭受广泛的批评，甚至成为笑谈，但现实中依然普遍存在。当然，也不乏改革和创新者，他们试图改变这种落后的教学方式和传统，许多教学探索如雨后春笋不断涌现，如将灌输知识的被动式教育变为强调师生和课堂互动的主动式教学，再如将以老师为主导的学习转变为强调学生主动性的、以学生为中心的学习，还有将重知识的学习变革为强调学习技能的、以学习为中心的学习，特别是近年来兴起的重视研究技能和探索精神的研究型学习。

以知识为导向的教育源于人类社会演进的必然。在人类社会初期，尚未摆脱非理性、尚未自觉的时候，可能会处于“初生牛犊不怕虎”的状态，如儿童或未谙世事的鲁莽；但挫折的体验和经验的积累，包括知识的慢慢提炼，使人们逐步理性化，人们会越来越意识到“恐惧源于无知”，从而惧怕“无知”，于是在知识稀缺、难以分享的情况下，教育的目的主要是传输知识，教人获得和理解知识。

就近千年的大学发展史来看，中世纪（11—14 世纪），知识的传播是社会发展到一定阶段人们对知识需求的产物；文艺复兴和宗教改革（14—17 世纪中叶）时期，知识传播的内容反映了对古典文化的推崇，同时也体现了统治阶级的意志；资产阶级革命（17 世纪中叶—18 世纪中叶）时期，知识的传播由注重书本转向实验，由注重思辨转向注重科学实践；工业革命与世界大战（18 世纪中叶—20 世纪 70 年代）时期，社会对科学技术的需求使大学功能多元化，除知识的传播外，日益重视知识的创造以及转化；在当今全球化时代（20 世纪 70 年代以来），知识的传播、创造和转化愈演愈烈[①]。由此可见，大学的主要功能一直集中于知识的传播，于是如何传播就成为大学实现其使命的重要问题。

其实，教学过程也因认识、文化、发展阶段的不同有所不同，经过漫长的实践和演化，形成了现在我们统称的传统教学模式。罗辉在比较传统教学与研究型教学时（2012）指出[②]，“传统教学模式是指 19 世纪初以德国著名教育家和心理学家赫尔巴特为代表创立的以‘教师、教材、课堂’为中心的教学模式。即教师是教学的权威，教学内容是系统的科学知识并组织为分科教材。这种教学模式是从夸美纽斯班级教学开始到赫尔巴特的‘四段教学法’（即明了、联想、系统和方法），直到苏联以凯洛夫为代表总结出的‘五个环节教学’模式(即组织教学—导入新课—讲授新课—巩固新课—布置作业)”。这种模式把学生当作动物来训练，要求教师通过反复讲授和重复练习来塑造与矫正学生行为的方法，按照教育者的标准，尽可能在最大程度上强化学生的合适行为，消除不合适行为。其主要特点是：①以知识的传授为主要教学目标；②以教师为中心的灌输教学方法；③以应试为主要考核方式。这种方法导致学生只重视对已有知识的机械掌握，而缺乏批判性精神，弱于能力训练，遗失了探索兴趣和创新意识。

更严重的是，当代社会出现了一系列颠覆性的技术，如网络、移动技术，以及基于这些技术发展出来网络教育资源如 MOOCs 和随时随地廉价甚或免费的教育方式，这一切使知识传输、搜索、获取、分享变得异常容易，知识存储技术使知识记忆不再成为难题，信息爆炸以及扑面而来的各类知识使人们日益难得无知，让人们从传统的“恐惧无知”演变为如何在知识的海洋中找到有用和恰当的知识，怎样有效整合这些知识以提升人们的生存能力。这

① 吴式颖主编 . 外国教育史教程，2003；席酉民，郭菊娥，李怀祖主编 . 中国大学国际化发展特色与策略研究，2010。

② http://www.jxteacher.com/luohui/column19309/e8b5d4c7-1e35-4665-a9ae-cc3cd0929e6c.html.

种技术革命和时代变迁彻底改变了人们学习的行为，自然而然也挑战着传统的教学模式。

1.5.2 新时代呼唤研究型教学

为了迎接时代的挑战，避免传统教学的弊端，人们开始将教学重点从知识传播转移到恰当选择和运用知识来解决问题，从强调知识获取到重视能力训练，从知识导向型教育转向全人教育，并开始探讨研究型教学。但研究型教学的真谛是什么，却有很多争议，例如，百度学术上与“研究型教学”相关论文就有20 680多篇，有的说是“教会学生课堂之外的自主探索式学习”，那么课堂教学与传统教学有何区别？有的说就是“重视培养学生的创新思维”，那么怎样培养？有的说是“将科研与教学有机结合，将最前沿的科研动态引入教学内容”，这能达到消除传统教学弊端的目的吗？有的要“加重教学研究的分量”，这当然是教育的永恒话题，但没有直接说明研究型教学的内涵。那么，研究型教学的真谛到底是什么？

胡跃荣在其博客中抨击现实教学状况[①]，大意是“教育部提出要推行‘研究型教学’……居然……没人知道什么是‘研究型教学’！文件中的‘定义’既冗长又杂乱，讲不出一个所以然，令人悲哀。‘教’总是为‘学’服务的，这么简单的道理，为什么我国的教育工作者们都不懂得？懂得的话，答案就更直接了：‘研究型教学’是针对‘研究型学习’而言的！所谓研究型教学就是训练学生学会‘研究型学习’！如果谁不明白，就叫他到我的《大学殿堂》来听听课吧！”遗憾，我没有机会去其课堂听听“研究型学习”到底是什么？

我在2014年访问爱尔兰都柏林三一学院（TCD）时，得知他们也在提倡研究型教学，于是问负责该教改项目的教授，你们怎么定义研究型教学？得到的回答是：①老师在教学中分享研究成果；②教学生一定的研究技能；③给学生创造一些研究机会。我当时对他说，按我的理解“这只是在传统教

① http://blog.sina.com.cn/huyr56918.

学中加入了研究要素或作料”。

只有深入理解研究型教学，才可能有效地开展研究型教学。按照罗辉的观点，“研究型教学是探讨从注重‘如何教’向注重‘如何学’的转变，注重学生的学习兴趣、学习效果，强调学生的学习能力培养”。实际上“学”和“教”是“教学”这枚硬币的两个侧面，即使解决了罗辉“如何学”的问题或胡跃荣的“研究型学习”的问题，依然还需明白在这种学习模式下，老师“如何教”才能更好地引导或帮助学生进行研究型学习？换句话说，研究型教学需要“研究型学”和“研究型教”的到位和二者互动机制的形成。

那是不是现在我们在效仿或比较崇拜的西方教学方式就是研究型教学？胡跃荣认为，“教育专家们总是以为西方发达国家的教学方式就是研究型教学，这是一个极其荒谬而根本错误的观念，那些西方国家的教学方式只不过是在做一种‘自学型学习训练’而已”。我个人认为，现在西方流行的强调学生为中心、互动式的主动学习只是研究型教学的一种方式，而非研究型教学本身；强调学校要帮助学生学会学习只是目的，而非可操作的教学过程。

在这类讨论中，我们也可发现一些高大上的定义，如“研究型教学模式就是以知识教育为依托，以能力培养为主要内容，以引导学生的高度参与以及主动性的充分发挥，并且创造性地运用知识和能力为目标。通过自主地发现问题、研究问题和解决问题，在研讨中积累知识、培养能力和锻炼思维，同时养成科学研究的精神和科学态度，培养多样化、高素质、创新型人才的一种教学模式”。该定义虽然从知识到能力再到素质全都提到，但以知识为依托、以能力为内容、以创造性运用知识和能力为目标的说法太笼统和不全面，让人不知如何操作。

知识是人类在实践中认识客观世界（包括人类自身）的成果。基于知识，人类可以更智慧地生存及与人、社会和世界相处，并从中不断创造和积累新知。学习实际上是知识继承、运用和积累的过程，其目标不在知识，而在生存和面对生存的问题与挑战。所以，如果围绕生存需要习得、运用和创造知识，学习者会更具好奇心和针对性，更具有激情和批判精神，更容易根据问题和挑战融合各方知识，并创造新知，也更利于能力和素养的训练。于是乎，就有一个双向选择问题，是学会知识面对生存和挑战，还是面对生存和挑战学习知识和研究对策、提升能力并于其中创造新知？前者可能会导致学了一堆知识而不知如何运用，且因缺乏针对性和目标而缺乏学习的激情，另外也容易导致知识的碎片化；后者显然针对性强，利于刺激学习激情和创造精神，且容易根据问题整合多方知识和训练发现问题、分析问题和解决问题的能力。我们不难发现，前者其实更像我们传统的教学，其特征是老师主导地教，学生被动地学。填鸭式地灌输知识，虽然学生可以掌握很多知识，但很容易僵化和分散，运用知识和研究能力得不到充分训练。后者则应是我们追求的研究型教学达到的效果，那么具体的学和教如何进行呢？

第一，从哲学和教育理念上正确认识老师和学生的主体地位及作用。建构主义理论认为，哲学上，学习强调意义获取，是学习者行为和思想的永久改变；角色上，认为学习者天生具备创造力，能自我导向，而不是看成孩子需要定向。因此，学生是教学过程的主体，老师应将自己看成指导者和资源；教学上，尽管学习始于课堂，但主要发生在学习者将知识应用于实际环境的过程中，并最终改变价值观，教师要努力创造这种环境；评价上，因学习是一个认知和行为及价值观改变的过程，其评价应有机整合过程评价和结果评价。因此，要改变传统的以教授知识为主、老师主导的教育为以学生健康成长为目标、以兴趣为导向、以学习为中心的教育。

第二，要理解“学和教”过程的关键对象从“知识”到“人”的转变。传统教育是惧怕无知，主要目标是传授知识。在全球化和网络化时代，面临信息和知识爆炸，特别是网络和信息技术的革命导致知识记忆、传输和分享方式发生颠覆性变化，搜索引擎、信息存储和移动技术彻底改变了知识获取方式和学习行为，所以现代教育面临的困惑不再是知识传授，而是如何针对需求选择知识、如何根据问题整合知识、如何针对新现象或任务快速获得知识或利用已有知识创造性地发展解决方案，等等。很容易发现，“学和教”亟须从原来传统教育的以知识为导向或以内容为导向的教育转向以能力为导向的教育，包括观察能力、知识搜索能力、整合和运用能力、研究与合作的能力等。

第三，要充分认识“学和教”的核心任务、目标和合适策略。要帮学生面对知识更新速度快的挑战，学会学习，提升上述能力，教学互动的核心是老师如何引导学生利用各种工具和资源解释现象与解决问题，并形成满足生存需要的整合性的知识体系，训练面对日益复杂多变环境的动态挑战的能力。课堂不应再是简单讲授知识，而是以现象、科学问题、现实挑战来引导学生学习，围绕这些问题，学生通过网络等现代技术进行学习和研究，解释现象、回答问题、开展研究，然后通过课堂、小组讨论进行交流，提升学生学习能力、整合与应用知识的能力、科研与解决问题的能力，甚至通过这些过程产生新知。这种研究导向型的教学，不仅可以刺激学生的好奇心，训练学生的批判性思维，培养学生的创造力，改变学生的思维方式，帮助学生学会学习；而且还有利于借助网络技术扩展其知识宽度的同时，增加其知识的深度和感悟知识的高度，帮助学生将网络上获得的碎片式知识整合成有机的体系，从而形成有造诣人才。

第四，要充分认识到课堂只是研究型学习的重要但是很小一部分。在研究型教学中，课堂实际上成为老师引导学生学习的重要指导环节，老师应该让学生非常清晰地了解关于这门知识的五个方面内容：这些知识在人类知识体系中的地位和作用，主要用来解释哪些现象和解决哪类问题；具体的知识体系是什么；关键的理论、技术、工具有哪些；这门学问的方法论特点是什么；这门学问的哲学思想是什么。然后围绕这门学问的体系，以有趣的现象和挑战性问题安排学习任务，学生们为了上好课，课前需要认真阅读和学习相关知识，发现困惑和待研讨问题以利课上讨论，课后学生需按小组完成teamwork、需要做项目（project）、需要实习或研究，以习得知识，学会学习，提高研究能力、合作的能力、沟通与交流的能力、表达的能力，等等。很可能是课堂1小时，课外5小时。

第五，校园学习资源、环境和文化的塑造是实现研究型教学的重要平台。现代社会的“不确定性、模糊性、复杂性和变化性”对人才提出了新的要求，要想立足于未来，不仅需要知识，更需要整合思维、复杂心智（complexity mindset）、变革管理；而全球化和网络化环境则要求跨文化的理解力和领导力。换句话说，未来的人才需要成为具有上述特点的世界玩家（global player）。为此，在学习和积累的过程中，不仅需要扩展知识的“广度”，还需增加其“深度”和“高度”；在知识整合的同时，学习和训练自己的各类能力，包括跨文化理解力、领导力和竞争力；提升自己的素养，如生活理念、核心目标、价值观、伦理观和世界观；不断丰富自己的人生体悟和智慧。我们知道，知识不仅靠学习，更在于习得和操练，所以研究型教学日益重要；能力很难教，而靠训练，因此学校和老师要努力为学生创造机会和条件，开展尽可能丰富多彩的互动和创新活动；素养也很难教，只能靠熏陶，同样老师和校园要营造优良的文化和环境，例如，在日益全球化的今天，要培养学生全球化的视野，就需要营造多元文化的氛围，国际化的学习和体验环境；而应对复杂不确定环境的智慧也无法教，只能靠感悟，通过效仿与顿悟得以提升，老师和学校要帮学生形成思考的习惯、树立效仿的榜样、提供刺激的机会，增加其顿悟的氛围。由此可见，校园整体建设也是促进研究型教学的重要组成部分。

1.5.3 研究型教育的探索与实践

由于长期的知识传输式教育传统和实践已经形成根深蒂固的习惯、经验和行为惯性，即使理解了研究型教育，即研究型学习和研究型教学，想要真正做到位，学生特别是老师依然面临许多挑战。首先是我们很容易回归到老师主导、学生被动的知识讲授模式，有时候只是换了一种方式或稍微加强了互动而已。

研究型教育是围绕人健康成长和发展的目标，帮学生学会学习、学会探索、善于观察、强于发现问题、分析问题，并长于整合知识以创造性地解决问题，甚至通过这样的学习过程增强其合作、组织和领导能力，而绝不是简单地教知识和记知识。例如，我们经常告诫学生和家长，大学（特别是我们学校）不是一个“学知识”的地方，而是一个帮学生健康成长的地方。学习知识是过程和手段，健康成长是目标，特别是对处于 18 ～ 22 岁正在转型中的本科学生。为了做到这一点，学生一定要认知自我、认知这个世界，从而知道自己的兴趣和志向，进而才会形成学习的动力、前进的方向、人生的梦想。所以，我们努力以各种方式帮学生实现“从孩子到年轻成人再到世界公民、从被动学习到主动学习再到研究导向型学习、从盲目学习到兴趣导向性学习再到重视人生规划”三个维度的转换，将学习和人生有机融合，这样才会有动力、有乐趣，人生才会充满意义。学校在学科设计上也注意学科与社会需求以及学科间的融合，以提供给学生更有价值的学习支持和指导。

按自己兴趣做成一件事当然堪称个人的成功，但人非孤零零的个体，我们需要与群体、组织和社会相处，因此需要提升我们所做事情对群体、组织和社会的意义和价值。所以，我们特别强调通过研究型学习，除帮学生形成有机整合的知识体系外，还要提升学生素养体系和能力体系。素养体系致力于帮学生理解自己的核心理念、核心目的、价值观、伦理观和世界观，让自己的梦不仅使自己活得有意义，而且对组织、社会有价值。这种公民责任意识贯穿于我们整个文化环境和教育过程中。又因为我们身处全球化的时代，世界被紧紧地联系在一起，相互影响，共生共荣，因此这种公民意识需要超越国界，所以我们将世界公民作为培养目标。而在当下复杂、多变、模糊、不确定性的全球化环境下，要真正尽到世界公民的责任，跨文化的领导力是必不可缺的。而传统的以专业为导向的教育很难培养和提升这种领导力，于是如何在专业知识整合的基础上，通过各种课内外结合的活动，给学生创造机会训练和增长其跨文化的领导力就成为当代教育的重要使命。我们努力塑造“以学生为中心、以学习为中心、研究导向型”的教育和学习体系，给学生创造机会和条件去训练与提升其整合和运用知识的能力、跨文化的理解力、沟通能力、创新能力、合作能力、执行能力等。

最后，网络化和云端资源的便捷性使随时随地学习成为可能，强大的搜索引擎彻底解除人们对“无知”的顾虑，使现代人扩充其知识的“广度”变得很容易实现，这为研究型学习提供了技术支持。但知识获取的便捷性可能会导致“知道主义”泛滥和知识的碎片化，大学实体校园则可能通过变革再造以突破当前简单灌输知识的功能，努力探索和打造新时代科学社区，让不同知识背景、不同文化、不同国籍、不同个性的人群通过课堂、研讨会、研究项目、日常聚会等形式相互碰撞，产生新知，刺激创新，训练能力，包括学习能力、沟通能力、科研合作能力、整合和应用知识的能力，甚至领导力等，既帮学生增强其知识的深度和高度，又训练学生整合知识和发现、分析、解决问题的能力，以形成其国际竞争力。这些是网上虚拟学习环境难以替代的，而且实体校园完全可以利用云端资源和网络环境进一步强化其优势，实现线上与线下优势的有机融合，虚拟与实体的互动结合，全球整合资源，与相关组织和社会形成共生共荣的机制，营造超实体的友好的新型科学社区，以更有趣和高效的学习、研究环境及氛围，促进我们将研究型学习进行到底。

（本文发表于《中国高等教育》2016 年第 1 期）

1.6 证书和名牌与大学教育的价值

每每演讲、聚会或遇到朋友和学生家长，总听到大家深感压力巨大，而且主要来自对孩子的教育。有担心孩子高考的；有痛苦孩子逆反的；有焦虑参加不参加一些课外补习班的，甚至明知道不一定对孩子有利，但怕孩子输在起跑线上；即使入了大学，依然困惑专业选择、要不要考某种证、念不念研究生、出不出国、选择哪家大学，本来学生自己可以申请，却要花钱请中介；出了国或念了研究生还不轻松，学生学习中间遇到的困难或挑战依然令父母坐卧不安，还有毕业后的就业，等等。

于是，我对这些朋友说，我有一招可以免除你们的压力和痛苦，这就是大家换一种思路对待这些问题。例如，对没进大学的孩子，大家可以问自己一个问题，只要孩子健康，万一失误没考上大学又能怎么样？这个时代人生的道路很多，只要人品好，有能耐，没有大学文凭照样可以创造辉煌！那些孩子已经进入大学的家长，要意识到孩子已经成人，你们已经尽到责任，孩子们要体验他们的人生，无论顺利、困难，他们有权利且必须自己去面对，那是他们应该拥有的人生，你们过分的帮助和干预，反而会让他们失去完整的人生。如果大家不仅这样思维，而且能从心理上真正放下，一定会轻松很多，从而享受属于自己的丰富多彩人生。

但不少人也许会扔砖过来，说席教授你站着说话不腰疼。现在不念大学你怎么和别人竞争？何况大学也有助于孩子们成长。没错，我在详细回答大家的质疑之前，请大家再做一个选择。在孩子成长阶段，一种是关注其做一个健康、积极向上和快乐的人，培育人格、训练能力、规范行为、提升素养，所有的学习都是帮他们成为一个健康和幸福的人，也许他们中间高考状元不多，但却可以拥有积极快乐的人生和持续发展的能力；另一种是从众随潮流，给孩子巨大压力让他们不惜代价地在考试中名列前茅，参与各种各样课外补习班，习得一些他们不感兴趣但可以有助于升学的技能或证书，结果孩子失去了童年乐趣和幸福，也如愿进入了梦寐以求的名校，但人格、行为、态度受到抑制甚至扭曲，很难拥有正常的更有创造力的学习能力和健康的社会生活能力，严重者可能出现心理障碍或疾病，影响整个人生。请问大家会选择哪种道路？我相信绝大多数会选择前者，但也会疑问，难道二者不可统一吗？

没错，二者有一定的重叠性或互补性，比如说健全的人格一定有利于更有效的学习，利于未来的全面发展。但反之则不然，掌握了很多技能和知识并不能保证人格健全，如果人格或做人的基础有问题，学得再多也会面临人生发展问题。因此，教育必须首先关注人的成长，并通过正确的学习使孩子们成长得更健康、更快乐。所以，要解决我们面临的问题，一是要将孩子健康快乐成长放在首位，其次要促进我们的教育转型，从传统的重应试技能和灌输知识真正转换到以学生成长为中心，并探索能有效帮助学生成长的教育模式，塑造利于学生快乐学习的环境，这样二者方可能统一起来。再回到家长们怕输在起跑线上的忧虑，只要我们真正理解了未来什么样的人更容易拥有发展空间以及怎样才能培养他们的竞争力，大家的忧虑就会减低或消除。

现在，很多学生陷入考证热和千军万马争过独木桥——不顾爱好地争取名校的滚滚人流中。然而放眼望去，大凡名校都把重点放在科研、各种指标、各种政府的教育工程，却未把教育放在核心地位，导致学生在校受到的教育和提升大打折扣。很多人也许会说，即使如此，这些名校的证书或牌子也很受用。我对此不以为然，即使获得了这些学校的证书、学位，真能确保学生们的职业生涯顺利吗？未来孩子们将会面临怎样的职业世界？家长、老师、学校应该帮助他们做好什么样的准备才会使他们赢得未来？让我们先想象一下未来的几种情景。

情景一：随着电脑和智能手机的普及、机器人革命的到来，未来如20～30年后，靠体力工作的岗位，将会被机器人所占领；靠知识和逻辑工作的岗位，将被电脑所盘踞；传统的课堂和老师将被慕课等网上教育所替代。人们在工作中也许不再从一而终，一辈子会从事多份工作，转换多个行当。特别是当物质财富积累到一定程度，人们不一定要像现在一样，追求房子，追求安全感，追求生存，追求赚钱，而开始追求新奇和体验、兴趣的满足、不同的享乐、真正的幸福感。因此，如果家长、老师相信未来是美好的、善良的，那么他们就应该教孩子们去探索未知以满足自己的好奇，去打开可能性以创造新的空间，去尝试更多和不同以体验更丰富的人生精彩。但如果家长和老师相信未来是灰暗的，就会教孩子保护自己，也许死读书、熬过一系列痛苦的考试，会帮孩子找到一份安稳的工作，过一个平平实实的日子。然而，即使这样的简单生活也无法用应试的办法锁定，因为未来这样的岗位会越来越少，拿到文凭和各种证书除了在入门时有所参考之外，如果你能力跟不上，也不能保证你长期拥有已获得的岗位或捞到的机会。

情景二：在教育领域，可能出现很多网课公司，这样的公司可以整合全球资源搞一门课，其精彩程度可能令人向往，让大学无法匹敌；甚至一两个聪明的人就可以搞出一个极具吸引力的教育网站或机构，像美国的可汗学院，从而吸引全世界的学生选修，学生也可以随时随地廉价地获得世界最佳教育资源。就这一门课而言，也许没有一个大学可与之争雄。如果进一步假想，因利润空间很大，世界上冒出大批这样的公司，例如1 000家，就这些课程来讲，没有大学可与之匹敌。如果很多这类公司联合起来，是否还有大学存在的空间？大学会不会被这些公司所淘汰？如果我们的教育还停留在传统模式中，如果我们的大学不正视这样的竞争还原地踏步的话，学生们为什么还要掏高额的学费进入大学学习？换句话说，如果当代大学不重视教育变革，就可能出现哈佛商学院 Christensen 教授 2014 年预言的情景："未来十五年内美国一半的大学会面临破产。"我们向往的美国教育如此，何况备受诟病的我们自己的大学。但反过来看，如果大学站在这些公司的肩膀上，利用网络资源和技术，重塑大学校园的价值，如充分发挥大学丰富多彩的资源和实体互动场景，那么这些公司集中起来可能也无法与优秀的实体大学竞争。一言以蔽之，学生的健康成长需要质量好、符合时代需求的新型教育和大学。

情景三：当有众多公司开发了大量的网上课程，即使一批大学已经觉醒并开始进行变革，学生也未必一定选择它们，因为现代社会为学生们开启了多扇学习和接受教育的大门，念大学已并非成才和获得发展机会的独木桥，而只是其中的一种途径。学生可利用零星的时间，将学习当成生活中的部分活动，可以选择进入大学，体验一下校园环境，或选修几门有价值的课程，而不是非得像现在这样，利用 4 年完整地学学士、2 年多学硕士、3 年多学博士。届时校园学习的特征是什么？有那么多精彩无比的网上教育资源，学生和老师在校园里干什么？如果大学老师依然采用现在的灌输知识的方式教学，这样的大学将会面临挑战甚或消失。如果大学改变了现在的被动式简单知识传授的教育方式，而是采用开放、主动、探索、研究导向型的教育，再配合以综合的资源和实验环境、老师和学生的现实互动和指导，校园的价值可能是网上课程无法完全替代的。学校如果再充分利用网上教育资源放大校园价值，学校依然会有为学生提供教育的附加价值。即使如此，学生也许不满足于一个校园，可能辗转于不同校园；不一定在校园连续待四年或更长，而是根据人生发展将其拆分成很多阶段，满足自己的兴趣和需要；另外，游学也许会更加盛行，从而享受多元文化、异乡风情，追随兴趣新奇，体验丰富多彩。

情景四：随着经济社会的发展、技术的快速进步、网络和智能机器人的涌现，加上生活的富裕和社会的老龄化，传统的工作方式将会逐步被技术和机器所替代，人们有更多时间和更长的生命去享受人生，那时工作也许不是为了维持生计，而是努力丰富人生体验，所以娱乐、探索性乐趣、体验式享受可能流行，教育和学习成为融入人生生活的必需品和具有精神价值的生存方式，而不是通过学习获得某种证书或贴个名校的标签。同时，人们在享受虚拟乐趣的同时可能慢慢开始厌恶虚拟，重新珍惜和创造更为丰富、更有深度的面对面交流。学习和教育成为人们认知世界和快乐共处的生活常态，而不是满足功利的手段。

针对上述情景，未来的人要活得好需要什么？著名未来学家丹尼尔•平克提到未来需要六种技能：设计感、讲故事的能力、整合事物的能力、共情能力、会玩、需要找到意义感。也有人将其总结为三个方面的能力：第一，有感性的思考力，而不仅仅是理性思考力；第二，有较强的创造力和超越规划的生涯应变能力；第三，有让自己幸福的能力，无论是成功还是遇到挫折，都能幸福地面对。当然，现在谁也无法准确预测未来，但这些预言至少给了我们一种启示。那么，未来的大学教育又是什么样的？同样无法准确预言，但有一些基本点应该是必需的，大学应成为人们更智慧生存的终身伴侣，为人们提供超越网上虚拟环境更有价值的体验和学习，证书和学位等阶段性证明将成为学习价值的伴生物而非追求之目标。

这些情景貌似很遥远，其实就在眼前。稍有前瞻性，我们不难体会到学生、家长和学校都面临挑战。学生和家长必须面临关于教育态度的转变，不应再是简单地追求升学或名校（除非名校是育人的名校），而应更关注和选择能帮助其孩子健康成长的学校和学习行为，帮助孩子发展健全的人格、积极向上的生活态度、永不满足的学习精神、终生探索和学习的能力，这样也许学生在高考中成不了状元，但他们养成的素养、习惯和能力可能帮助他们拥有健康快乐的人生，甚或成就事业的状元。对于学校来说，不是一味去追逐各类学术指标或某种工程或扭曲的社会名头，而是回归教育本质，探索适应未来需求和社会环境的教育模式，帮学生和社会创造终身学习和探究的线上线下结合的超实体环境，为提升人们生活乐趣和价值去营造一种有吸引力的人生体验新生态。

现在，让我们回头看看这种转变的代价和价值。以应试的心态，学生可能收获高分、进入名校、获得某个名校的学位和学历。在计划经济时代，可谓一考定终身，有这些东西你就有可能进入一个大家向往、令人羡慕的单位，并可保证你一生吃香的喝辣的。但在现代社会和未来，这些证书和名牌的价值有多大？我们已步入激烈的市场竞争时代，人们已经不再简单地看重牌子和阅历，而是看中实力。对那些有牌子而无实力的人来说，比较侥幸的一点是，人是一种信息很不对等的高级智能动物，很难在短时间内通过表面判断实力，因此需要一些东西证明其实力，所以学历和证书等就派上了用场；当然也可通过一段时间来观察一个人的真实状况，如为了真正了解对方，结婚前需要一段谈恋爱的过程。于是，我们便知道证书、牌子大约等于一次机会和3个月的时间。例如，当你就业时，用人单位面对几个候选人，当从面试很难区分其优劣时，一般会看学历、牌子、证书。你拥有这些，可能会战胜那些这些方面不如你亮眼的同辈，因而得到一次机会。但在试用期内，如果因在校期间只顾应试和高分而忽视全面成长的训练，一定会露出马脚，如难以迅速适应工作环境、无法胜任岗位工作、与别人难以相处等，此时证书和名牌无法为你保驾护航，你将止步于试用期。从中不难体会到，教育的真谛是帮孩子全面发展，而不是简单追求证书和名牌。

大家也许会困惑，难道证书和牌子不利于孩子健康成长吗？理论上讲，如果学习是恰当的、教育是高水平的，证书和牌子意味着学生获得了良好的教育，具备了健康成长的基础。但遗憾的是，现在许多证书和教育已经被扭曲。例如，学生获得了某种语言级别考试的高分，但除了拥有获得高分的技巧外依然不会说不会写不会用；不少学校牌子很响，但很少将精力放在学生的教育上，而是聚焦于各种项目和工程或学术 GDP（国内生产总值）的追逐中，进去的学生是状元，出来成了戴了顶品牌帽子的平庸的孩子。那么为什么这种扭曲会畅通无阻、大行其道呢？是因为我们的社会环境长期“相马”的人才选拔机制、学生和家长基此形成的教育认知或因此造成的迫不得已的选择路径成就了目前教育的扭曲行为。政府缺乏科学和规范的教育资源配置体系助推了大学远离了其本质使命：真正关心人的教育和不断深入的教育探索。

相对于面临破产境遇的美国大学，中国大学特别是那些对学生无法提供必要价值的学校则“幸运”得多，有两个“法宝”可以使它们苟延残喘，一是考证热和社会对文凭、证书、学位的过分依赖，使不少大学沦为考证机关和学位工厂；二是政府为维持社会稳定而对大学的保护，使那些本该濒临破产的学校不会关门。这两条挽救了不少就教育来讲价值不在的大学！可喜的是，那些背离教育价值取向的大学赖以生存的社会环境正在悄悄地改变，即使惰性较大的体制环境，也面临多方面的诟病，一定会逐步变革。所以，站在全球来看大学如果不想破产，或就中国情景而言大学不想面临缓慢衰败，就必须惊醒，立即行动起来，回归本质，真正关心学生的成长，认真探讨未来社会对人才的需求，探索能够帮学生培养适应未来挑战的素养和能力！

就价值判断而言，大学跟人一样，也是一个信息非常不对等的机构，外界很难了解大学水平的真正高低，所以只能依赖各种各样的排名，或者依据人们自己对大学某些侧面的了解，如认识的学生和老师，或大学的一些做法做出自己的判断，所以人们对大学的认知靠口碑，用现代语言来说是靠品牌。这是证书和牌子被重视的原因，但当教育被扭曲后，证书和牌子往往会误导人们，从长时段来讲，如不重视回归教育本质，长期形成的证书和牌子的名声或品牌一定会被玷污。

随着人类学习途径的多样化、高等教育替代品的多元化，大学进入品牌竞争时代几成共识，但现实中，很多高校并没有认识到或者虽然认识到却很难真正重视品牌建设；即使已开始关注品牌，但却沉浸在对功利性目标的追逐中，工作重点和资源没有放在学校的核心业务——育人上，这可能使学校的品牌根基不正；再退一步，现在不少学校已经开始意识到应该回归育人本质，但如果没有正视人类社会的演变趋势对学习、人才和教育的新要求，也难树立起一个响当当的大学品牌。

无论学生、家长和大学，我们都面临一个共同的问题和挑战，这就是我们认知的教育符合这个年代吗？我们期待和提供的教育能否培养出适应这个时代的人才？让我们仰望星空，扪心自问！

1.7 以学生为中心的教育和以研究为导向的教学 

1.7.1 大学真的在以学生为中心办学吗?

所有大学，几乎没有一个不说自己是以学生为中心、全面育人的。在高等教育发达国家的大学，比较少听到这个口号，因为这是大学存在的根本，是教育的天职，所以也不存在把教授给本科生上课作为一项强制性政策的荒诞做法。而国内大学，这个口号已喊了几十年，之所以不断重复，是因为没做到或没做好！

当走进一所学校，无论其如何说，会很容易感受到：这个学校到底是以学生为中心，还是所有人的眼光都是围绕着校领导或上面的指标转。例如，目前很多学校更关心一流大学评估，如何凑数字搞一流学科，等等，而不是怎样适应新形势帮学生获得最好的成长。

对于教育和教学，教育工作者和关心教育的人都有很多看法，甚至是怨言，或者说已经报怨很久了。就我在国内大学学习和教书的经验（77级进大学、然后读研究生、做老师、当院长和校长，直至创建和运行国际大学），可以说30多年来耳边的怨言一直没断过，然而也没看到有多么大的改进。为什么老是不变？

在 2015 年“学生喜爱的大学校长”颁奖典礼暨论坛演讲时我曾说，有一次参加非常重要的高校咨询会，感到比较失望。该会规格很高，从国家教育领导者到中国最重要大学的党委书记和校长都到场了，主要讨论大学发展的战略问题，例如新一轮的高教改革。但听到的报告、改革方案、分组讨论着实让人失落，因为大家关注的基本上是大学内部管理中的事务性问题，如热议下一轮的评估或“教育工程”、内部行政管理权限的划分、教授指标的分配、如何追逐各类项目或指标等，很少涉及这个时代对人才的需求、教育发展的趋势、现代技术和社会对教育的挑战、教育如何应对挑战等。这个现象印证了管理大师德鲁克先生曾经指出的，“公共组织的变革很难从自身发起，大都需要其受益者或外部人士去推动其变革”。例如，具有“现代大学之母”美誉的洪堡大学的建立并不是由教授来推动的，而是源自一个外交官的努力。美国在20世纪五六十年代的大学变革也是因社会普遍对大学的不满而引发的。

当与美国朋友聊哈佛 Christensen 教授（2014）关于“如果不变革未来十五年之内美国一半大学会面临破产”的预测时，我开玩笑地说：你们放心，尽管整体上讲中国大学发展比美国大学落后，但中国大学不会破产，一是政府不会允许大学破产，二是社会习惯、文化不会让它破产。现在，社会用人和选人时，依然是把证书看成最主要的选择依据，这势必助推不少大学沦为考证机构，学生们在学校里基本上也是尽可能多地考证；另外对证书的高需求也使大学缺乏压力去根据时代发展和技术进步调整育人模式，仍然是老师主导的被动式知识灌输。于是，从上课到各种证书的追逐，永远是在考考考，因为社会要求各种各样的证。试想，如果这种选人方式不做变更，考证肯定是不少学生主要的学习目标，社会对学校的教育质量和价值就缺乏足够的关注。即使学校之于人才成长价值已经不大了，但只要能够生产证书，且这个证书是社会或政府认可的，这个学校就会生存。然而，即使没破产风险，难道就问心无愧地无视教育面临的挑战、坦然地继续着这种价值大打折扣的教育实践吗？

很多人说中国的教育问题是体制问题，我不反对。但我想说，不要永远以体制为借口推脱掉自身积极作为的责任。在体制演变的过程中，有大量的管理和技术问题可以解决，无须等待！令人欣喜的是，已有一些包括公立大学的校领导，充满了教育的情怀和育人的激情。如果中国高校有1/3这样的人，中国大学就有希望了；如果我们教育体制改革能促使涌现出更多这样的教育领导、管理者和教师，中国社会选人用人制度的眼光也能逐步从证书移向人才的素养和能力培养，中国的教育就有希望了。

1.7.2 以学生为中心就是要帮学生学会学习和成长

反思网络化了的生存环境，不难从自己和学生身上发现，学习的行为方式发生着革命性的变化。传统的教育，从最原始的宗教到知识的传播到研究再到重视社会服务和文化引领，基本上只是大学的功能不断地向外延伸，在运行模式上几乎无革命性的变化。但在知识获取日益便捷廉价的当代，人们很难无知。以传授知识解决无知的问题已不再是大学的主要任务。现在人们遇到的问题往往是信息、知识太多，要在杂乱的知识中甄别出正确的，并运用所学知识解决问题或完成任务或迎接挑战。不懂一件事不怕，“谷哥”“度娘”可以帮你获得相关信息和知识，得到一个大体的答案，难的是你如何判断它的正确性。现在是有知，但不见得懂，不见得会，这才是这个时代学习要解决的最主要任务。如果课堂仅仅是让大家“知道”，一定会有大量的替代物来挑战它。

其实，对“教育”这个词本身也有争议，有的说“教育”一词是从外语中翻译而来的，在中国隐含了以“教”为主，老师主宰学习；在发达国家是帮学生学习和成长，是以“学生”为主体，是“我”在学习。于是不难看出，前者是塑造人，后者是自己成长，学校帮助。这实际上牵扯到教育的根本理念问题。

再考察现在人们日常的学习行为：“formal learning”（正式学习）和“informal learning”（非正式学习）。课堂、教学大纲的设计基本上是正式学习。先不说正式学习好不好，认真思考现在的正式学习中，有多少老师认真研究学生为什么要学这门学问？这门课想训练学生什么样的素养？什么样的能力？应该教什么样的知识？用什么样的方式去训练和教授这些东西最合适？这些根本问题要么没得到重视，要么没得到有效的研究，怎能保证学习的效果呢？即使正式学习做到位了，现在学生大量的时间花在非正式学习上。另外，因正式学习本身有问题，学生不是逃课，就是上课玩手机或上网游荡。有些学校不得已在教室门口挂一个布袋子，学生上课前必须把手机装进去，这是很荒谬的事情。如果老师依然以传统的灌输知识的方式上课，学生肯定不愿听！在无法回避智能手机或移动终端的时代，不是简单拒绝它，而是应该将它变成一种有利的工具，更重要的是借助现代技术重塑教学，使之真正给学生创造价值。例如，我所在的西浦，专门开发了基于网络技术的支撑平台，使智能手机、平板电脑之类的移动终端设备成为帮助学生与老师、学生和学校的互动工具，不仅提升了课堂上的互动效果，而且可以使用这些工具随时随地参与到教育的全过程，以形成更有效的互动、合作与学习。

在西浦，已不再是一门课就是一本教材、一个老师、一堆知识点。课程由 lecture（讲座）、tutorial（辅导）、seminar（研讨）、project（项目）、workshop（工作坊）、self-study（自学）等组成。讲座一般采用大课形式，主要是引导学生如何学，辅导是以小课的方式帮学生解读学习中的问题进而深入探索，研讨主要展现该领域最新进展以引领学生进入前沿，项目则帮学生以实际问题的研究整合所学知识并训练其分析和解决问题的能力，工作坊等则提供师生更广泛与深入的交流，最核心的是自学，因为上述所有环节都要求学生在参与之前进行充分的准备，所以学会学习是大学的重要训练。就大课而言，为确保有效互动，我们曾引入类似于电视台现在常用的收集观众意见的“clicker”（投票系统），即时统计学生的观点。现已开发了相应的手机课堂支持系统，学生不仅可以投票，还可以现场 comments（评论），刺激互动和创新，也使课堂更加活跃和丰富多彩，手机等移动工具也演变成为一种促进课堂互动的教学工具。所以，大学除了需要迅速改进正式学习，还需要非常重视如何支持比重日益增加的非正式学习，如给学生大量的时间自学、研究、参与各种各样的有利于他们成长的活动。同时要研究怎样以正式学习引导非正式学习，使其更有价值，以帮助学生在全球化时代和网络环境下学会学习和成长！

为此，我们做了很多探索，如西浦的课时数比传统大学少1/3，且课堂的功能已从过去讲授知识逐步转移到引导学生学习。现在越来越多的人强调“体验式学习”，中国民间也有“听一遍不如看一遍，看一遍不如做一遍，做一遍不如讲一遍，讲一遍不如辩一辩”的说法，西方人则讲“learning by doing”（干中学）。还有一种学问，叫作“education cybernetics”（教育控制论），即教育是学生学习的一个过程，在这个过程中学校提供环境和资源；老师提供指导；学生学习或相互学习。那么，在该过程中教育者提供什么样的干预，会让学生及其他利益相关者都能得到最大的价值？这也是现代教育需要探索的重要任务之一。

教学的功能涵盖记忆、理解、应用、分析、评估和创造。传统的教学大多将时间和精力放在了记忆与理解层面。记得我做管理学院院长时去听一位“名师”上课，20分钟后我就不愿听了，学生们也开始交头接耳。为什么？不是老师讲得不好，他讲得非常清楚，但一堂课就集中在一两个知识点上，前边听明白了，后面就无心听了。但当课堂成为引导学生学习的地方时，一堂课不会集中在一个知识点上，可能讲一章或更多，交代一个体系或骨架，从整体上帮助学生学习，然后学生自己去搭建出一个完美、丰富的知识体系。在搭建的过程中，学生要去学知识，学会学习，学会和别人合作，学会用这个知识去解决问题。这种学习方式不仅让学生记住了知识，而且提升了一系列人生所需要的能力。

大学是一个学习的地方，但不只是学知识，更是一个帮学生健康成长的地方。学知识只是一个过程，通过这个过程实现学生健康成长这样一个梦想。以学生为中心，就是学生应处在核心位置，老师要把自己看成一种教育资源，看成学生学习的帮助者，而不是塑造者，然后学校提供各种丰富多彩的教育资源和平台，支持学生有效学习。在这种情况下，课堂只是学习的一小部分，而且是引导性的，大量的学习发生在课堂之外，学生通过自学、案例、项目、研究、实习、团队合作，甚至是社会的调研等使自己习得知识、训练能力、提升素养。

1.7.3 真正能帮学生健康成长才可防止大学破产

网络化环境和信息技术使社会形态发生了很大的改变，几乎所有的组织都在思考它的新版本，大学概莫能外，否则将会像哈佛管理教授所预言的那样将面临破产！那么大学的新版本是什么？

近年来，关于 MOOCs、网上教育讨论得比较多，然而不少网课只是把传统的教育计算机化，当然也有非常成功的例子，如美国的可汗学院。假如一些公司，出重资吸引全球最优资源搞网课开发，用现代教育的方式提供服务，便会吸引足够量的学生选读，公司可获高额利润，于是没有一个大学可以跟这门课程较量。如果因高额利润有成千上万这样的公司涌现，而大学依旧遵循传统的教育理念单纯地提供知识，大学一定会被打败。但是，如果大学认真研究现代环境下校园学习的意义和价值，而且充分利用现代技术支撑教育并站在这些公司的肩膀上，即使一千个这样的公司联合起来也没办法打败这样的大学，因为这些公司很难制造出校园的价值。那么校园的价值是什么？如果没有考虑清楚，就有可能败在这些公司的手下。如果考虑清楚了，你既能利用这些公司站得更高，而且可使校园的价值得以提升。一个人在屋子里通过网络选学 50 门课，跟在校园里学 50 门课的价值完全不一样。

每个人都希望有所成就，所以选择入校学习，然后去干一番事业。人类从事一项事业可能有几个途径：当外界环境相对确定，利用人类已经积累的知识就可以实现目标，此时需要学习知识。但当不确定性比较高时，简单运用知识已不足以解决问题，例如，现在的房地产，是买还是卖。这种决策不仅需要知识，还需要价值判断、综合分析能力和心理承受能力等。如果再进一步，这个世界变得更加不确定和模糊，人们看不透未来，此时就需要像邓小平在改革开放初期所说的那样，“摸着石头过河”。很多人说“摸着石头过河”是试错，实际上不完全对，它是在方向明确的情况下通过无数个局部最优最后达到整体最优，但如果没有方向就可能无法达到整体最优，有可能陷入长期的布朗运动。如果再走向极端，面临的环境高度不确定、复杂、模糊和快变，怎么办？此时，只能相机行事，为了生存和应对挑战不仅需要知识，还需要能力、素养和智慧。世界上不少学者在研究不同层级的学生需要训练哪些知识、能力、素养和智慧。即便有了答案，还涉及如何训练的问题。因为能力、素养和智慧无法通过课堂教出来。

那么，在能力、素养和智慧越来越重要的时代，大学教育如何满足时代的要求？能力怎样训练？素养怎么提高？如何让学生更有智慧？自然，以灌输知识为主的教育已远远无法适应时代的要求。不难理解，能力靠训练和实践，素养需熏陶和滋养，智慧在感悟和启迪，那么学校如何有意识创造这样的条件和环境、如何营造氛围和文化、如何设计教学和活动，从而在帮学生学习知识的同时提升他们的能力、素养和智慧？怎样有意识地把这些训练纳入学校的育人计划？这是当代大学需要深入探索的。尽管现在大部分学校还是以教知识为目标的内容导向、被动式的教育，但世界上已有不少积极的讨论和探索，已有很多学校和教育者在逐步从内容导向的教育转到结果导向、主动式的教育。这种探索涉及正确认识未来、深入理解学生、准确选择道路帮学生适应未来这样一个认知问题。目前，西浦的探索是：以学生健康成长为目标，以兴趣为导向，以学生和学习为中心，试图将美式教育的灵活性、英式教育的质量控制体系、中式教育的重基础等有机结合起来形成一种新型教育模式。为有效实现这一战略目标，在教学上努力倡导研究导向型学习和教学。

1.7.4 以研究为导向的教育可释放大学的价值

研究导向型的学习，目的是启迪学生的好奇心以释放其学习的动力和潜力，训练他们的批判性思维，孕育他们的创造性行为，发展他们的一种复杂心智（complexity mindset），提升他们的终身学习能力。研究导向型教学的关键首先是改变学生的学习目标和过程。不是应试，而是“解惑”；不是简单教知识，而是领导学生学习。例如，以一门课程知识体系所解释的现象和要解决的问题入手，尝试通过课内外学习和研究甚或实践去解释现象、回答问题、应对挑战，帮助学生在这个过程中习得知识、锻炼能力、提高素养、增加智慧。其次是老师要改变传统的以知识讲授为目标的教学方法，不再是一门课一本教材一堆知识点，而是根据所授课程的知识体系所涉及的领域，以相关的现象、问题、困惑、人类的挑战甚或当下的社会现实问题入手，引导学生思考、学习、研究和解决问题，并在整个研究或探索型学习的过程中，提供必要的指导和支持。最后，学校需要构筑资源环境和支撑体系，支持学生和老师的这种学习和教学活动。如果学校能营造这样一种融合网络资源的超现实的学习和研究环境，帮学生从过去的记忆和理解知识转变成通过研究问题和现象获得知识、能力、素养和智慧，老师从过去的“教书”变成现在的“领导”学生研究型学习，并和学校一道帮助和支持学生通过这样一个探索之旅获得健康成长，校园的价值将是任何网上课程或公司无法比拟的。在这个过程中，教学的关注点从过去的知识转化到现在的问题和现象以及学生的成长，学生收获的将不仅是活的经过整合的知识，而且学会了找知识、整合知识、解决问题，学会了研究、与别人合作，学会了表达和沟通，等等，更重要的是在解决问题的过程中提升了他们自己的能力、素养和智慧。这样的教育必然有利于师生形成开放的心态、全球的视野和强大的竞争力，成为世界玩家（global player）。当我们师生员工以世界玩家闯荡全球的时候，谁又能质疑我们大学或教育的价值和地位呢！

（本文基于笔者在西浦为外校管理者和教师培训班的演讲整理而成）

1.8 人工智能时代的高等教育

据说，在人工智能影响最大的行业里，教育排在第二。我在想，当机器人可以替代和帮人类做很多事情包括写诗的时候，人类怎样学习？

我出生在秦岭脚下的陕西农村，当时没条件学习，当然更无机会接触文学和诗歌等类东西。每遇激动人心的时刻，想用一句古诗词或漂亮的语言感慨一番，却常常力不从心。如今尽管可以用谷歌、百度去搜寻，以后也许可以请机器人助理帮忙，但自己却难以脱口而出。也就是说，人们学习的目的不单是可以找到相关信息或知识，而且是使自己站得更高，让我们的生活体验更好。

因此，随着人工智能和机器人发展，以后我们每个人可能随时有机器人助理相伴，它几乎可以帮我们做所有的事情。这个时候我们是否还需要学习？我们的生活是不是就更幸福了呢？例如，让机器人去写书法，我相信会比绝大部分人写得要好，那我们还要不要享受书法写作过程中美的感觉呢？再设想一下，即使机器人很智能、无所不能，而我们自己很无知，我们能否享用机器人服务的潜力和价值呢？试问，现在几乎人手一部智能手机，但又有几个人能使用 30% 以上的手机功能啊？换句话说，当我们很低能，高水平机器人的能力也会被糟蹋掉。也就是说，智能时代即使不怕被淘汰，但要有好的生活体验，也需要学习和好的教育，只不过是学和教的内容及方式会发生很大变化！另外，当机器人变得更加智能，可以深度计算、自我学习，它还会不会遵守人们给它制定的规则？假如它们自己能够产生规则，人和机器互动与合作的结果又是什么？这其实给人类提出了更高水平学习的新要求。下面从三个方面来阐述人工智能时代的教育思考。

1.8.1 未来的智能世界

《零边界成本社会》阐述了两个很有意思的词，这就是未来社会的“共享”

和“共生”。通过网络我们可以找到所需要的信息和知识，通过供应链系统可以整合碎片式的资源，满足人类碎片式的需求。这两个东西会导致未来社会形态的革命性变化和发展。

关于人工智能对于人类社会的冲击，也有不少论著。2005 年库兹韦尔出版了《奇点临近：当人类超越生物学存在时》，文中就思考了那个时代会是什么样子。2016 年，《自然》杂志刊发谷歌的所谓“深度心智”（deep mind），将会极大地改变或者扩大人的能力。谷歌“奇点大学报告预言”，“机器人在 2035 年将取代人类”。这些东西到底会不会真的发生？如果真的发生了，我们的教育将会发生什么样的改变？

依据我的研究和对这个世界的理解，我们处在一个日益全球化的、复杂多变的世界。可以用四个词来描述这个世界，即不确定性、模糊性、复杂性、多变性。如果用这四个词的英文首写字母来简化，我称之为 UACC。也就是说，不管你喜欢也好，不喜欢也好，你都得生活在这种 UACC 的环境里。

未来这个 UACC 环境最大的特征是互通互联。信息和网络技术引发的深度互联会产生一种连接革命，导致很多新现象和新问题。世界万物的连接，使人们必须重新思考中国自古以来崇尚的共生；信息和物流的发达，许多资源和服务的共享也成为可能；共生共享会引致人类生活和社会活动方式发生巨大的变化，孕育出很多被称为颠覆性的技术。世界也会从原来的竞争和充满零和博弈的形态演变成为一种竞合关系。在这个世界里，学习和教育也正发生着颠覆性的变化，传统上大学的功能从宗教、知识传播一直拓展到研究和社会服务，但其核心依然是知识传播，其基础逻辑是害怕和防止人们无知。然而，在网络社会，因便捷的知识传递和分享技术，包括智能的移动设施和强大的搜索引擎，人们现在很难无知，常被丰富、杂乱、真假难辨甚或似是而非的知识和信息所包围。传统教育中消除无知的逻辑在改变，现在人们需要应对的是知识或信息太多的挑战，需要研究如何应对 UACC 的策略，在这样的世界里，我们到底需要什么样的教育？

为了回答这些问题，我们需要想象，未来的生活会是什么样子？20 年、

30 年以后我们怎么活？再想象一下，在未来社会里我们需要什么样的素养和生活能力，今天的教育能给未来社会准备好这些人才吗？认真研究和思考这些问题，方能改革好当下的教育，为迈向未来社会做好准备。

未来很难预见，但我们可以打开几扇窗户去想象。例如，世界未来研究所曾经提出推动未来社会巨变的六个推手：第一，极端的长寿。现在不少报道讲人活到 150 岁技术上是可行的，将来人活到百岁很容易。第二，智能机器和系统的兴起。第三，计算世界。由大数据了解这个世界，同时也更深刻地理解我们自己。第四，新媒介生态。第五，超级组织结构，人类活动方式会发生根本性的改变。最后一个，全球互联的世界。根据这些推手，我们便可以对未来形成一种猜测。

遐想未来，作为教育工作者，我经常感叹：精彩的社会，严峻的挑战，还没有完全唤醒仍躺在传统舒适殿堂里的教育！

1.8.2 未来教育的挑战

未来社会在上述推手的帮助下，会进一步互联和数字化，进而推动大数据、云计算和人工智能。从教育角度讲，我更感兴趣的是，人工智能以后，人们的行为会发生什么改变？人们应该怎么样学习？企业的商业模式会产生哪些变化？我们的生活会演化到什么地方去？未来的社会会变成什么样子？在这种社会状态下大学会变成什么样子？未来的大学还是一个围墙、一批老师、一些教室和实验室吗？面对知识获取日益容易和便捷，我们还需要到大学去念四年拿个文凭吗？不仅是教育工作者，其实不管从事什么行业，这些问题是我们每个人在自我发展过程中都要去思考的。

围绕未来社会各种各样的颠覆，我们会看到很多种预测。例如世界未来研究所对未来社会需要的 10 种技能的预测：一是意义构建，二是社交智能，三是新颖和适应性思维，四是跨文化能力，五是计算思维，六是新媒体素养，七是跨学科能力，八是设计思想，九是认知负荷问题，最后一个是虚拟协作。

仅从认知负荷来讲，就是人人需要面对的挑战。例如，现在几乎人人有智能手机，大家每天要花很多时间玩微信，但一天下来，回想一下，花了那么多时间和精力，对我们有意义的东西是什么？给我们的生活增添了什么价值？

再深入思考一步，假如说未来所需的这 10 种技能的预测是准确的，我们当下的大学和教育能帮学生培养这些技能吗？如果我们现在的教育没有培养学生这些能力，怎样让他们在未来的世界里去生存？当然还有一个更重要的问题，我自己和我所在的西浦一直在探究，这就是传统的简单心智已难以应付充满 UACC 的未来，人们需要发展和培育一种复杂心智才能立足于未来，那么这种复杂心智（complexity mindset）到底是什么？人们该怎么样从当下的心智（current mindset）过渡到能够适应未来的复杂心智？

首先，能立足于未来的“复杂心智”不是一个简单概念，这里仅仅罗列一下我们对其研究得到的关键点：①动态演化的系统观；②既见树木又见森林、融合东西智慧的整体观；③愿景使命导向的势与拐点的把握力；④自组织空间、平台、生态系统的营造力；⑤多元共生的动态平衡能力；⑥孕育、保护和促进边缘革新的能力。

其次，简单介绍从当下心智过渡到复杂心智的几个关键步骤：①动态聚焦及意义给赋，换句话说就是动态注意力。每天有各种各样的信息，你关注什么，选择什么。手机有上百个群，人的注意力很难集中起来，你怎样聚焦，形成动态注意力，让你的关注能够形成一种协同和连接？怎样把碎片的信息整合起来形成对世界的认知？怎么形成一种整合能力，让你的人生保持战略上的清醒，知道我活着是为什么，清楚我应该摄取什么？要明白和做到这些。②全人能力及人机融合。③战略清晰。④凝聚性合作，也是我们过渡到未来复杂心智的重要能力。

澳大利亚最近的一项调查有助于我们更深入了解未来生存技能的变化，该研究分析了 2012—2015 年职场上的能力改变。调查从几百万个岗位要求发现，如将人才能力结构分为相互作用的技能、创造性和解决问题的技能、数字技能、其他，那么最近几年增长最快的技能是创造性解决问题的技能和数字技能。相互作用和其他技能增加缓慢。大家可以认真想一想，即使对那些增长不快的常用技能，包括相互作用的技能，我们在大学里帮学生训练得也是很不够的，更不用说那些近年来增长很快的新技能了。所以通过观察社会和研究未来对人才能力需求的变化，会发现我们需要去调整人才观念，需要改变当下的教育理念，需要重塑育人的过程和方式。这是当下很多大学必须面对的问题。要解决这些问题，应对未来的教育挑战，我们还需要理解未来社会怎么生存，生存的原则是什么。

最近有一本书，叫《爆裂》（*Whiplash: How to Survive Our Faster Future*，2016，Joi Ito and Jeff Howe），书中提到了未来生存的九大原则。

第一个原则是涌现优于权威，也就是未来在大数据、互联网、云计算、深度计算的情况下，很多东西不是设计出来的，而是冒出来的。第二个原则是拉力优于推理，要有发自内心的动力。第三个原则是指南针优于地图，现在智能手机提供强大的“地图”功能，但重要的是知道我们要到哪里去，在UACC 环境下如何制定清晰的战略，选择准确的方向，这个取决于我们上边提到的聚焦和意义构建能力。如果你不理解生存意义，你就不知道朝哪走，你可能会迷失在精彩纷呈的世界里。第四个原则是风险优于安全。未来世界的逻辑是每一个人不在于你做多大的事情，而在于做与别人不一样的事情，把简单的事情做到极致，你就有绝招，有绝招就有空间、有价值，然后可以利用互联网、物联网把价值分享，放大到全世界去，“小事情”也可有大的贡献。这个生存逻辑与传统逻辑很是不同。所以，我们要学会与风险共舞，不惧怕风险，敢于冒险，敢于去做出不一样的东西。第五个原则是违抗优于服从。第六个原则是实践优于理论。第七原则是多样性优于能力。第八个原则是韧性优于力量。第九个原则是系统优于个体。这些生存原则提醒大家，未来世界发展会有颠覆性改变，我们的生活方式、能力结构、生存规则均需调整。因此，我们的学习方式也需改变，我们必须思考如何通过教育改变自己，让我们有能力立足于未来，这其实是每个人面临的挑战。

面对被称为第四次工业革命的人工智能，传统行业有些会被替代，有些会被加强，也会因此而孕育出很多新兴的行业。我们很快会发现机器可以做很多超越人类能力的事情，也会改变我们人类应对这个世界的能力。对于教育工作者来讲，我们必须直面这种社会变化，针对不同类型的人形成不同类型的培养模式，而且要研究人与机器共生时代的教育。可以说，教育到了必须立即行动起来的时候。

1.8.3 未来的人才和教育

人工智能和机器人将改变社会，那个时候知识获取不断便捷，职业可能日益碎片化，休闲时间可能持续增多，生活需求会越来越丰富多彩，日益多样化和高端化。每个人需要思考：我如何在这样的社会里生存？未来社会可能会被老龄化、物联网、机器人、全球化重新塑造，催生很多新业态，例如精准化服务、健康和养老、娱乐、新型供应链、新教育等。在这种情况下，知识融合、创新创造、综合能力、素养智慧、变革管理、国际视野、跨文化领导力等日益重要！

围绕这样的趋势，未来人才首先应该是世界玩家或国际公民。现在，无论生活在地球哪个拐角，我们都无法摆脱全球一体化的影响。形象地讲，世界玩家就像骑在牛背上的斗牛士，身处一个繁闹的环境（UACC 世界），这头“疯牛”类似于我们要驾驭的事业。什么样的人才能在这个 UACC 的环境下驾驭着像疯牛一样的事业，驰骋在国际舞台上？

从教育角度看，无论从事什么行业，不管机器人多么智能，要驰骋于未来世界，高尚的品格和素养会是根本的、重要的和不可或缺的。机器人可以帮人类做很多事情，但你站得越高，机器人给你的帮助才会越高。要借助机器人让我们的生活更丰富多彩，我们必须不断提升我们自己，所以通识教育、素养教育、艺术教育会变得越来越重要。

当然，未来世界还需要专家，这些专家人才进行科研和帮人类制造机器人及新的科技产品，也就是说，在未来人群中有一小部分人例如 10% 会成为专业精英。但现在的大学和教育模式基本上都是专业精英导向的，而且教学过程已不适应网络化和智能化的环境，急需调整和变革。

展望未来，人工智能和机器人会在替代和强化部分行业的同时，孕育很多新的行业。社会将需要一大批人才借助机器人和人工智能改变传统行业及发展新行业，而这些人才不仅需要高的素养和专业基础，还需要有行业造诣，更需要有跨文化的领导力和企业家精神，也就是说具备这些能力才有可能成为行业精英，甚或发展成为未来业界领袖。这些人在未来的人口中也是一小部分，比如说 20%。于是我们可以想象一下，未来人群里会有 10% 左右的专业精英，20% 左右的行业精英，他们为人类创造了非常方便和友好的生存环境，那么其他 70% 的人怎么办？充分享受生活。这些人接受什么样的教育才能在这种环境下自如地生存和享受生活？这也是一个需要教育思考的问题。审视现在的教育体系，首先，虽然是专业精英导向的，但已经落后于时代的要求，亟待变革；其次，难以适应行业精英培养的需求；再次，需要回答未来 70% 人的教育如何进行？国家鼓励加快教改以适应未来的变化，并在中长期教育发展纲要里明确了任务。实际上，我们已经进入一个“反思教育、重塑教学和再定义大学”的时代。

麻省理工学院做过一个很有趣的实验，用传感器来观察学生大脑的活动状态，发现有时非常活跃，有时非常平静。很遗憾地发现，在大学里依然流行的传统课堂上，学生的脑电波很平静，也就是说学生基本上不用脑子。那么学生什么时候动脑筋呢？是在做实验、做作业、自学、考试甚至是做梦的时候。现在不少人还有上大学就是上课的狭隘看法，而这一发现等于在论证上学的意义不大，或者说，传统的知识灌输式的教学的价值在衰减，教育必须重塑教学过程。

观察已经蓬勃兴起的网络教育，人们可以随时随地廉价学习，如果再辅以人工智能的支持，全球同学的互动，我们不难想象很多大学的课堂会被网课公司打败。如果涌现出大量的网课公司，我们的大学会不会面临破产？其实，世界上有人包括哈佛商学院的著名教授已经发出了警告。

我们无法控制大量网课公司的出现，但我们可以想清楚实体大学校园存在的价值。如果不想被网课公司打败，大学必须有超越网课公司的意义和价值。这是大学需要认真思考和回答的，并以我们积极的改革行动击败大学破产的预言。

假如说我们决定立即行动而不是观望，问题的另一半是我们应该怎么改变？这实际上是一个更大的问题。《纽约客》封面上曾刊载一幅漫画，显示人类最后成了机器人时代的乞讨者。为了防止人成为机器人时代的乞讨者，教育部副部长杜占元先生 2017 年指出，人工智能不仅将替代人的智能，还将改变人的思维方式。如果机器能够思维，我们则需要培养学生如下能力：自主学习的能力，提出问题的能力，人际交往的能力，创新思维的能力，谋划未来的能力。我们需要反思，我们能做到吗？怎样做到？

再观察校园学生的学习状况，不难发现学生大量的精力和时间花在了非正式学习上，而不是正式学习上。但学校主要关注的则是正式的学习，如专业规划、课程设计、教学大纲、教学等。于是，我们必须思考如何变革教育，利用正式学习帮学生更有效地进行非正式学习，让他们获取更大的学习收益。西浦提供“以学生成长为目标、以学生和学习为中心、兴趣和研究导向型的教育”。试图从老师主导的教育变成以学生和学习为中心的教育，从传输知识转变到通过学习帮学生健康成长。因此很重视学生的独立精神和主动性，看重学生的素养、能力和知识体系的形成，把帮学生明白人生意义、学会学习、构筑梦想、铸就追梦的翅膀看得很重。我一直告诉学生和家长，大学不是简单的学知识的地方，而是一个帮学生成长的地方。

过去教育存在的意义是害怕人们无知，现在人们很难无知。过去教学基本上是属于灌输知识，把学生假定为海绵，让学生吸收尽可能多的知识。现在知识太多，人们不知道怎么样才能有一个好的生活，甚至在信息和知识容易获取的时代，学生很容易变成一个气球，似乎什么都懂什么也不真懂。那我们怎么改变教育方式，让学生从一个气球变成一个有造诣的人，既有知识的广度，又有深度，还有高度？为此，西浦全面提倡研究导向型的教育，以保持学生的好奇心，训练学生的批判性思维、培育其终身学习能力、孕育其创造性行为、强大其复杂心智。教学不再是简单地教知识，而是引导学生的问题意识，学会搜寻知识，整合知识，解决问题，并在这一研究过程中提升沟通、合作、表达和执行等能力。这样才可能防止学生成为一捅就破的气球，从而成长为有造诣的人。当然，研究导向型教育的真正落地，需要改变学生的学习行为、老师的教学行为、大学的教育理念和支撑及评估体系。

实际上还有一个很重要的教育问题就是怎么样营造大学的生态。当人们有问题和需要时到哪儿去学？有创意或奇思妙想时到哪儿去尝试？有好的构思到哪儿去做实验或研究？未来的大学应该成为一个可供终身学习的地方，支持人们创意生活的场所。几乎所有组织都在思考其 2.0、3.0 或更高版本，教育工作者也需思考大学的 2.0 或 3.0 是什么。西浦正在做一件事情，即在苏州再建一个校园，根本目的不是扩张，而是探索未来大学包括校园的形态以及运行模式。大学应该是一个终身学习和创新的生态系统，各种资源在这里聚合、碰撞、合作，最后产生人才、知识、技术、新思想。大学存在的意义就是影响，通过教育影响一代一代人，通过研究提升人类生存能力，通过新的生活方式和先进文化影响社会的进步与文明。

针对未来的需要，目前的教育体系急需改变，人文素养的教育必须进一步强化，教育的跨国、跨专业、跨文化势在必行，从而培养出可闯荡世界的国际公民。在持续改进我们现有的专业性精英教育模式的同时，还需要重视为未来培养大量的复合型的行业精英和创业家，他们需要素养、专业技能、行业知识、领导和管理才能的整合，西浦为此已启动了融合式教育的探索，把学校、企业、行业、社会有机融合起来，把通识教育、专业教育、行业教育和管理教育融合起来。

我们生活于一个多元化、全球化、互联化的时代，这是一种幸运，让我们有机会体验精彩；但这也是一种挑战，因为我们必须去应对很多新问题。西浦庆幸诞生在这样的时代，试图通过探索而影响未来的教育和社会。所以我们不是在苏州简单建立一所国际大学，而是通过新的国际化学校探索未来的教育发展和与社会的互动机制，包括与地方政府、企业、社会形成一种深度合作的学习、创新和创业社区和社会生态。

西浦融合式教育理论基础是什么？现在大学基本上都是以专业为基础的重视专业技能和专业精英的教育。当学生走向社会的时候，除了继续专业研究的同学外，大部分会感觉难以适应社会，跨专业或行业知识不够，许多生存能力未得到基本的训练。于是，不少学校加强跨专业和行业训练，给学生提供实习的机会，但学生依然觉得难以适应真实的世界，他们常常因缺乏企业家精神、领导能力、沟通能力、创造力而影响事业发展。而要造就综合型人才，需要整合多种教育于一体，但这并不容易，所以我们称之为融合式教育，并开始探索其组织实施途径。

融合式教育要把通识教育、专业教育、行业教育、管理教育融合起来，把学习、实习、在岗训练、创业和未来发展融合起来，进行价值链创造和价值链共享，最后形成学、研、训、创、产高度融合的新型教育模式。而且，为支持这种教育的开展，还需要形成融合性的学习和教育环境，这也是我们建设融合式教育基地（太仓）探索未来大学新形态的目的。希望更多的教育工作者和大学加入探索的行列，我们一道为未来社会发展和人才需求做出我们应有的贡献！

（本文为世界教育信息杂志 2018 年第 4 期特稿，基于笔者在“第七届吴文俊人工智能科学技术奖颁奖典礼暨 2017 中国人工智能产业年会”主旨演讲成文）

1.9 结合实践，厘清教育“国际化”内涵

高等教育国际化不能停留在外国学生或老师数、英文教材或课程数等简

单的指标上，而要真正加强国际合作与国际融入，至少须做到以下四点：一是对国际教育发展趋势的理解和把握；二是国际教育资源的整合与合作；三是国际活动和社区的融入；四是国际标准的关注和超越。只有从这些方面理解和入手，才能接近教育国际化的实质。

国际化并非一个静止的状态，而是一个持续反思和改进的过程，进而实现不断深入的国际融入。西浦一直以来关注和不断提升办学的国际化。其关键在于明确未来社会是什么，未来的人才需求是什么，如何据此融合国内外最优实践和文化，探索未来的教育。所以国际化不应简单地拷贝外国大学模式和实践经验，而应根据未来世界趋势和需求形成一套适应未来世界发展的教育。

西浦试图通过国际融合做四件事。第一，探索未来教育和办学模式。第二，探索能够支撑未来教育的大学体系。目前世界上绝大多数大学依然采用的是基于 19 世纪末 20 世纪初韦伯层级结构和科学分工理论的科层式官僚性行政体系，极不利于知识工作者和知识组织效率的释放。第三，探索新型大学与社会的互动与合作体系。第四，形成一个教育研究和传播平台。通过上述四件事影响中国教育改革和世界教育发展。10 年来，西浦已经形成了一种创新型专业精英的教育模式，一种扁平和网络化的大学组织体系，一种开放的校园模式和合作文化，一个教育理论、最优实践和经验的传播平台。展望未来，西浦已开启其发展的 2.0 时代，在教育模式上将探索能够站在机器人和人工智能肩上引领未来新行业人才的融合式教育体系；将通过创业家学院（太仓）教育基地的建设探索未来大学新概念及校园的新形态；此外，根据未来大学会更进一步地融入社会的趋势，西浦还将针对人类命运共同体、未来网络环境下的社会治理、国际创新生态等热点问题，进行社会实验，通过大学驱动、政府支持、产金联盟、市场运作的方式，在世界不同的地方建设学习、创新、创业卓越中心，为社会提供终身学习和应对上述挑战的方案。

西浦的国际化战略分三个层次。第一层是要素层，即社会常用的各种国际化指标；第二层是机制层，能支撑学校整合国际资源和帮助所有的老师与学生融入世界的学术活动及体系；第三层是组织层，即老师、学生和学校能积极参与国际竞争，并在国际舞台上发声和有杰出表现。

西浦有五大国际化核心主题，分别是招生国际化、内部环境国际化、研究国际化、流动性国际化以及合作国际化。目前因年轻西浦的国际学生人数还不够多，约占学生总人数的10%，但增长迅速，未来的目标是20%～30%。目前学校的1 000多位老师全部为全球范围内招聘，分别来自50多个不同的国家，专职教师中有70%为外国人。在西浦看来，达到国际标准并非最高目标，而是基本要求。目前学校的20多个本科专业和20个研究生专业均已得到国际著名机构的认证。

另外，学生学习与就业的国际化也很重要。在学校过去9届毕业生中，有80%以上在全球范围内进行研究生学习和深造。1万多名毕业生在全球各地成功就业，许多学生毕业后成功进入世界500强企业、国际组织工作和创业等。不少世界知名大学已经非常认可西浦，甚至在其网站上直接将西浦与中国C9和“985”高校并列，因西浦学生和校友以及教师在国际学术舞台上的杰出表现，西浦教育探索的传播和广泛影响，西浦的国际声誉迅速提升。

其实，对西浦来说，最高层面的国际化也许是成功创建一种教育和办学模式，从而在教育重塑时代引领中国和国际教育或至少提供了一种未来的教育方案。西浦在10年成功探索的基础上，已经开启的融合式教育探索，将把实体校园与云空间资源加以结合，将素养、专业、行业、管理、创业教育融合起来，把大学、工业、企业、社会等结合起来，形成人工智能时代新的教育模式、新的大学概念、新的校园形态，学生既能走专业化精英道路，也能走行业精英道路。还可结合西浦在不同地区陆续建立的教育与创新生态实验区，把大学校园教育与创新和创业家社区相结合，探索未来大学分布式终身学习和创新的新形态。

（本文根据笔者在2018年第十九届中国国际教育年会教育国际化与学生流动研讨会发言整理，将刊发于《国际教育交流》）

第2部分

寄望西浦

2.1 抢跑未来

尊敬的各位领导、嘉宾，亲爱的老师、同学以及校友们：

大家上午好。

当我们坐在这里隆重庆祝西浦10周年校庆的时候，地球正在以每小时1 674.666 7公里自转，世界正在以前所未有的速度在变化。

10年前，西浦还只是两所母校——西安交通大学和英国利物浦大学脑海中的一个饱含想象的雏形，承载着中英双方高教领域探索者的无限期许，也受到了各界广泛的质疑。

10年间，西浦从寂寂无名，甚至常被人问及"教育部承认你们的文凭吗"到如今的高考录取分数线逐年递增、被众多高中生甚至更年轻的学生视为梦想中的大学；从首届人数屈指可数的100多名学生到如今的万名在校生；从初始的国内本科教育到现在拥有来自全球50多个国家学生、涵盖硕士和博士研究生教育的国际大学；从被戏称为"一栋楼"大学到如今体现东西文化精髓的"南圆北方"、相互呼应的现代化校园；从最初捉襟见肘的"几十杆枪"到如今来自全球数十个国家近千名教师员工；从最初散兵游勇式的研究到现在已经成立了10余个研究院以及国际技术转移中心和国际创新港；从一个初出茅庐的小学校到拥有众多国内外世界一流企业和机构合作网络的现代大学；从一开始的饱受质疑到后来被誉为"中国高等教育改革的先锋""中外合作办学的模板"……

回顾发展，10年似乎很长，在学生、家长、教师员工、苏州工业园区和苏州市政府、各级教育主管部门和社会各界的支持下，西浦取得了令世人惊奇的高速发展。已经有7届本科毕业生和数届硕士、博士毕业生，他们遍布世界各地、各行各业，在国际舞台上追逐着自己的梦想，以他们的精彩帮西浦赢得了尊重；西浦的研究也频频在国际学术界发声，得到世界同行的高度认可；西浦的社会服务也赢得了认同，各类合作者纷沓而至；西浦的教育探索及其传播也成为中国高教领域的一道亮丽的风景线，承载着反思教育、重塑教学、再定义大学的历史使命。但在历史长河和日新月异发展的壮丽画卷中，10年一瞬，世界与教育需求跑得更快，稍不留神，我们将会被淘汰。

西浦十分幸运，诞生于这个各行各业都需要思考范式革命的时代；拥有与世界一流大学站在同一起跑线变革教育的千载难逢的机遇，没有历史包袱且具有后发优势；立足于新世纪率领全球经济社会发展的中国以及被誉为“世界经济发动机”的长三角；借助独特的国际合作办学模式，既利于站在世界高度开展教育探索，也便于全球整合资源；享有强有力的中国影响、巨大的中国教育市场、各方面的大力支持、特殊的地理位置等给予的友好探索环境。这一切使西浦领跑教育变革成为可能，西浦的董事会和战略层也具备勇做教育领导者的胆略，全球加盟的师资团队和热爱西浦教育探索的学子使我们具备了探索的实力，只有我们跑得比世界快，才有可能拥有未来！所以我们大胆地高调地向世界发出了西浦的心声——我们试图打破中国乃至世界高教发展的桎梏，做新时代教育的探索者与领路人，我们要成为高等教育界的未来！

为此，西浦在教育哲学上追求“幸福生活，成功事业”，凝练了“博学明道，笃行任事”的校训，明晰了素养、能力、知识体系以及支撑策略和体系的五星育人模式。在战略上确立了四个方面的期待：①根据未来发展趋势和需求探索新的教育模式；②探索适合知识工作者和知识组织的新型大学组织管理模式；③探索网络时代新型的大学与社会互动关系；④影响中国高教改革和世界教育发展。在教育上尝试三个方面的融合与跨越：①东西方教育最优实践的融合与跨越；②线上线下教育的融合与跨越；③教学与科研的融合与跨越。在教育理念上帮学生实现三个维度九个方面的转变：①从孩子到年轻成人再到世界公民；②从被动学习到主动学习再到研究导向型学习；③从盲目学习到兴趣导向型学习再到关注人生规划。在学习方式的重塑上强调三方面的融合：①以学生健康成长为目标，实现以兴趣为导向的专业融合；②以世界公民培养为己任，探索学习过程中的跨文化领导力塑造；③营造超现实的学习环境，探索线上线下融合的研究导向型学习。在大学管理上搭建三个桥梁：①架东西方文化、育人理念、教育模式和最优实践的桥梁；②架西浦探索与中国制度、文化环境的桥梁；③架西浦教职工原有训练和习惯模式与新探索间的桥梁。在文化上倡导多元共存、相互尊重，融合世界人类智慧，形成西浦文化的五种核心理念：多元、规则、创新、自由和信任，等等。

10年，一路探索，一路收获！探索实践的护卫神是我们总结的五星事业发展模式：①核心是拥有远见和可持续发展的商业模式；②具有广泛认可及共享的愿景和使命；③形成良性的治理结构和相关利益者联盟；④打造强有力的跨文化领导力和管理系统；⑤精心谋划发展的战略战役与一系列成功的战斗；⑥长期持续的坚韧努力。

在这个充满变革的时代，抢跑只是西浦理想的践行、闯荡未来的第一步。展望下一个10年、下下一个10年，我们需要保持清醒的头脑，即使我们没有停脚，但跑不过时代的变迁就等于落后！特别是我们仍需面对传统习惯对教育的约束、尚未改革到位的政策和制度的羁绊、中外合作中的多元文化冲突、快速发展过程中的各种挑战，我们要不断反思发展的经验，冷静思考前进路上的种种可能障碍，脚踏实地，继续整合世界教育的精粹，紧扣时代跳动的脉搏，瞄准未来世界之路，一步一个脚印，以教育探索者的姿态走出一条全新的高等教育发展之路！

回首10年，我们感慨万千；展望未来，我们怀抱初心。借着今天这个具有特殊意义的机会，我对历经西浦筹建、发展的各位参与者、西浦的师生员工以及各界的支持者表达真挚的谢意，西浦的未来离不开你们的智慧和努力，期待你们的继续关注与建议！我还要借此机会，对在场的和全球的校友说一句，祝你们生活幸福、事业成功，常回家看看！

谢谢！

（本文为笔者在2016年西浦十周年校庆上的演讲）

2.2 入世与“逆俗”

亲爱的同学们：

每当目送毕业生踏上未来征途的时刻，我都格外感慨。感慨学生在西浦的成长；感慨西浦在师生员工努力下的发展！特别是今年，当10岁的西浦再次欢送你们的时刻，我更是感慨万千，你们和我们缔造的西浦虽然还很年轻，但我们的理想很丰满和远大！

当你们在被百般呵护的应考中，当你们被众星捧月般地送入大学时，当你们从理想的校园进入真实的世俗社会当口，你们听到最多的是各种叮咛和祝福！我知道，你们已经厌烦了这类说教！

尽管从你们入学那天起，西浦已视你们为年轻的成人，逼迫和帮助你们面对一个真实世界，支持你们学习和锻炼成长，但当你们真正步入社会或中国人常说的“入世”时，我不想再以动情的关怀、谆谆的叮咛烦扰你们，而是想告诫，你们将进入的世界要远比你们经历过的或期待的要复杂得多，你们将遇到的苦难和挑战要比你们想象的多得多！

入世，你们立即会面临一个既新奇诱惑、丰富多彩又复杂多变、深不可测的现实世界。不再有人整天围着你们转，帮你们排忧解难；父母也不可能跟在你后边事无巨细地帮你面对所有的挑战；你周围的人也许没几个真正赞同你的观点甚或关注你；你的知识和能力可能不足以帮你应对你必须担当的责任；你面对的人、事和环境也不总是红的、阳光的……要想生存，在社会中发挥自己的价值，兼济天下，有一个成功和幸福的人生，你们肯定无法一帆风顺，必然面临种种挫折和挑战。可能你们的锐气很快会被无形的社会习惯或文化桎梏所消磨，你们的理想被随处可遇的阻力和困难所击碎，你们年轻高傲的头颅会在一系列的打击面前低垂下来……也许你们中有人会因此而逃避，因为年轻，虽不至于从入世之初的欣喜和向往蜕变成“逃离尘世、归隐、淡泊世俗名利的”出世，但有可能丧失斗志，演变成为宅男宅女，或在父辈的帮助下过起安安稳稳的小日子；也许有人会放弃理想，向世俗妥协，或甘愿庸俗，无所作为，淹没在茫茫人海里；当然也会不乏更加斗志昂扬、激情满怀，不满现实、挑战世俗，追随自己的理想者，以自己的奋斗推动社会的进步。我更喜欢看到西浦人成为后者，敢于“逆俗”！

从10年前的横空出世到如今的稳步前进，西浦给如今的高教领域算是带来了一股独特的清流，而西浦因为自身清晰的定位与坚定的目标，逐渐开始形成其特有的性格——那就是坚持创新，勇于突破，在理性思维引导下敢对“世俗”说“No”！今天，我也想借这个机会，跟大家聊聊“逆俗”。

“世俗”指民间流行的习气或平常、凡庸的人。世俗是人类生活秩序的来源之一，所谓约定俗成；世俗也是低成本生活的一种选择，如阿时趋俗。人们的生活既受世俗影响，如习俗移性；也以自己的行为不断为世俗的发展做出贡献。世俗处在一个不断的演化过程中，所谓时移俗易。世俗是人类社会的必需品，但不可其极，俗到极点，会由世俗走向卑鄙、无耻、市侩。

你们可选择世俗，也可以选择超凡脱俗。顺势从俗容易，而且成本低，有市场；但超凡脱俗则可能别有风景，甚至引领风气，占据未来制高点。若想这边风景独好，不妨试试“逆俗”生活。

逆俗，不是反俗，只是跳跃出常规思维或行为惯性，前瞻地探索新的思维和行为模式，甚至常常反向思维。逆俗者非常清醒时下的俗和势，但更看重未来的势和生存力，也许会以眼下的困难甚至损失换取未来或更长期的发展。

逆俗，不是无视今日之利，而是更关注未来趋势，更看重明日之利，更珍视可持续发展的事业模式，特别是在意未来的发展空间。

逆俗，常会逆潮流，乐意改变，推动革新。所以，逆俗者容易创新，因为真正的创造大都是对原有模式的背离，对社会适应的突破，对民众习惯的挑战。

逆俗不只体现在日常工作和生活中，对于大事业更需逆俗，因为只有逆俗，才可能发现新大陆，创造新机会，获得新空间，也许引领未来趋势，甚或成就一番新大业！时下中国和未来世界，要想成就些事，常需要逆俗！

然而，逆俗不易，既要挑战自我，还要挑战世俗。第一，逆俗者离不开独立思想，自由意志，敢于孤独，不因害怕被误解而放弃行动，不会停下脚步去等待理解。所以，可能成为鹤立鸡群，特立独行，不仅孤独，可能还会受到歧视或挤压。第二，逆俗者需要见识，更需要胆识和智慧，甚至需要一定的资源和条件准备。第三，要真正逆俗，还需要远大抱负和执着追求，有高瞻远瞩、看清浮云背后真相的眼力。第四，要做到逆俗，行为上需要坚守底线与基本规则，能力上要有一定的底气和足够的准备。第五，对年轻人来说，要逆俗，更要戒除浮躁、抵制短期利益诱惑，看重未来趋势和潜在机会，甚至还需要点理性分析基础上的年少轻狂！

世俗文化影响深重，在维护社会稳定的同时也扼杀了众多创造、限制了太多进步、浪费了巨大资源、丧失了大量发展机会。作为世界公民的西浦人，想闯荡世界，就需敢于梦想，智慧地逆俗。我们也许叫不醒那些装睡的人，但可以用我们自己的力量，尽量集结那些已经清醒过来的人，引导并影响着整个领域的发展，直到最终打破那些已经落后了的世俗文化。

西浦可以说是逆俗的典型代表。即将告别西浦的你们，无论是最初选择西浦，还是规划和遐想你们的未来，可以说已经走在了打破世俗偏见的路上。西浦已有很多在这方面初露锋芒的毕业生，如文科生转入计算机专业并获得当时该领域最高奖学金的方磊，如因为追随自己内心所好、成功登上世界音乐舞台的校友薛伯特，如坚持梦想和初心、最终决定并已经建立起自己烘焙事业的理工男许洋。他们只是众多杰出校友的几个例子，却从某种意义上展示着西浦“逆俗”的性格。这些例子不是鼓励大家都去走社会眼中的小众路线，而是提醒大家，未来无论你做什么样的决定，只要你经过了清醒的思考和理性的分析，请不要在乎世俗的眼光与偏见，大胆创新，勇敢朝着自己所认定的路走去，假以智慧的坚持和持续的突破，定能以卓越成效赢得生存空间。并请记住，西浦永远是你梦想道路上坚定的支持与坚强的后盾！

祝愿大家都拥有一个灿烂的人生！

（本文为笔者在2016年毕业典礼上的演讲）

2.3 校园的“洪荒之力”？——从“考生”到“世界公民”

亲爱的同学、家长，各位老师、同事和朋友：

我想先问大家一个问题：上大学的目的是什么？

有人会说为了学到更多的知识，还有人会说为了拿到最后的一纸文凭以谋求更好的发展。然而，我想要告诉大家，知识和文凭只是大学生活的附属品。尤其是在网络化的当代，知识的获取和记忆已变得简便易行，不再是大学的首要任务，只要你想了解，任何知识都可以随时随地廉价地网上获得；同样，文凭作为个人学习经历和能力的一项旁证，对于信息极其不对等的人虽有一定的信号价值，但越来越多的企业跟公司开始看轻文凭，转而重视个人的真正实力和表现。

那么，大学究竟应该带给你们什么？现代大学的价值又应该是什么？我认为大学最重要的意义，首先是在你们成人的阶段和即将步入社会之前，帮助你们真正认识自己，确立你们的兴趣和梦想，树立你们做人的观念和行为规范；其次是帮助你们认识这个世界，人与自然、社会及其与之共处的规则；最后是帮助你们继承人类已积累的知识，特别是掌握终身学习的方法，养成做一个有价值的人的基本素养和能力。如果通过大学生活，在以上三个方面能真正有所提升，将有助于你们驰骋于这个日新月异、复杂快变的时代，以不断学习和创新能力塑造自身价值，在未来丰富多彩的世界里赢得自己的生存空间，真正有能力成为自己人生的操盘手。

然而，从小到大，同学们被传统的教育和家长无微不至的关怀培养成了“考生”，擅长于记忆和考试技巧，无奈地失去了童真和青春快乐。大学特别是当代大学，远不同于你们之前一直接受的教育：再也不会有父母甚或老师伴陪你左右，无微不至地提醒你们如何生活，耳提面命地告诫你们应该好好学习、巩固知识，或者手把手地教你们学习；你们再也无机会享受高中备考时那样的衣来伸手、饭来张口的生活；再也不会有人整天陪着你们在宿舍脏了乱了的时候帮你们整理、游戏玩得太多时上前劝导、过马路或出门时提醒你们注意安全；再也不会有人替你们计划和安排如何有效利用大学大量的课外时间，平衡学习及各类课外和社会活动间的关系；大学里的老师再也不会继续你们习惯的填鸭式教育，把知识嚼碎了喂给你们、要求你们死记硬背……

而且，在教育理念和教学方式上，西浦又与很多传统大学有着较大的差别。在西浦，你们将被视为年轻的成年人，将被给予充分的自由与尊重，这种自由与尊重是希望你们可以逐渐从父母和曾经的学校的羽翼下面挣脱出来，真正独立地来看待与规划自己的人生，你的每一次选择、每一项决定或者收获的每一个成功或是失败，西浦都希望你们可以为自己的人生负责，而不是永远将父母或学校推在你们的身前，为你们遮风挡雨。我们殷切地希望，通过西浦的培养，你们有机会成长为具有国际视野和竞争力的“世界公民”，在未来的人生道路上，敢于梦想，闯荡天下！

那么，要从“考生”转变成“世界公民”，大学需要什么样的“魔力”？你们在校园里又需要什么样的“洪荒之力”？

西浦与传统大学的最大不同是：第一，变把学生当“孩子”为视学生为“年轻的成人”，以培养他们的独立精神和责任感；第二，变“传授知识”为帮学生健康成长，以使他们拥有研究导向型学习的能力，防止他们沦为网上碎片化“高效”学习的牺牲品，成为“知道分子”或貌似什么都懂的“浅薄”和“愚蠢”的人，而是帮他们在知识广度的基础上不断提升知识的深度和高度，训练他们的能力，提升他们的素养，使他们成为有造诣的人才，最后成长为有能力走向国际舞台的“世界公民”；第三，变盲目学习为引导学生发现自己的兴趣，从而以兴趣驱动去追逐自己的人生梦想。今年，是西浦建校10周年，已有7届近8 000名毕业生从这里走向世界，他们在国际舞台上实现着自己的理想，并已经和正在以其杰出表现为西浦的高等教育探索背书！

对于学生，要真正实现这样的教育目标，也需要在校园付出你们的“洪荒之力”：首先要意识到，你们已经年满18岁，到了承担民事责任的年龄。你们首次远离父母，甚至很多人远离家乡，必须开始学习自己打理生活上的所有事情，学会自我管理，甚至自力更生。其次，要尽快改变长期习得的应试教育的被动学习习惯，学会积极主动和研究导向型学习，即善于观察和思考，学会发现问题，围绕困惑、问题、挑战、任务，学会搜寻和整合知识、提出方案、解决问题，在这个过程中，学会批判性思维、交流、合作、创新、表达和操作，进而提升自己的素养和能力。如果在西浦，你还觉得日子过得很轻松，说明你的学习和生活行为还没有转变到正确的轨道上来，浪费了学校宝贵的学习资源和发展平台。最后，学会平衡学习和各类课外及社会活动的关系，把所有活动的目标都聚焦到健康成长和能力提升上来。你们入学后会发现自主时间很多，如果你觉得高中阶段艰苦备考太辛苦，如今要在大学里放纵一番，那你将大错特错。大学，特别是西浦，课外时间是用来以另一种方式学习和提升自己的。不积极主动练习英语，你可能会在后续学习中面临巨大压力；课前不好好预习，课堂上就可能如同听天书；轻视课后作业或项目或小组活动，将失去整合课内外所学知识分析和解决问题能力的重要训练；社团活动也不只是为了好玩或满足兴趣，而是素养和各种能力的训练途径；课程或教育大纲要求的社会实践，目的不是赚取学分，而是理解社会、提升能力甚至发现就业机会的重要环节；读书周（reading week）不是假期，而是重要的反思和复习的学习时间，长假期在西浦也不是假期，而是用来从事研究、深入学习、践行理想、了解现实、融入社会、培育自己情怀和社会能力的重要季节！

近些年来，我说得最多的一个词语是“成长”。大学生活，认清自己、学习知识、培养终身学习的能力、了解社会、形成人生理想，都是一种成长。同样，西浦也在成长。从2016年首批100多名新生到今天迎来在座的来自五湖四海的3 600多名新鲜面孔，西浦在摸爬滚打中羽翼渐丰，在努力给予你们足够大的发展舞台的同时，也在不断地壮大和完善自我。如今的西浦，提供给你们成长与发展的环境要比之前更大更广阔，我真心希望大家珍惜如今的所有，珍惜并不漫长的大学时光，利用学校的平台和资源，构筑自己的人生梦想，并铸就自己追梦的翅膀！

最后，请牢记西浦的校训：“博学明道、笃行任事”（light and wings），让西浦陪伴大家一道飞翔！

（本文为笔者在2016年开学典礼上的演讲）

2.4 以“归零的境界”再塑西浦

亲爱的老师和同事们：

在这酷暑依然未消的9月，又一个教师节蹁跹而至。首先，真诚祝愿大家教师节快乐！

今年的7月，西浦盛邀八方宾客，齐聚刚刚建成的南校区一期，隆重回顾与庆贺了西浦10年发展。10年时光，凭借着初生牛犊不怕虎的勇气，西浦从一个刚开始受到各方质疑与挑战，甚至不被有些人看好的“新生儿”逐渐发展到如今：拥有1万多名在校生、8 000多名毕业生、近1 000名在职教师员工；开设了涵盖科学、技术、工程、设计、管理、经济、文化、艺术等领域的70多个本科与研究生专业和学位项目；营建了蕴含东西文化精髓、风格独具、相互呼应的南北校园；组建了10余个跨学科、促进工业界和国际合作的研究院以及国际技术转移中心和国际创新港，等等。教职工的非凡成就、西浦校友的杰出表现、西浦的快速崛起、社会各界的高度认可，已使西浦在国内外享有一定声誉。走到今天，大家付出的所有努力与辛劳，个中酸甜苦辣，也只有我们经历其中的人才能深切体会。每当回顾和反思，我感慨良多，内心会升起浓浓的敬意和特别的感激，是你们——西浦的教职工、西浦学生、校友以及我们的家长和社会各界支持西浦发展的朋友，在中国苏州这块土地上，在全世界反思教育、重塑教学、再定义大学的时代创造了这个奇迹！

现今，站在10周年这个节点上，过去的种种成绩和成就固然值得我们为之骄傲、自豪，然而如何面对未来，如何走好西浦的下一个10年、下下个10年，才是我们现阶段最该关注和思考的。创新是西浦永恒的话题，西浦始于创新，也发展于创新，那么未来的西浦及所有的西浦人更是应该继续保持这颗勇于摆脱束缚、敢于挑战传统的初心，无论是教育探索、学科发展、科学研究，还是学生服务、校园发展，都该在原有成绩的基础上继续保持研究型工作的方式方法，针对各种需求与问题，不断尝试新思路新途径，把西浦的高等教育探索走“活”、走心！

此时此刻，我想到一个词：从零开始。人们在遇到挫折、突然变成一无所有的时候，经常会用这种归零的心态，以示从头而来的决心。但对于肩负新时代教育探索使命的西浦人，我则想提倡一种“归零的境界”，即当事业发展到一定程度，不居功自傲，保持清醒头脑，从零开始。此时，这个零不是一无所有，而是站在当下的高度，重新起步。于是，每次起步，都是新高度、新境界、新思路。在我看来，“从零开始”不仅是一种心态，更是一种境界、一种历练、一种高度、一套发展的思路和能力体系。清零、归零，不是回到原来的起点，而是站在一个新的高度，在已有条件和经验的基础上，构建和选择新的参考体系，设立更高更远的发展目标。此时的清零或归零，不仅会帮我们抛弃惰性、挣脱已有体系形成的思想桎梏、防止停一停歇一歇的延迟，而且会使我们以开拓者或领导者的姿态屹立于这个日新月异、一系列结构性变革或范式革命不断涌现的世界里，因为只要我们稍有懈怠，跑得比变化慢，我们就有可能被淘汰！

10年西浦，已具雏形，被外界称为“中外合作办学的标杆”，“高等教育改革的先锋”，然而我们的雄心不止于此。西浦创建于教育反思和重塑的时代，给了西浦与世界一流大学站在同一起跑线上的千载难逢的机会，而且没有历史包袱，一张白纸好绘宏图，可谓占尽了天时地利与人和。如果我们能够抓住机遇，学习与整合中外高等教育最优实践，取其精华去其糟粕，同时加入我们对于未来高等教育的大胆设想与构架，就有可能走出一条具有西浦特色的高等教育之路，从而真正影响与促进中国高等教育改革，甚至站在世界教育发展的潮头！

10年一瞬，我们虽然取得了令人瞩目的发展成就，然而展望未来，距我们的愿景、社会的期待还有很大距离，西浦持续健康发展依然面对种种体制和制度约束、社会习惯和文化的壁垒、多元文化冲突以及短时期营造一个教育的国际品牌的挑战，等等。所以，在这个关键时刻，我们特别需要有归零的境界，保持初心，充满再出发的激情和持续创新的动力。因为，10年摸爬滚打的经验也许会随着时代的发展和变化失去指导意义，我们面临的问题和挑战随着出发的高度的增加而愈加复杂，在新的发展阶段社会各界对我们的要求和期待也会指数般地提高，很多历史深厚的一流大学也会逐渐变革、焕发青春、挤占我们的生存空间，不断创建的新的国际合作大学正在挑战我们的地位和抢夺我们的市场，等等。我们只有头脑清醒，反思10年经验和教训，以当下的西浦高度为起点，用变化的眼光来看待未来的问题，在“不变”的基础上，结合当下的具体情况，顺应时代的发展趋势，思考符合这个新时期的新的标准体系，酝酿和构建西浦发展的新宏图，重新起跑，综合全面地应对“万变”的世界，以全力冲向新的高度。例如，如何进一步发展和巩固融合美式、英式和中式教育特色的西浦育人体系，如何在继承英国严密质量控制体系的同时促进教育创新，如何根据未来行业发展和网络时代学习特色培养高级综合性应用人才，如何加强和壮大我们的研究院及国际技术转移中心与创新港、使之成为吸引国际学者和工业界专家合作的一流研究平台，如何快速高效扩大西浦研究生教育，如何吸引更多国际留学生，如何不断升级西浦国际化学习和研究环境，等等。这一系列矗立在我们发展路途上令人激动的新高度等待着西浦人一个个地攀越！

各位老师、同事、同学，西浦理想的实现，离不开所有西浦人的智慧和努力，我真诚邀请大家一起携手奋斗，从零开始，使西浦的明天更加灿烂！

（本文是笔者于2016年教师节上的致辞）

2.5 让“研究导向”成为西浦的基因

各位老师、同事，同学们、朋友们：

大家好！

又到年末，我们即将迎接新的一年。尽管今年的冬天被各种媒体一直喻为“十年内最冷冬天”，然而阵阵寒潮还是无法阻挡大家喜迎圣诞与新年的热情。

今年，西浦隆重庆祝了自己的10岁生日，回顾了10年发展的点点滴滴，遐想着令人向往的未来。在这个独特的年份，在中国人总是用来辞旧迎新的时刻，似乎很适合我们一道与“旧”话别，亲吻“新”的未来。

10年，西浦从呱呱坠地的婴儿已成长为受学生选择、受家长爱戴、受同行尊重、受社会各界关注和期待的国际大学；其快速和健康的发展过程令世人惊奇，很多同行和学者纷沓而至探究其中的奥秘。此时此刻，我要再次衷心感谢西浦人——老师、员工、同学、校友、校外导师的辛勤和智慧贡献，感谢西浦朋友——家长、合作者、社会各界关心和支持西浦发展的人，感谢各级政府和领导以及董事会对西浦的指导和大力支持！在教师节的致辞中，我提出了要以“归零的境界”再塑西浦，在开启西浦下一个10年或更长发展阶段的第一年，“展望”是我们的必修功课！

不难预见，西浦的知名度和规模将稳步提升：更多更高水平的国内外学者和学生将持续加盟西浦，西浦教育模式将不断深化、完善和广泛传播，更多更高水平的研究将不断涌现，各系院、研究院、研究中心等在国际舞台上的影响会日益增强，国际合作及与社会各界互动将进一步深化，现代化和独具特色的校园将随着南校区国际商学院、影视学院和室内体育馆的落成而全面建成……当西浦人以其智慧和努力在短短的时间里塑造了一所符合未来发展趋势和需要的新型教育模式、新型大学运行体系、新型大学以及新型大学与社会互动关系，并以此成就影响中国高等教育改革和世界教育发展的时刻，我们意识到，在传统的基于专业的精英教育领域，西浦以其独特探索的风格而独领风骚。但深入观察社会发展脉络及其对未来人才的需求，不难发现，人类将迎来很多新的行业发展，社会也需要更多能够跨越专业的创业型高端人才，而当下的育人哲学和体系还不足以培养这类人才，也没有给予学生根据自己未来定位开展学习的更多可选择途径。为了适应这种需要，西浦在未来几年将在现有育人体系的基础上，开启一项新的教育探索，即强化跨专业（或行业）训练，并将其延伸到与企业合作开展在职的创业和管理训练，发展出一种新型综合性高端应用人才的培养模式，给学生更多的选择机会！

为了使这两种培养模式不断深化和相得益彰，“研究导向”不仅是我们愿景中不可分割的核心要素，而且“研究导向型”教学、学习和工作必然成为西浦不二的战略选择。在新的一年里，我们要发动教职员工和学生深入研究，探索使“研究导向”更深地根植于西浦的实践、成为西浦基因的方法。

毫不夸张地说，当下的大学教育正在面临有史以来最为严峻的挑战。随着互联网的发展和网络一代进入大学，知识变得随处可得，传统大学课堂传授知识的功能受到挑战，现在人们很难无知，而遇到的问题往往是知识信息太多，要在杂乱的知识中艰难地选择自己认为是对的和正确的，并运用所学知识解决问题或完成任务或迎接挑战，这才是这个时代学习的最主要的任务。所以说，如果学校仅仅是知识的提供者，让大家“知道”，一定会有大量的替代物挑战大学的价值。

面对这样的挑战，学生的学习方式、教师的教学方式以及大学的工作方式都需要进行根本性的调整。西浦的研究导向定位，不仅以一所研究导向型大学吸引全世界的学者和学生前来开展研究，进而贡献于人类的进步和文明，更是通过提倡学生的研究导向型学习、教师的研究导向型教学以及教职员工的研究导向型工作来重塑教育，以提升大学的价值和西浦的竞争力。

首先，西浦定位于“研究导向”独具特色的国际大学，表明我们鼓励和支持师生的研究和探索，以我们的发明和创造促进人类文明。

其次，我们试图改变知识灌输式学习为研究导向型学习，引导学生从现实问题和现象出发，在老师的指导下，主动搜寻和学习与问题和现象相关的知识，通过团队合作，整合知识，解释现象或形成解决问题的方案。在这一过程中，学生的好奇心和探索精神得以张扬，收获的不仅是知识，更学会了收集资料、整合知识、分析问题和解决问题，从而学会学习，进而学习的兴趣和主动性得以提高，运用知识解决实际问题的能力、团队合作能力、表达能力以及批判性看待已有知识的能力等均得以训练，这样才能在未来社会中拥有竞争力，大学学习的价值大大提升。

再次，要支持学生的研究导向型学习，教师的教学也必须是研究导向的。然而，究竟什么是研究型教学？我在访问某世界名校时，得知它们也在提倡研究型教学，于是问其负责的教授：“你们怎么定义研究型教学？”他回答：①老师在教学中分享研究成果；②教学生一定的研究技能；③给学生创造一些研究机会。我当时说，按我的理解，这只是在传统教学中加入了研究要素或佐料。我们所提倡的研究导向型教学，老师首先需要根据所教授知识体系，认真选择相应的现实现象或问题，以此引导学生自主地针对现象或问题搜索相关知识，解释现象或解决问题。这时老师的角色不再是课堂的主导者，而是学生学习的领导者和支持者。老师在课前应安排学生解释某种现象或研究某个问题，同时设定学习场景和为学生创造研究问题的环境，引导学生课前针对现象或问题进行研究；课堂上不再是讲述知识点，而是与学生讨论和探索如何应对研究中的困惑和挑战；当然，在学生收集资料、解决问题的过程中，还要适时给予学生必要的指导及提供支持和帮助。

当然，要改变学生的学习方式和教师的教学模式，大学也需要改进学习和教学的支持体系以及校园氛围，因此，大学员工的研究导向型工作必不可少。研究导向型工作提倡员工根据学校发展愿景和教学研究需要来探索如何更好地创造性地扮演好各自的角色，相互配合，营造一个友好的、高效的校园服务和支撑体系。这就要求所有的员工秉持开放的胸怀、主动的心态、合作的精神、创新的动力，瞄准需求和目标，不断创新，持续改进。

可以说，西浦倡导的“研究导向”是西浦应对大学、教育和教学面临的时代挑战，制胜未来的核心战略举措。在新的学年里，为了更好地落实研究导向的理念，学校将会通过多种渠道和方式邀请师生员工一道深入探讨研究导向型学习、教学和工作的内涵、方法论和实施技术路线，编制指南，并在不同领域探索实践的基础上形成相应的手册，以使研究导向的理念真正落实到西浦日常的运行中。希望全校的师生员工都能积极地参与到这个研讨、探索与实践的过程中，以创新推动西浦在全球反思教育、重塑教学、再定义大学的时代变革中抢占先机。

教育变革机会千载难逢，面对世界跨国教育（TNE）的热潮，10年的西浦已奠定了再上一个台阶的基础。在很多传统高校依然难以摆脱许多束缚的情况下，我衷心希望，开拓创新的西浦可以成为冬日里的暖阳，助推中国高等教育改革和世界高等教育发展的春暖花开！

最后，祝福大家，圣诞与新年快乐！

（此文是笔者在2016年致全体教职员工和同学的圣诞、新年、春节贺词）

2.6 拥抱不确定性

亲爱的同学们：

在期待戴学位帽的季节，你们不少人会惴惴不安，选择哪个 offer？是先工作再读研还是继续深造？新的学习地或工作岗位会有什么挑战？恋人会否因毕业而拜拜？等等，种种不确定性会困扰你们！

宏观讲，不确定性似乎已经成为当下一个热词，特朗普有不确定性，英国脱欧有不确定性，中东有不确定性，欧盟有不确定性，等等。

其实，不确定性已经是未来社会的一种常态，不管你喜欢与否，都会伴随你一生。然而不确定性不总是带来焦虑，更会带来机会，关键在于你怎么看待？是否有能力在不确定的波涛中冲浪？

对于个人来讲，心态上积极阳光，不确定性就意味着机遇；能力上强大坚韧，不确定性便会带来新的事业！国家也是一样，在全球不确定性的喧嚣中，人们更看重稳定的中国，而恰恰是中国的人类命运共同体的世界观，特别是其实力和持续发展成为当下世界的稳定器。

前段时间网上有一个有趣的视频，请 20 个国家在华留学生们评出中国的“新四大发明”，即网购、手机支付、高铁和共享单车。现在，你们可以在文星广场直接扫码买烤红薯；世界著名的中国研究教授 Goodman 向我炫耀他乘坐“复兴号”高铁前所未有的感受，“中国标准”、“纯血统”的高铁 2.0 以惊人的速度和出乎意料的平稳舒适大范围圈粉；更不用说你们已经离不开的各种网购以及异军突起的几乎无所不能的各种共享……这个视频给我最深刻的感受是：要独步不确定的未来世界，你必须有自己的卓越，在世界舞台上直接冲到需要别人拼命追赶的位置。

毕业的时候，你们理所当然地会听到欢呼声，会收到来自各方的祝贺，也期待着我在这里给你们祝福或谆谆教诲，但此时此刻，当你们即将进入纷繁复杂又不确定的世界，我对你们最想说的一句话却是“拥抱不确定性”！这是西浦追求的“幸福生活、成功事业”的最佳脚注。我相信，经过西浦“年轻成人”和“世界公民”的洗礼，你们已经具备了积极面对不确定性的心态和素养；通过整合东西文化精髓和最佳教育实践的训练，你们已经拥有了应对不确定性和持续学习的能力，西浦已帮你们孕育了在世界舞台上竞争的相对优势，例如强烈的“国际公民”意识、熟练的中英文工作能力、有机融合西方体系效率与东方整体思维的复杂心智（complexity mindset）、理解多元文化和擅长多样性环境下共处的跨文化领导力，以及强大的综合能力训练会使你们——西浦人在不确定性世界如鱼得水。

网上还有一段很有意思的视频，一个韩国教授经过走访及长期调查，他发现中国如今的大环境给了年轻人一个积极的创业环境以及充分允许失败的基础保障，例如，就年轻人创业可以失败多少次而言，韩国和日本是1.3次左右，而中国和美国达到了2.89次，也就意味着中国的年轻人在创业的时候可以有经历2.9次失败的条件。另外，他还发现中国的“90后”自由奔放，总是站在科技前沿。相比美日韩，他们对自己未来持乐观态度比例最高，他们渴望创业和实现梦想，这使他们成为未来最“可怕”的一代中国人。

同学们，你们是幸运的年轻一代！动荡不安的复杂世界，波谲云诡的发展浪潮，给予了你们千载难逢的历史机遇；深受重托的中国崛起，堪比翘楚的西浦教育孕育了你们闯荡不确定性世界的勇气和能力。

年轻人，尽管你们还稚嫩，但我看到的是你们的潜力，希望你们充满在时代洪流中搏击风浪的勇气！张开怀抱，大胆拥抱“不确定性”！闯荡世界，践行你们“全球玩家”（global player）的梦想！

你们年轻，还等什么！

（本文是笔者于2017年毕业典礼上的演讲）

2.7 家长应与孩子共同成长

尊敬的学生家长：

首先，请允许我谨代表西浦，对您跟您孩子慧眼选中西浦、而今正式成为西浦大家庭中的一员表示衷心的祝贺与感谢。谢谢您与您的孩子在人生如此重要的一个决定上，选择了我们这样一所“非传统”的高校，谢谢您的勇气与信任。西浦在短短10来年间发展至今，离不开所有西浦家长的理解与支持，我们真心地欢迎您的加入，也期待西浦与您孩子以及您一起在未来共同成长。

大学在每个人的人生中都扮演着举足轻重的角色，在时间节点上恰逢学生正式成人的转折点，好的大学生活不仅会帮助年轻人顺利地进入社会，而且会影响其整个人生，引领其走出一种独特、丰富、多彩、快乐、有价值的路，甚或成就其伟大。

对于新生而言，进入大学新环境，新奇会让他们激动和向往，陌生则会带来很多压力和挑战。此时，在他们还没有投来求助的眼神，父母们便会自觉不自觉地伸出双手，帮他们处理日常生活中本应由他们面临的事务，帮他们抵挡一切可能遇到的困难，甚或帮他们焦虑一些想象中的挑战……但是，当我们父母手伸得越长、照顾得越周到、心操得越多，学生自我锻炼的机会就越少、独立成长的空间就越小。

其实，进入大学，本身就是要让学生面临新环境，就是要让他们独立成人，就是要让他们学会自己面对困惑、无知，提升素养、获得知识、习得面临困难和应对挑战的能力，就是要帮他们具有国际视野和竞争力，从而步入未来日益复杂、模糊和多变的社会。放手让学生迅速融入陌生的新环境，会促使他们快速成长，真正尝试独立，学会独立思考、独立决策、独立解决问题，学会真正认识自己，为将来正式迈入社会实现自己的人生价值打下坚实的基础。

西浦跟绝大多数的传统高校有着非常多的不同，是一所有点“特立独行”

的学校，我相信你们之中有的对西浦已经了如指掌，但更多的人可能是一知半解或者道听途说。我希望可以借这封信，趁这个机会，给大家提一点小建议，也许可以在您面对孩子离家开始独立生活带来的变化和冲击提供一点力所能及的帮助。

我最想给各位家长说的第一个词是“放手”。请高抬你们的贵手，敞开你们的胸怀，给孩子空间，让我们一道帮助孩子健康成长！我知道很多家长，特别是中国学生的家长，从孩子出生到而今年满十八，在衣食住行方方面面把孩子照顾得无微不至，心里只有一个念头，千方百计地保证孩子的学习，让他们几乎在一个“无菌”的环境中成长，习惯于帮孩子做所有的选择与决定，用自己的意志来影响甚至代替孩子内心的声音，使得孩子没有机会经风雨，对自己的人生更是一片茫然。所以在您的孩子进入西浦的第一步，我希望您可以做到慢慢放开手，试着给予孩子更多的信任，相信他们可以在学校老师的指引下适应环境的变化，相信他们可以独立地思考、安排好自己的人生。不要总是将他们护在自己的羽翼下，给他们一个机会吧，是时候让他们自己试着去闯一闯了。

我要说的第二个词是“放松”，英语喜欢说take it easy。我理解您对孩子的关心与爱护，但是如果真的遇到困难与问题，请大家不要过于紧张、过于放大问题对孩子的影响，否则不仅不能解决问题，反而会在第一时间把焦虑传达给孩子，进而加大事情本身对孩子产生的压力。没有任何一件事情能真正完全毁掉一个人的人生，除非本人自我放弃，再大的问题、再困难的风雨都希望您可以与您的孩子一起以平稳的心态寻求最佳的解决方法。当然，西浦也会提供力所能及的帮助。

第三个词是“理解”，这也许是我们经常挂在嘴上而在行动上经常忘记的词。我想问问大家，您是否真的理解您的孩子？是否知道他们内心真实的想法？是不是经常总是以“我以为”和“为了你”的态度来对待孩子的所有举动？我相信西浦的学生入校后势必会发生一系列的变化，他们或将学着独立思考问题，也或许面对环境的突变而犹豫或彷徨，我希望我们大人可以学着真正理解孩子，理解他们的喜好、理解他们的苦恼、理解他们的压力。世界太大，困难良多，然而理解万岁。

第四个词是“自我”。我知道在中国文化环境里，我们似乎永远在为下一代而活着，孩子就是我们的生活中心，一切都是围绕着他们忘我地转着。孩子离开家后，父母会突然感到空虚，身虽在家，心却牵挂着远在他乡的孩子，依然是吃穿住行、喜怒哀乐，事无巨细，一切都想帮忙甚或干涉。感谢现代通信技术给我们提供了方便，但也可能使我们成了妨碍学生成长的帮手！我真诚地建议我们家长，在旁边静静地观察孩子们的变化，同时自身也要发生改变，让自己的视线逐步从孩子身上转移，关心自己的生活和事业，毕竟孩子有孩子的生活，更不要让孩子帮自己圆梦。我们要在帮助孩子筑梦和逐梦的过程中，让我们活出自己的精彩和幸福。

最后一个词是“帮助”。在多年的办学中，我们确实有一些学习上遇到困难或挑战的学生，也有一些极端的例子。在这些同学中，我们发现有的与家长关系紧张，有些与家长缺乏深度和有效沟通，有些学习基础差或无法迅速改变中学阶段习惯的被动学习方式，有些个性和自我管理上有问题，当然也有不少同学因一时放纵没有平衡好学习、娱乐或课外活动，等等。尽管学校安排了四种导师制度，但一些同学不积极主动利用。为帮助这些学生，学校还专门设计了“回归”（bounce back）项目，帮这些遇到困难的同学渡过难关。学校不希望一个同学掉队，但如果自我放弃，十头牛也难以拉回。因此，我虽然呼吁家长放手、放松、关心“自我”，但这并不等于鼓励大家放弃沟通和理解，反倒是要注意观察，及时发现不良苗头。因为学校要面对上万学生，再努力也会有关注不到的个人问题，而每个家庭对应一个学生，容易发现问题，若通过家庭沟通无法有效解决问题，可联系学生一站式服务中心或学生事务中心共同商议帮助策略，我们的共同目标是帮助所有西浦学生健康成长！

这仅仅是我个人对大家提出的些许建议，不全面，权当是与大家的交流与思维碰撞，如果各位家长对西浦有任何的建议与意见，我们也真心欢迎大家不吝赐教，学生与西浦的未来永远离不开大家的理解与支持。

最后，再次欢迎大家成为西浦的学生家长，期待与你们共聚在西浦的明天！

（本文是笔者 2017 年致新生家长的一封信）

2.8 让研究成为习惯，助你成长和智慧

亲爱的同学、家长，各位老师、同事和朋友：

在这个烈日炎炎的夏日，无论我们背景、个性、事业多么不同，却以一个共同的新身份——西浦人，从中国的大江南北以及世界的各个角落缘聚于此，共同掀起我们人生和西浦的新篇章。

这是一个值得欢庆的时刻，我和西浦同仁热烈祝贺本科生通过残酷的高考、研究生经过激烈的竞争正式成为西浦人！

当你们迈进与以前完全不同的学习生活环境——西浦之时，一定充满不安、好奇和憧憬！我相信从内容丰富多彩的录取通知书中，你们已经知悉西浦的“整合东西方文化精髓和最优实践探索未来教育”的远大理想、西浦的“以学生为中心”的教育理念、西浦的“五星育人模式”、西浦帮学生实现“从孩子到年轻成人再到世界公民、从被动学习到主动学习再到研究导向型学习、从盲目学习到兴趣导向学习再到关注人生规划”三个维度九个方面转变的努力等；在网上或朋友那里你们也一定听说过西浦严格的学术质量控制体系、较高的补考率和一定的重修率；肯定也知道西浦是中国假期最长的大学——被戏称为西浦“假校”，其实西浦绝大多数学生都知道在西浦假期不是假期，而是更丰富多彩的学习；特别是这几天的报到经历，使你们及家长一定已经感受到了一股来自西浦不一样的风。往后，这样的变化、冲击和感受可能还会更加的强烈，甚至成倍地增长。我希望作为西浦人，无论是学生，还是家长，都可以用积极的心态来适应这种改变及不同。

西浦从办学伊始就努力地从教知识转向帮学生健康成长，一直以尊重的心态来认真对待每一位学生的发展，在一定制度与规则的约束下给予学生充分的自由与选择权。在西浦，我们欢迎学生在课堂上挑战老师，大胆提出自己的不同见解；在西浦，我们鼓励学生认清自己，并按照兴趣选择自己想要走的路；在西浦，我们倡导学生谨慎对待人生中的每一次选择，并且敬畏各种规则和制度；在西浦，我们也赞赏学生的每一次创新与创造，只要你敢想、敢打破落后的束缚，我们就敢支持你去尝试。

我们清楚，中国的基础教育因应试可能在一定程度上压制了学生的好奇心与创造力，摧残了他们追求个人兴趣的动力，也磨去了很多学生的棱角，这已是有年代或历史的老话题，各界正在尽力地一点点尝试改变。然而你们是新生的一代，出生与成长在中国日益强大的国际大环境中，我相信你们中的中国学生已经做好了改变的准备，也有机会与国际学生一道互动和学习；你们中的国际学生在体验中国文化和发展的同时，也可从中国学生那里感受到勤奋和努力。无论你们来自哪里，作为西浦人，都需尊重多元文化，提升你们融入与适应新环境的能力，崇尚敢于突破、不畏失败的勇气。期待你们在西浦这样一个充分尊重个性与创新的大学之中茁壮成长，并以你们杰出的表现影响和促进西浦更大的发展！

然而，想要真正实现上面所说的这一切，需要养成一种善于探究的习惯，对世事充满好奇，乐于刨根问底，并擅长研究问题和解决问题。特别是在互联网时代，信息扑面而来，知识随手可及，这使研究型的学习和工作习惯就变得更富意义和价值。为此，西浦提倡研究导向型教育（research-led education）。

所谓研究导向型教育，最重要的点自然落在了“研究”这个词上，这里的研究当然不是指狭义的科学研究，而是一种注重探究与解决问题的意识、思维模式和行为习惯。具体来讲，在研究导向型教育过程中，师生要注意从每门课程知识体系所解释的现象和要解决的问题入手，并以此为导引，启迪学生的好奇心以释放其学习的动力和潜力，训练他们的批判性思维，孕育他们的创造性行为，培育他们应对日益模糊多变世界的一种复杂心智（complexity mindset），最终提升他们的终身学习能力。此时，教学不是简单地教知识而是领导学生开展探索，关注点也不再是过去始终重视的知识而是我们面临的困惑、问题和现象以及学生的健康成长，从中学生收获的将不仅是活的经过整合的知识，而且孕育了其问题意识，学会了搜寻知识、整合知识、解决问题，学会了研究、与别人合作，学会了表达和沟通，等等，更重要的是在解决问题的过程中提升了学生们的造诣、能力、素养和智慧。

来到西浦，同学们的根本目标应该是成长和智慧，中英两张文凭只不过是收获成长和智慧的记录！同学们，让我们一道共同努力，敞开胸怀，拥抱充满不确定性的复杂世界；积极主动，形成研究导向的习惯和能力；高瞻远瞩，孕育全球的视野和国际竞争力。这样，你们便会从过去的擅长记忆和强于考试的“考生”，成长为善于研究和解决问题以及具有知识、能力、素养和智慧的世界玩家（global player）；老师会从过去诲人不倦的“教书”匠，变成现在循循善诱地领导学生开展研究型学习、专业造诣深厚和具有世界影响力的学者；西浦也会因此从高校林立的传统教育体系中脱颖而出，成为未来高等教育的领跑者！

别原地站着，西浦人，武装自己，“全军”出击！我们只有跑过变化，才可能拥抱精彩的未来！

（本文是笔者在2017年开学典礼上的演讲）

2.9 敢于领导：新时代西浦的教育探索

亲爱的老师和同事们：

随着7月又一批杰出校友走向社会、8月新一批学生走进学校，西浦又度过了快速发展的一年，感谢大家的辛勤努力和智慧贡献！一个充满期待的西浦新学年开始了。开学伊始，我们又迎来了属于自己的节日——教师节。首先，真诚祝愿大家教师节快乐！

在我们大家的共同努力下，西浦已从一个风雨中摇摇晃晃站立起来的婴童成长为一个对中国乃至世界教育有所影响的年轻人！在开启其第二个10年发展的重要关头，必然需要总结过去、展望未来、部署发展。作为一所带着改革和创新使命的大学，西浦的未来发展必须具备前瞻性与预见性。我想借着这个机会，跟大家分享一下未来几年西浦的战略方向。

在西浦既有的愿景与使命的要求下，西浦依然会继续提升和优化现有的创新型专业精英育人模式，同时开启探索新型的行业精英教育模式，继续打造西浦国际化特色。在科研方面，西浦将继续以创建研究导向的国际大学为发展方向，整合两国三校资源，服务地方经济和社会发展。主要表现在：以智库为纽带整合全球智慧，为地方的创新发展提供智力支持；重点建设全生命周期的创新平台，快速推进国际技术转移与产业发展；积极立足国际前沿研究院，全面建成区域科研新生态；战略布局培训教育平台，助力区域打造复合型创新人才生态圈。西浦希望通过以上四大板块的有机互动与深度融合，建成具有全球影响力的研究导向型大学，促进大学人才、科研、智力、网络、生态等创新资源与苏州经济社会转型升级需求深度结合，实现大学与地方的良性互动、融合发展。

除了上述这些既定计划，我想向大家重点介绍一下西浦下一个10年所要大力推进的全新开创性行业精英育人模式——融合式教育（syntegrative education）。过去10年，我们已初步成功地形成了一种培养国际化专业精英的教育模式，但展望未来，我们需要在专业精英体系继续深化和完善的基础上，培养出能够驾驭未来新行业的高度复合型的新人才。这种人才不是专业精英，而是行业精英。所谓行业精英，就是他们既要有专业知识，又要有行业知识，还要有整合能力、创造性以及管理和驾驭能力。跟西浦原有的专业精英教育模式不同，融合式教育瞄准的是未来的20%的人群，亦即行业精英和业界领袖。

西浦的融合式教育（SE）未来会以三种方式运行：其一是工业企业定制化教育（SE-IETE），其二是在条件成熟时建立西浦创业家学院（SE-EC），其三是与地方政府和企业合作，营造利于融合型精英培养的创新与创业社区（SE-IEC）。我们希望通过“融合式教育”，在教育模式上把通识教育、行业教育、专业教育和管理教育有机融合；在组织模式上，把校园学习、企业实践、行业引领和社会发展深度融合；在学位设置上，把半在职本科学习和在岗硕士研究融合；在培养环节上，把学习、实习、研究、实践相融合；在教学上，把以学生为中心、研究导向型学习和教学与实习和在岗训练相融合；在就业支持上，把学习和实践、就业和持续深造、人才培养、研究和企业发展相融合。在融合式教育模式下，学生将把企业实践与理论课程完全融合，边理解边应用，用知识储备指导实践，实践经验又反过来充实理论基础，经过这一整套学习和训练，当学生毕业时，其事业已经发展到达了一个较高的层次，也许这时其他大学的毕业生还在拿着简历到处找工作，而接受融合式教育的这些学生已经是要不要录用他们的决策者。这样的人自然更容易成长为行业精英和业界领袖。目前，国际上还没有这种系统化的模式，虽然不乏个别环节的尝试，比方说加强学生的行业实习，但仍旧是碎片化的。我们试图用未来10年，在已有的专业精英教育体系的基础上，同时开发出这种行业精英的融合式教育培养模式。如果我们能成功地实现这个目标，那么我们在未来人才的教育领域就会成为一个领导者，我们有这种自信。目前，西浦已经开始推行融合式教育的第一个项目，就是行业企业定制化教育（SE-IETE），今年暑假第一期学生已经成功地在我们的合作企业完成了首次课程。我相信，随着项目的开展，更多的家长、学生、企业，还有我们的社会，会充分认识到这种教育模式的价值和意义，让我们共同努力，推动教育创新，为社会缔造更多这样的未来精英甚或领袖。

融合式教育是西浦未来教育改革工作的重点，研究导向型教育（research-led education）则是我们履行使命的手段，也是西浦一直大力倡导的工作理念与方法。研究导向型教育不是指狭义上的科学研究，而是一种注重探究与解决问题的意识、思维模式和行为习惯。具体来讲，在研究导向型教育过程中，老师要注意从每门课程知识体系所解释的现象和要解决的问题入手，并以此为导引，启迪学生的好奇心以释放其学习的动力和潜力，训练他们的批判性思维，孕育他们的创造性行为，培育他们应对日益模糊多变世界的一种复杂心智（complexity mindset），最终提升他们的终身学习能力。此时，教学不是简单地教知识而是领导学生开展探索，关注点也不再是过去始终重视的知识而是我们面临的困惑、问题和现象以及学生的健康成长。我希望我们的老师可以更多地站在与学生平等的位置，更多地思考学生的教育及成长诉求，不要简单地以教授知识作为自己的工作目标，而是真正地作为“人类灵魂的工程师”，思考现有教育的不足，参与教育的改革与发展，帮助大学完成自己的社会责任与历史使命。

教育永远是一件需要我们谨慎对待、认真反思、与时俱进、开拓创新的事业，我很高兴西浦在大家的努力下发展成现在的样子，我也非常期待与大家同聚在未来更好的西浦！

（本文是笔者在2017年教师节上的致辞）

2.10 伟大源自勇敢的开始

各位同事和亲朋好友：

欢迎来到西浦圣诞鸡尾酒会。你们都是西浦大家庭中的一员，我们的大家庭每年都在发展壮大。

在辞旧迎新之际，也是我们回顾和分享集体成就之时。首先，我想感谢你们每一位为西浦所做出的贡献，感谢你们让它更加强大，并祝愿你们所有人在未来的生活和事业中获得成功。

经常有人问我，你为什么会选择加入西浦？借此机会，我想和大家分享一下我的故事。

首先，来到西浦对我个人来说是一个非常重要的决定。因为那个时期，也就是2000年到2007年，有很多高层职位向我抛出了橄榄枝。当利物浦大学邀请我担任西浦执行校长时，我意识到这是一个挑战，这个决定意味着在我这个年龄和层级，将脱离体制，以及放弃很多人向往的公立知名大学领导岗位甚至政府重要职位。

但我心有挑战之志和远大理想。

所以，当2004年在苏州创建一所中外合作大学的机会出现时，时任西安交通大学党委常委和副校长的我，以自己多年的资源和经验投入了这项事业，当利物浦大学发出邀请之后，我果断决策，于2008年离开西安交通大学正式担任西浦执行校长。

其次，西浦有机会在全球范围内整合资源。不管是与利物浦大学合作，还是与国际董事会以及国际同事一起工作，这不仅会丰富我人生的国际工作经历，更为重要的是，它可能为探索中国高等教育和公立大学的改革之路提供十分有益的经验。

第三点，也是最重要的一点，数字时代让西浦有机会发展出一套独特的教育模式。从全球来看，我们需要重塑教育体制，西浦立志探索成为与国际领先大学比肩的大学。因此，我们必须大胆探索。西浦拥有一张白纸，没有任何历史包袱，可以充分利用其全球整合资源的优势，大展宏图，在全球教育重塑的过程中发挥引领作用。

当初，没有人觉得我加入西浦这个决定是正确的。但是，正如今晚酒会的主题所言："伟大源自勇敢的开始"。

我们这个大家庭中的每个成员都有这样的气度。不管用哪种方式，我们都决定在幼小的、前途未卜的西浦搏一搏。有些人跨省而来，有些人跨国而至，我们都敢于在这里写下新的篇章。这是一所在中国和世界教育体制改革中同时开创先河的大学，在它过去、现在和未来的荣耀中都有你我的身影。

如大家所知，我来自陕西省，我们陕西人 50 岁以后一般不会再搬去另一个地方工作和生活。10 年前，我的很多朋友、同事，甚至家人都觉得我这个决定做错了。也许你们中有些人在决定来到西浦时也经历了同样的质疑。

但我非常确定我这个决定是正确的。西浦不仅给了我一个新的学术环境，也让我有机会推广自己的教育理念，与国内外的同事一起合作创建新的大学。

西浦顺利起航，快速发展，已经取得了让人眼睛一亮的成就，不仅背书了我们的决策，而且让我们看到了更广阔的事业平台和更伟大的发展空间。

西浦还将取得哪些成就？

西浦有打破传统教育模式、进行科研及教学创新的雄心壮志，我们每个人都在这一目标的实现中扮演着重要角色。我们处在一个关键的、精彩的时代，不管是在中国还是世界教育领域，我们都要加快步伐，跑赢变化，迎接重塑高等教育体制的挑战，培养满足未来需求的人才。为了实现这一目标，我坚信我们应该注重人工智能、互联网以及机器人革命对教育的挑战，为未来教育和大学提供西交利物浦智慧和方案。

在未来 10 年中，西浦将迎来三个新的起点：

第一，融合式教育将成为西浦新探索的重中之重。

工业企业定制化教育是西浦融合式教育的一种方式。我们的学生将有机会通过学校和企业精心合作设计的学习和训练过程，包括在企业中学习和工作，更加精深专业造诣，进一步开发自身成为专业精英甚或未来行业领导者的潜能。

第二，建立新型大学校区。

基于融合式教育模式，我们将成立西浦创业家学院。我们将与企业和社会深度合作，利用这一新校区探索未来教育和大学的新概念、校园的新形态。

第三，与地方政府合作建立创新与创业家社区，探索未来大学和社会之间互动与共生的新型关系。

那些 10 年前质疑过我的人，现在都说我的决定是明智的。

我也希望你们都能坚信，自己当初勇敢地加入西浦开始高等教育探索也是一个明智的决定。只要我们齐心协力，就能创造更大的辉煌。

在过去一年中，我们所取得的成绩离不开你们每一个人的付出。在接下来的一年里，我们还将携手并进、续写辉煌，将西浦打造成高等教育的“领头羊”。

在此，我还要感谢今晚酒会的赞助商以及为本次活动成功举办贡献力量的每一个人。

祝大家圣诞节快乐！

（本文是笔者在2017年圣诞节鸡尾酒会上的致辞）

2.11 激情满怀立潮头

各位老师、同事，同学们、朋友们：

大家好！

苏州今年迎来了难得的暖冬，气温虽然起起伏伏，但寒冬的迟疑使得大家对圣诞与新年的到来多了一份不似以往的后知后觉。然而，圣诞、新年、春节，这三个挨在一起的节日还是在大家忙忙碌碌中蹁跹而至了。

西浦即将与大家一起又成长一岁。此时，大家习惯总结和庆贺一年的成就，如我们又迎来了全球4 000多位各类新生加盟，注册学生达到13 000人，在苏州校区学习的学生超过10 000人，研究生和国际留学生成倍增长，而且师生发展的好消息层出不穷；来自全世界的师资队伍也进一步壮大，全体教职工已超过1 000人；学校又新增了国际关系等新的专业；科研项目和成果也快速增加，与企业合作进一步加强，如获得更多国家研究基金、国际企业研发中心落户校园等；苏州市和园区政府专门发文并投资支持西浦持续发展；我们的校友在世界各地备受欢迎和赞誉；为进一步改进学生学习体验和提升其校园生活价值，西浦全面提倡研究导向型教育；为探索适应未来社会发展需要，经过充分酝酿和筹划的融合式教育正式启动；为了对社会做出更大贡献，在苏州市政府的支持下西浦智库已建立；为进一步提升西浦对教育改革和发展的影响，ILEAD（领导力与教育前沿院）和 AEC（学术提升中心）进行了重组；等等。衷心祝贺西浦第二个 10 年的开门红，真诚感谢全体教职工和同学们的辛勤努力与智慧奉献、各级政府的高度认可和持续支持、各路朋友不离不弃的信任和帮助！其实，回顾的目的是前瞻，希望拥有更丰富多彩的一年和一个更新更好的未来。

前几天，有学生社团邀请我给一年后的西浦写一封信，我觉得很有意思，欣然应允，因为我对一年后的西浦充满了期待、对今后几年的西浦充满了激情、对未来的西浦充满了自信。借这个机会也想问问大家，你们过去一年的目标是否都成功实现了，是否又顺利地向着你们的人生目标前进了一步？而对于明年的自己又有什么样的计划跟思考呢？

今年，我们在西浦现有的专业精英培养模式之外，开启了融合式教育（syntegrative education，SE）的探索，致力于培养人工智能和机器人时代的行业（融合式）精英和业界领袖。这一战略部署对西浦和高等教育将具有深远的影响。首先，全球化、连接革命、人工智能、机器人等眼花缭乱的新技术的涌现会颠覆人们的学习和生活方式，如果教育无法跟上实现颠覆性创新，将会失去未来；其次，对西浦来讲，过去的 10 年我们成功借鉴东西方教育精华，并结合未来社会发展趋势，大胆尝试并打造了具有西浦特色的专业精英教育模式，赢得了国内外各界人士的肯定，但我们如果止步于此，仍将会被快速发展的社会需求所抛弃、被条件更好和基础更厚的同行（如“双一流”建设的公立大学和更强大的中外合作大学）所逼近、被敢于大胆探索者所超越。因此，西浦人只有在 10 年积累的基础上再大胆出击，跑赢变化，才可能“乘风破浪潮头立”。

展望未来，尤其是日益互联、共享、共生、智能、绿色的社会发展形态，什么样的人才能更好引领时代？当一系列传统行业被替代，什么样的人才能创造基于人工智能与机器人的新行业？大学怎样培养这样的人才？适合这种人才培养的教育模式和未来社会形态的大学是什么样子？如果西浦敢于探索并能成功回答这些问题，西浦自然而然会成为立于教育变革潮头的领导者！

携西浦10多年的探索经验、国际化的办学模式、立足引领21世纪发展的中国、具备整合东西方智慧的优势，“扬帆起航正当时”！未来，除专业精英外，社会需要更多能够站在人工智能和机器人肩膀上为人类营造更好生活平台的行业精英，在较高人文素养的基础上，他们既要有专业知识，又要有行业知识，还要有整合能力、创新精神以及管理和驾驭能力。西浦愿再做第一个“吃螃蟹的人”，开启了融合式教育以培养这类行业精英，并为未来教育提供“西浦方案”。

西浦融合式教育包括三种形态：第一是工业企业定制化教育（SE-IETE），它的目标是创新专业精英教育模式，将校园延伸至社会，帮西浦学生在校期间融入企业和社会，在通识教育和专业教育的同时，让学生在进入大学之初就能够接触到企业的实际情况，并与企业一道为学生提供行业、管理和领导力方面学习和训练的机会，不仅会提高专业精英的行业（跨专业）知识面以及管理和领导才能，还为部分职业定位为行业精英的学生提供更合适和坚实的培养环境，利于他们将理论知识与实际操作有机结合，具有更强的实践操作能力和综合经验，提早更成熟地进入职场。第二是在条件成熟时建设西浦创业家学院（SE-EC），为行业精英提供更加融合的培养环境，即邀请拥有未来行业领导力的更多企业走进西浦校园，与学校一道营造一种适应于行业精英培养以及社会互动的新型大学形态，探索、试验并为未来大学发展提供“西浦方案”。第三是与地方政府和企业合作，营造创新与创业家社区（SE-IEC），探索未来大学与社会互动的机制和模式。高等教育的围墙早该拆除，特别是面向互联互动、共享共生、绿色智能、持续创新、终生学习的未来，教育应该与社会发展相辅相成、彼此融合，大学将成为社会发展生态的一个具有智力资源和全球知识网络的子系统，应该发挥一种催化剂的作用，撬动整个社会资源，促进社会进步和文明，创造和分享更大的价值，也即西浦将与企业、政府创造一种全新的社会生态——创新与创业家社区，以实现

“1+1+1>3”的惊人效果。

时代赋予了我们千载难逢的机遇，西浦人具备了再起飞的基础，想想未来令人激动的西浦教育创新三部曲，我们激情满怀，信心百倍，将继续搏击于世界教育变革的风口浪尖！

当然我们深知，这种全新的教育模式探索不是一朝一夕就能完成的，西浦现有的精英教育模式还有待于继续推进和优化。套句时尚的话“不忘初心”，以推进教育变革和创新为使命的西浦，会继续踏踏实实地、一步一个脚印地走在通往初心的那条大路上。我们提倡的研究导向型的教学和工作方式，更全面深化的国际化战略，以及正在积极推动中的行政服务优化项目，都正在为实现未来大目标而夯实基础。

在新的一年和西浦新的发展时期来临之际，请允许我盛情邀请大家，精诚合作，与西浦一起，智慧创新，共同谱写高等教育的辉煌未来！

最后，祝大家圣诞快乐，新年如意！

（本文为笔者致全体教职员工和同学的圣诞、新年、春节贺词）

2.12 以“复杂心智”闯荡世界

亲爱的同学们、尊敬的同事和家长们：

我要用像苏州天气一样火热的心情，欢迎大家参加西浦 2018 年度毕业典礼，共同见证同学们的学习成就，庆贺西浦又一年的快速发展，感谢大家的贡献和帮助！

趁此机会，我特别想对西浦毕业生们说几句话。

首先，祝贺大家从西浦顺利毕业！无论你们选择的是直接就业，还是去全球一流高校继续深造，这都将成为你们正式开启闯荡世界的第一步。

展望日益全球化的世界，无论是中国经济社会方方面面的迅速崛起，还是全球政治经济市场的跌跌宕宕，特别是“特朗普”体的扰动和已开启的中美贸易战，都让我们深刻地感受到了全球互联引发的此起彼伏的种种风暴。尽管反全球化有抬头之势，但数字化、网络化却会强化全球的互联和相互制衡，人工智能、物联网会诱发各类范式革命及社会转型或重塑，异军突起的各类“独角兽”（公司）会不断掀起资本市场的巨大波澜，凡此种种，使整个世界充满了不确定性（uncertainty）、模糊性（ambiguity）、复杂性（complexity）和多变性（changeability）（简称 UACC）。喜欢也好，不喜欢也好，我们都得生活在这种 UACC 的环境里。

借助 UACC 之势，大量涌现的颠覆性技术正以一种令人恐慌的姿态席卷全球，冲击着人们已有的认知模式，科学家乃至越来越多的人开始惊醒，并转身投入到这场已经来临的范式革命中。无论是主动投入还是被动卷入，要适应生活、工作和社会的种种范式革命或重塑，都需要一场心智模式（mindset）的转型，即从我们原来熟悉的相对简单和稳定时代的“心智模式”转换到能在 UACC 环境下生存的新的心智模式，我们称之为“复杂心智”（complexity mindset）。

“心智模式”是指深植我们心中关于自己、别人、组织及周围世界每个层面的假设、形象和故事，并深受习惯思维、定式思维、已有知识的局限。心智模式对每个人的行为方式、观察事情的角度和看法、思维模式有深刻影响，它会惯性地让我们将自己的推论视为事实，从而影响我们行为的结果，并不断强化。不同的制度环境和文化基础也会影响心智模式的形成，例如东西方人会有明显的心智模式差异，每个人的心智模式也会不同。心智模式常是不完整的，但人们往往难以意识到其缺陷的存在，所以会深陷其中而不自知。因此，心智模式的不断升级和完善是我们更好生存与发展的基础。

UACC 环境下世界运行逻辑的改变会对人类传统心智产生巨大冲击，例如我们需要从传统的关注个体转向关联互动、从强调控制转向学会适应、从重视相对确定的设计优化到关注动态的系统演化、从相对稳定到习惯变化、从客观的观察者到卷入其中的参与者，等等，人们亟待更新其认知模式，换句话说，需要构建 UACC 时代的复杂心智。

西浦从建校伊始就意识到这一点，决心在全球特别是教育重塑的时代，根据未来发展整合人类智慧和东西方最优实践，探索未来的教育体系，以影响中国和世界的教育发展，培育具有复杂心智的世界公民，从而适应和引领未来世界。尽管准确把握复杂心智很难，但如果我们能将西方重制度、逻辑、科学的心智特点与东方擅长艺术、模糊、不确定性应对的优势相结合，并能针对未来世界趋势加以融合和再造，那么我们无论走到哪里或与什么样的人竞争与合作，我们都会有相对优势。基于这样的逻辑，在大学这个你们人生最为重要的成长期，西浦着力转变、训练和提升你们的心智模式，如强化你们“世界公民”的责任感，培育你们国际化的视野，通过研究导向型的教育孕育你们的问题意识和好奇心，以兴趣导向释放你们的学习动力，滋养你们思辩式思维、创造性行为、独立思考的精神、终身学习的能力，促进你们融入真实的世界，帮助你们屹立于世界发展的最前沿，目的是促使你们的心智能够随着这些训练和经历而得到快速的成长和提升。

你们即将独自启程去闯荡，我再次提醒大家重视自己的心智模式转换，尽早养成你们的复杂心智。具体来讲，建议你们从以下几个方面去体悟和培育：①培养你们的“动态演化的系统观”，系统地、动态地看待面临的问题及其环境和发展趋势，学会在纷繁杂乱的信息、知识、时尚迎面扑来时，适时捕捉有意义的变化、有价值的趋势，围绕自己的人生目标和定位动态调整自己的策略；②构建既见树木又见森林的东西融合的整体观。在复杂世界里，单项或片面的思维会使你们沦为幼稚甚或陷入死胡同，多维的、系统的、立体的思维习惯和分析能力会帮你们看到真谛，有过人的视野和智慧；③提升你们的整合能力和共生系统的营造力。UACC 时代，知识、资源、需求都是碎片的，谁有能力通过网络加以整合并创造和分享其价值，谁能构建强大的多元共生系统，谁将有竞争力屹立于这个时代；④训练你们愿景使命导向的势与拐点的把握力。UACC 最大的挑战是人们被各种杂乱无章、似是而非的信息及眼花缭乱的时尚所左右和吸引，从而失去方向和自我，因此成功的事业和幸福的人生需要随时保持战略的清晰，特别是对趋势的洞见和对突变或转向的敏锐；⑤强化你们自组织空间、平台、生态系统的营造力。网络时代的逻辑是营造共生系统，从而整合资源，刺激创新和创造价值，然后通过网络分享价值，因此这种生态营造能力将迅速扩大你们的事业空间；⑥多元共生的动态平衡能力。网络时代会打破传统的组织边界和商业模式，使实体和虚拟协作成为价值创造和生存的基础，学会协作和擅长合作，长于多元共生的动态驾驭，已成为人生和事业发展的利器；⑦孕育、保护和促进边缘创新（edge innovation）的能力。未来发展空间不在于你会什么，更在于你创造了什么具有社会价值的不同，正如凯文•凯利先生强调的，颠覆性的技术通常都是从边缘、从外面引申而来的。简言之，上述模式可概括为：演化观－系统观；方向感；建构共生系统；整合力－平衡力－边缘创新力！

最近，电影《我不是药神》很火，不知你们是否有人在观看的过程中为影片中人物的命运而哭啼？面对中国社会关于药品的复杂问题，如果用简单心智、只站在某个角度看问题，你（老百姓）可能看见药品公司漫天要价，（警察）印度复制的药是“假药”，（政府）走私药为非法，（药商）挣钱甚或后边仗义救人，（旁观者）可能骂政府或警察……这样，电影中的各种悲剧将永远无法停止，人们只会被禁锢在现有心智模式围成的怪圈中流泪、感叹、谩骂、发牢骚或深感无奈，社会也难得进步。但若用复杂心智面对这样的问题，也许我们会看到纷繁乱象背后的真相，寻找到突破僵局的方案，让身陷其中的人走出怪圈，帮他们找到活下去的希望，从而推动社会不断进步。

复杂心智不能一蹴而成，是需要长时间的积累跟历练。但我相信在西浦的学习和生活，使你们已经拥有了超越绝大部分同龄人的明显优势，希望你们继续努力，当你们拥有了顺应时代的复杂心智，你们一定会有一个更加多彩灿烂的人生。

今天你们即将离开，虽然西浦无法再随时陪伴在你们左右，但我希望你们可以带着在西浦的成长和所有西浦人的祝愿，踏上征程，乘风破浪，未来可期！

（本文为笔者在2018年毕业典礼上的演讲）

2.13 加盟西浦，健康成长

亲爱的同学们：

欢迎大家加入西浦！

西浦视学生为年轻的成人，你们要勇敢地走出父母的庇佑，主动应对各种挑战，诸如培养主动学习的能力，平衡课内学习与课外活动的关系，与室友及同学融洽相处，自控而不陷于网游等。应学会肩负起对己、对家庭、对社会的责任。这种转变和应对挑战虽有痛苦，但这恰恰是成长的沃土。

西浦的核心理念是“快乐生活、成功人生”（happy life and successful career），目标是将学生培养成具有国际视野和竞争力的世界公民，但这一理念和目标的真正实现却依赖于学生们在校各种能力的训练和人生境界的提升，学校创立了“五星”育人模式，以适应世界发展趋势和需求，融合东西方智慧、文化和教育精髓；学校不断强化“以学生健康成长为目标，以兴趣为导向，以学习为中心”的办学理念。获中外两个文凭只是在校学习的副产品，而终身受益的收获是你们的健康成长以及利用学校国际化的学习环境、全球整合的教育资源，充分提高你们终身学习的能力、整合和应用知识解决问题的能力、创新、合作及执行的能力等。

在长期应试教育、父母庇护和包办、灌输式教学环境的熏陶下，你们熟悉和得心应手被动学习——“听老师讲、记知识点、强于考试”等，这种学习习惯极不利于你们训练面对未来所需要的能力。为了应对日益复杂和严峻的国际挑战，你们必须努力转变被动学习为主动学习，并逐步过渡到研究导向型学习，勇于挑战老师和既有知识，强化课堂互动和团队合作，积极参与各类创新和实践，适应丰富多彩的教学方式，主动利用学友、学术、外部和发展四位一体的导师体系、各种机会和资源以及学生“一站式”服务中心的帮助。

2017年，针对未来社会特别是人工智能和机器人革命对人才的新需求，西浦开始探索能够在智能时代驾驭未来新行业的高度复合型人才的“融合式教育”模式（SE），SE有三种运行方式，一是工业企业定制化教育（SE-IETE），目的是为西浦学生提供行业知识学习和提升综合实践能力的机会；二是在太仓建设西浦创业家学院（SE-EC），培养能够引领未来新行业的领导者；三是与地方政府和企业合作营造创新与创业家社区（SE-IEC），在进行社会研究和实验的同时，为学生们提供施展才能的空间。你们可能不太理解SE对学生到底有什么好处？现以SE-IETE为例来说明，比如你是西浦新生，无论你选择了何种专业，在大一的第一个暑假近3个月的时间里，你还可以选修IETE的小学期，选择与你专业相关或你喜欢的行业，进入与学校签约的企业，学习我们共同设计和开发的行业课程，并真实体验行业发展和企业生活。这种学习不仅利于你了解到该行业的发展前景，所需的知识、能力和素养体系，而且可以明白自己人生定位。通过第一个小学期的尝试，到第二年暑假的小学期，你可以选择正式加入IETE项目。这一阶段你将有机会接受学校和行业专家的共同授课与训练，以加深你对行业的认知，并有机会到企业现场实习和操练。到第三年暑假，你可继续完成第三个小学期的学习、实习和现场训练。这些行业熏陶不仅会提升你的综合素养和能力，也会有利于提升你专业学习的针对性和效果。

到了大四做毕业设计时，你有机会选择这个行业中的实际问题来研究，而且还可以同时获得学校老师和行业专家两位导师的指导。如果你选取了一个很有潜力的项目，那么你以后的事业发展可能会大大得益于你的毕业设计。

当你大学毕业时，你有双向选择机会，可以继续走你专业深造的道路；还可以选择去这个企业发展事业。因为经过对你3年的训练和观察，企业已经很了解你，你也很了解这个企业和所在行业。如果你愿意加盟到企业发展，企业也认可你，你便会得到一个比较重要的岗位和发展平台。

到这里还没结束，我们跟这些合作企业有一个共识，当你到了这个新岗位以后，企业会根据实际情况再把你送回学校进行两年的在岗硕士研究和训练。与一般的硕士研究生不一样，这个在岗硕士是带着企业的期望、岗位的任务，来进行具有针对性的学习深造，理论与实践会结合得十分紧密，自然你的成长和企业的发展均会从中受益。

经过这一整套学习和训练，当你硕士毕业时，你已经到达了事业发展的较高层次，这时在其他大学学习的同学可能还在拿着简历到处找工作，而你可能已经成为要不要录用他们的决策者。自然而然，你们也会更容易成长为行业精英和业界领袖。

SE是对西浦现有国际化专业精英培养模式的一种大胆补充，欢迎新生们能深入了解并参与其中，也许从中的收获会改变你一生。

总之，西浦将为你们搭建一个成长和自由发挥的舞台，助你们在这里实现会使你们受益终生的三维度九方面的转变，即从孩子到年轻成人再到世界公民的转变，从被动学习到主动学习再到研究导向型学习的转变，从盲目学习到兴趣导向性学习再到重视人生规划的转变。在西浦，你们越主动，收获就会越多。

愿你们尽快适应新环境，在西浦度过人生最重要也最美好的大学校园生活！

（本文为笔者2018年致新生的一封信）

2.14 拒绝巨婴

亲爱的同学，尊敬的家长、老师、同事和朋友们：

首先，感谢大家在金风送爽的初秋相聚苏州，参加西浦2018年开学典礼，也对通过努力顺利成为西浦一员的新生们道一声祝贺！

每年的这个时刻，我都很感慨，看着新生们一张张朝气蓬勃的脸，面对家长们对西浦的深厚信任和殷殷期待，既倍感责任在肩，又满是欢欣鼓舞，这也许是教育工作者最富动力和感情的时刻吧！

在高等教育行业工作的几十年里，我接触过形形色色的人群，有学生，有家长，也有各类社会人士，多彩鲜活的案例让我对人生拥有丰富感悟，今天我想借此机会跟大家聊聊“中国式巨婴”，这也许会给我们入学的热情先浇一点凉水。

“巨婴”，顾名思义，是指那些生理年龄已成人、但心理年龄和社会年龄还依然似婴儿般，一味索取、没有奉献，永远以自我为中心的“伪成年人”。那么中国式巨婴是怎么产生的？也许有中国大环境的影响，有孩子本身性格上的因素，但更重要的是每一个“巨婴”背后，都有“无所不能”的父母。这些年来，我听到了不少家长在孩子遇到各类问题时的抱怨，总能听到类似的话：他还是个孩子，他懂什么？那么我想请问这些家长，他现在的什么都不懂是因为什么？为什么同样年龄的孩子，有人可以做到独立自主、对自己的人生有清晰的规划并一步一步去实现，而您的孩子还依然是个什么都不懂的“孩子”？是他真的不懂，还是您认为他不懂呢？

请在座的父母回想一下，您是否遇到过下面的问题？

“我不允许孩子离开自己，一旦离开，就会茶饭不思，这算不算共生心理？”

“孩子总认为自己无所不能，可每次成绩稍微差一点就沮丧灰心，长此以往，我该如何守护他偏执而脆弱的性格？”

“无论挑大学、选专业，还是吃饭和住宿，甚或日常小事，我是否是无微不至地关照，甚至是越俎代庖？”

如果有，不妨检讨一下自己的教育方式，认真想想您在把孩子往哪个方向培养，您是否正在无意识地把孩子送往成为“巨婴”的路上。

很多人也许都有所耳闻，大学与中学教育有完全不同的体验，更自由、更开阔，也更缺少约束，这对所有的新生而言都是一个巨大的挑战，他们将面临生活环境、学习方式的巨变。对我们所有新生的父母来说这也是一道坎，需要适当的心理调节来度过这段适应期，毕竟曾经羽翼之下的孩子要离开自己、去独立闯荡世界了。他们会遇到什么样的困难？他们能不能解决所有的问题？他们会不会做出错误的判断？父母们的担忧我当然能够理解。然而，我们更应该明白，孩子的长成就像大树的生长，一圈一圈的年轮，都是不同年龄段的历练铸就，每圈都有其需要面对的问题、学习的内容和世事的体验。父母能做的就是放心、放手、放下姿态，不要让您对孩子的爱变成束缚孩子成长的绳，不要让孩子成为中国式巨婴！

1 放心：不用与孩子形影相随

养育孩子我们需要付出的是爱与陪伴，但是指引并非形影相随，教育并非代替他们行走，我们不必完全奉献自我，更无须寸步不离。他们需要时，我们扮演好父母的角色，以身作则，让孩子学会为人处世；他们独立时，我们温柔地放手，得体地退出，天高任鸟飞，只要让孩子知道我们是爱他们的。

2 放手：相信孩子自己的智慧

人们总说孩子就像一张白纸，却很少人意识到，身为父母的我们，需要做的不是大肆泼墨，而恰恰是多给一些留白，让他们自由发挥。在人生的留白里，没有您的思想、您的意志、您的过分干预，却又在平等尊重间让孩子知道怎样和自己相处、和别人相处、和自然相处，让他们带着爱，更加从容地长大、成人。

3 放下姿态：与孩子共同成长

为人父母者，最爱犯的错误就是自以为是，固守着自己那一亩三分地的陈旧理念，觉得自己是过来人，教育孩子决不成问题。诚然父母的生活经验比孩子们丰富，然而时代在发展，很多孩子的想法跟看事情的角度却比父母要透亮得多。不要把自己的思想强加在孩子的头上，您想要过的人生也许并非他们所求，甚至反过来，您眼中的孩子有时候却可以教会您很多。

西浦一直希望大家把所有的学生看作年轻的成人，他们往往适应新环境很快，可以迅速地成长、转变，而最大的阻力却往往来自我们不愿放手的家长，遇到问题来跟学校沟通咨询的也经常是连学校政策都搞不明白的家长，学生永远被家长护犊子一样圈养在身后，这样下去学生永远不能真正成长，又怎么能有能力去迎接未来社会的风雨？

当然，在我建议家长放手之时，所有人都明白，我们的目的是想帮助学生尽快成长！其实，学生的转变和提升不仅是目标，更是根本！亲爱的同学们，家长的真正放手还仰仗于你们的养成，你们的快速成长和令人放心的行为或处世方式会为你们自己赢来更大的空间！

没人想成为巨婴，但同学们会因自己的依赖加剧家长的担心，并诱发过分的“爱和关怀”而走不出巨婴的陷阱！因此，要家长改变，同学们首先要学会改变自己，以实现在西浦三个维度九个方面的转变，即“从孩子到年轻的成人再到世界公民，从被动学习到主动学习再到研究导向型学习，从盲目学习到兴趣导向型学习再到关注人生规划”！

同学们、家长们，今年西浦毕业生近 2 000 人，细心的家长们会发现比 4 年前入学时的人数少了近 300 人，这在家长群里引发了关于西浦补考和复读现象的热烈讨论，一方面感叹在西浦毕业不容易，另一方面发信息提醒我和学校要重视学习遇到困难的学生！其实，西浦非常重视这部分同学的成长，专门整合校内外资源开发了“回归”项目（BBP），帮助许多学生走出了困境。

今年又进一步将BBP升级为WINGS+，以帮助更多同学实现在校的迅速转变和成长。根据过去多年经验，我发现这些学生可分为三类：一是入学后因宽松的大学环境而放纵自己，沉迷于电游或不主动转换学习行为；二是学习基础较差；三是和家庭关系紧张或自身有行为上的问题。一般第一类同学如果意识到自己的问题而发奋努力，会很快赶上来；第二类同学有的经过努力会步入正常学习，而有的同学则难以继续适应西浦的学习环境；第三类同学大部分都会遇到严重的学习挑战。因此，我希望同学们从进入西浦开始，要意识到你们自己在年龄上已是成人，要学会独立并承担起你们的责任，迅速实现上述三维度九方面的转变，以防止掉队！一旦遇到问题，也不要惧怕，应积极主动寻求帮助，如参与WINGS+项目，使自己及早走出困境！

同学们，我衷心希望你们尽早理解西浦教育理念、适应西浦学习环境，使自己尽快成长为有国际视野和竞争力的世界公民！也再次真诚地呼吁家长们放心、放手、放下姿态，与学校一道帮助所有学生自己去经历、去感受、去成长、去承担、去为自己的未来负责，真正做到砥砺前行，未来可期！最后我们会欣喜地发现，天塌不下来，我们的放手和学生们的自励会给我们和学生都带来意想不到的惊喜。

谢谢大家！

（本文为笔者在2018年开学典礼上的演讲）

2.15 以“和谐心智”赢得未来

亲爱的老师、员工和同学们：

时光如梭，一转眼我们又迎来一个新的教师节，首先感谢大家对教育事业和西浦发展的伟大贡献！与此同时，我想说这个教师节与以往有很大不同，这是因为我们所处的时代正在发生着前所未有的变化。

借助国际化、数字化、网络化之势，人工智能、机器人等一系列丰富多彩的技术正在颠覆着我们习惯的社会和行为，由于网络化沟通传导机制，人类已步入一个公众化时代，范式革命已不再是一个说辞，而正在融入我们的日常生活之中，改变着人类的生存规则。任何人都可以在网络上发表自己的观点，同时也接受来自全球各类信息和观点的影响，正如《爆裂》（*Whiplash: How to Survive Our Faster Future*，2016，Joi Ito and Jeff Howe）一书所述，要在未来生存，必须适应新的生存原则：①涌现优于权威；②拉力优于推力；③指南针优于地图；④风险优于安全；⑤违抗优于服从；⑥实践优于理论；⑦多样性优于能力；⑧韧性优于力量；⑨系统优于个体。最为本质的是，社会日益由众多小事件和小人物通过无处不在的网络推动，进而演化出超越人们想象甚或控制的现象。要适应这个涌现的、演化的、充满了空前未有的不确定性、模糊性、复杂性和多变性（简称 UACC）的时代，素养、心智、能力、智慧将成为制胜的“法宝”。

我在西浦 2018 年毕业典礼致辞中曾指出，UACC 正以一种令人恐慌的姿态席卷全球，冲击着人们已有的认知模式，要适应生活、工作和社会的种种范式革命或重塑，需要一场心智模式（mindset）的转型，即从我们原来熟悉的相对简单和稳定时代的“心智模式”转换到能在 UACC 环境下生存的新的心智模式——“复杂心智”（complexity mindset）。

然而，要真正构建出能够赢得未来的复杂心智充满挑战！首先我们需要对未来有尽可能清晰的世界观、认识论和方法论，并基于此形成相应的发展理论；然后，基于此构建出适应未来 UACC 世界的复杂心智。很幸运，我在 30 年前提出了和谐理论，并与团队一道将其扩展为一种问题解决学——和谐管理理论。

和谐管理的基本看法是：在本体论意义上，人类的社会组织活动是不确定的、多样的，从而是演化的；在认识论意义上，我们有可能找到某些规律，即适应演化的特定“结构和机制”，发现人为干预的可能性、必要性；在方法论意义上，需要多元范式去“描述、呈现、诠释、反思”，而不是任何“决定论—真理论”的猜想。基于此，和谐管理理论提出了一套面对世界和解决问题的理论框架，包括愿景和使命、和谐主题、和则、谐则及和谐耦合五个核心概念。其中愿景和使命是发展的定位和长远目标，一般具有相对稳定性和战略意义；和谐主题是特定时期的阶段性发展目标和要解决的关键问题，随发展可能调整或演变；和则是通过参与者能动性的诱导演化以应对不确定性的规则和主张，激励机制、工作环境和文化的建设及创新生态的营造是运用和则的主要手段；谐则是通过科学设计和优化降低不确定性的规则和主张，例如制度、流程和架构建设等，优化设计是运用谐则的主要手段；和谐耦合是根据愿景和使命，在特定的和谐主题下，通过融合和则与谐则共同应对 UACC 的机制和动态调整过程。此外，领导在愿景与和谐主题的确定、和则与谐则的耦合过程中扮演着关键角色。根据和谐管理理论，在 UACC 环境中，当面对特定问题时，应在遵从愿景和使命的基础上，分析特定阶段的和谐主题，并根据和谐主题来构建适当的和则与谐则体系以及耦合方式，并在发展中根据环境和运行情况不断进行动态调整，直到进入下一个和谐主题的“愿景和使命—和谐主题—和则与谐则体系—和谐耦合”的循环。

基于上述理论架构，结合我们对复杂心智模式的总结：演化观—系统观，方向感，建构共生系统，融合力—平衡力—边缘创新力，便可以构造出应对 UACC 世界的“和谐心智”：①愿景使命导向的系统观和动态演化。系统地、动态地看待事物及其环境和发展，捕捉有意义的变化、有价值的趋势，形成发展定位、基本的商业模式和长期目标，即愿景和使命。②和谐主题思维的方向感。UACC 时代，拥有长期稳定的战略已经很奢侈，往往需要通过一系列阶段性核心任务或关键议题或子战略（和谐主题）的引导演化实现愿景和使命。然而，面对 UACC，人们极易被各种杂乱无章、似是而非的信息及眼花缭乱的时尚所左右和吸引，失去方向和自我。所以，在这一演化过程中，围绕愿景和使命的和谐主题思维会确保路线和方向正确。③谐则与和则互动式的共生系统构建。网络时代的逻辑是共享和共生，发展途径是营造可以促进共生的生态系统，从而整合资源，刺激创新和创造价值，再通过网络分享价值。在UACC世界，片面追求“科学”或“人性”都会沦为幼稚甚或陷入死胡同，既见树木又见森林的立体思维习惯以及人文（和则）与科学（谐则）互动的分析能力会帮人们看到“真谛”，整合西方重制度、逻辑、科学的心智特点和东方擅长艺术及模糊和不确定性应对的优势，并根据未来世界趋势以融合和再造，这种和则与谐则并行互动且螺旋式融合提升的能力有助于构建多元共生的系统，从而会孕育出相对竞争优势和过人的视野和智慧。④支撑和谐耦合的融合力与平衡力。清晰的愿景和使命可以防止迷失，和谐主题可以帮助抓住每个阶段发展的核心任务，和则与谐则体系可以支持共生生态体系的构建，但这个多元共生生态体系的维护和驾驭依赖于上述几方面的有机融合和适时调整，即和谐耦合。因此我们需要随时保持战略的清晰（愿景使命导向），工作重心的聚焦（和谐主题思维），对趋势的洞见和对突变或转向的敏锐（和谐主题的调整和漂移），共生系统的营造（根据和谐主题对和则与谐则体系的恰当运用），上述几方面有机耦合的共生生态的维护。但因UACC时代知识、资源、需求碎片化的特征，围绕和谐主题利用网络的融合能力，是资源整合、价值创造和分享的必需；背景、文化、目标、行为多元之间的尊重与和谐共处的平衡能力，将成为屹立于这个时代的竞争利器。⑤“突破现状、升级和谐的边缘创新力”。生态系统的和谐永远是相对的，随环境变化与发展阶段需要不断升级，因此孕育、保护和促进边缘或颠覆性创新（edge or disruptive innovation）的能力，适时促进生态系统不断升级即成为持续发展的最高智慧。

复杂心智很庞杂和深奥，甚至多样，难以把握和一蹴而成，需要长时间的积累跟历练，但如果大家理解了和谐管理理论应对UACC世界的基本哲学和原理，掌握其驾驭发展的思维框架，就相对容易构建上述的“和谐心智”，从而拥有顺应时代趋势、应对未来挑战的复杂心智，跑赢未来，成就一番富有创造性和社会价值的事业，收获一个更加灿烂多彩的人生。

老师们、同事们，“这是最好的时代，这是最坏的时代；这是智慧的时代，这是愚蠢的时代；这是信仰的时期，这是怀疑的时期；这是光明的季节，这是黑暗的季节；这是希望之春，这是失望之冬；人们面前有着各样事物，人们面前一无所有；人们正在直登天堂，人们正在直下地狱。”似乎狄更斯在其《双城记》中已感受到了我们目前面临的充满 UACC 的世界，喜欢也好，厌倦也罢，我们都无法逃出 UACC 四维空间，唯有积极行动，将我们的现有心智迅速转变为“和谐心智”，我们才能充分体验和享受这个时代的美好和精彩。

西浦经过大家 10 多年的努力，已经初步形成了“创新型的国际化专业精英培养模式、网络化平台式大学组织管理体系、开放式大学与社会互动生态体系、辐射全国的教育领导力与前沿研究与培训基地”。展望未来，西浦已开启重大新布局：在继续深化和完善已有的国际化专业精英培养模式的同时，针对人工智能和机器人的挑战，探索培养未来行业精英和业界领袖的“融合式教育模式”；在完善网络化平台式大学组织管体系的基础上，通过“西浦创业家学院”（太仓）建设，探索新时代大学及其校园新形态；通过大学智力资源和国际知识网络，撬动社会资源，促进创新生态和现代化绿色社会建设；进一步扩展提升西浦教育领导力与研究和培训基地的功能，使之成为国内外有影响的教育基地。

老师们、同事们，展望未来，西浦任重道远，让我们一道，秉承西浦“生活幸福、事业成功”的理念，以“和谐心智”，共创我们的幸福人生和西浦的创新发展，影响和引领未来教育，促进社会进步和人类文明！

节日愉快！

（本文为笔者 2018 年教师节寄语）

2.16 欲穷千里目，更上一层楼

各位老师、同事，同学们、朋友们：

大家好！

前不久苏州迎来了今年入冬的首次降雪，虽然只是薄薄的一层，然而白雪下的姑苏城也是让不常见雪的苏州人热热闹闹地兴奋了一场。中国有句老话叫“瑞雪兆丰年”，雪对于中国人来说有着特殊的象征意义，我也想借着这场2018年末的初雪，希冀即将到来的2019年对于西浦来说是充满希望与收获的一年。

2018年西浦发生了很多事情。2月，具有标志和现代象征意义的西浦国际商学院大楼落成投用；3月，西浦跟太仓市人民政府正式签署了合作协议框架，共同打造西浦创业家学院（太仓），往具有开创性和历史意义的融合式教育模式探索的道路上又迈出了坚实的一步；5月，西浦跟国家开发银行、苏州市人民政府签署合作协议，共同创建“西浦新时代发展研究院”，目前研究院正在以西浦智库的形态在政治和国际关系、国际创新生态、技术与未来社会治理、区域经济社会转型升级四个领域布局研究，并已与苏州市吴江区政府、西安市政府等签订了合作协议，开展国际创新生态港的探索和建设，未来还将与工业园区和更多的城市或地区深入合作；6月，西浦国际商学院（IBSS）继2016年获国际高等商学院协会AACSB认证之后，再次拿下欧洲质量发展体系EQUIS重量级认证，并均以获认证的“最年轻商学院”创下AACSB和EQUIS两项精英认证史上的纪录；还是6月，由西浦主办的“对话未来大学高等教育论坛”在北京顺利举办，探讨人工智能时代中国高等教育的现状与未来，往教育界投送了一股小旋风；7月，近2 000名毕业生从西浦顺利毕业，赴世界各地继续追寻自己的人生梦想，苏州地标性建筑——东方之门连续为西浦毕业典礼亮灯三晚祝福这批学子的远航；8月，西浦举办创业家学院（太仓）启动仪式，并与来自世界近 20 家顶级企业现场签约，共同探索未来高等教育发展的新方向；9 月初，3 500 余名本科生、500 余名研究生及 600 余名国际留学生加入西浦，西浦至此在校注册学生达到 15 000 余名；9 月，全国 40 余所高校代表在西浦共同成立高校教师发展中心可持续发展联盟，以西浦为基地，布局未来教师培训和提升；10 月，西浦“科研力”系列报道被路透社、新华社等国内外数十家媒体争相转载，西浦学者探索未知领域、推动科技进步、改善人类生存环境的科研精神和成果获社会认可；刚刚过去的 11 月，西浦举办了“致敬改革开放 40 年，畅谈中国教育对外开放”2018 媒体秋茗会，在 40 余位国家、省市级媒体记者的见证下，揭晓了建设国际化大学的十大锦囊秘诀。

西浦发展故事不胜枚举，以上罗列的只是西浦过去一年发展的一个小缩影，我相信还有大量进步或者成就没有被提及。正是每个西浦人倾注心血、努力付出所收获的点点滴滴，才凝聚成西浦现今的涓涓细流，并且奋力奔涌向海。站在一年的尾巴上，我相信感慨万千的不会只有我一人；同时，当站在新的一年的尖尖上，我也相信，摩拳擦掌、期待明年再掀一场风云的也不会只有我一人。已经过去的 12 年，西浦开创了中国乃至世界高教史上的很多第一次，那是西浦的 1.0 时代，也许很多刚刚加入西浦的同事没有参与其中而或感遗憾，那么刚刚开启的西浦 2.0 时代，就是大家再次奋勇一搏的良机。西浦人，时不待我，我们继续奋起！

西浦的 2.0 首先将继续深化和完善已初步建立的、西浦现有的“国际化专业精英培养模式”；其次，将开创全新的高等教育新模式——“融合式教育”（syntegrative education，SE），它将针对未来网络化、人工智能和机器人的挑战，探索和培养面向未来的行业精英和业界领袖；再次，将大刀阔斧、颠覆传统，在完善网络化平台式大学组织管体系的基础上，通过西浦“创业家学院”（太仓）的建设，赋予未来大学新概念及其校园新形态；最后，还将在现有的开放、互动、共享的大学与社会互动及服务机制上，通过“学校驱动、政府支持、产金联盟、市场运行”机制，针对未来社会“人类命运共同体”“国际创新生态”“现代技术与社会治理”“区域经济社会转型升级”等几大战略议题，通过合作建设相应的“主题性学习、创新、创业卓越中心”，开展几场社会实验，同时创造一种大学、社会共享共存共生、互动互通互利的全新生态，为西浦 3.0 做好准备。

这几天我相信很多人被华为事件刷屏，其中的各方利益、政治博弈等在这里我并不想多做讨论，只想问大家一个问题：过去短短的十几年华为从曾经的默默无闻到如今的街头巷尾耳熟能详，除了所有华为人吃苦耐劳、顽强拼搏的精神之外，它最重要的一点靠什么？就是靠它的创新跟超前的意识！如任正非先生所言：“领先和领导是不同的。”“领先，就是在技术、商业模式、质量及服务成本、财经等方面一系列领先。”而“领导的含义是要建立规则，建立共同胜利的标准”。换句话说，同样是走路，你只看到了前面的条条马路、林立高楼，他却看到了隐藏在前面林林总总背后的汪洋大海，所以你只开了辆车，他却边开车边研究怎么让这辆车变成水陆两栖通向理想的交通工具，这就是差距。作为教育领域的创业者，西浦不满足领先，而试图成为领导者，这也就是西浦 2.0 或以后的 3.0 真正想做的事情。

很多时候我们也说，西浦的存在就是创新。当有人说西浦是创业型大学（entrepreneurial university）时，我甚是开心，因为所有西浦人最不怕做的事情也就是持续创新！如今，西浦站在 1.0 的肩膀上已开启了 2.0 时代，甚或已经开始思考其 3.0，当下我们要做的事情就是继承和光大西浦创新的传统，以清零的心态，脚踏实地，一步一个脚印，把 2.0 的每个谋划变成现实！

2019 年即将开启，在这个动荡不安的世界，肯定充满了风险和挑战，但怀揣影响中国和世界教育梦想的西浦人，何惧困难，只问真心，无问西东！

最后祝愿大家圣诞快乐，新年如意！

（本文为笔者在 2018 年的圣诞、新年、春节贺词）

第3部分

西浦的故事

3.1 中国土地上的国际大学——西浦的国际化战略

大学国际化指大学跨越国界行使其功能的活动，在不同的历史时期，这种活动的形式、频度和内容都有差异，主要经历了“大学的国际维度”“大学的国际教育”和“大学的国际化”三个阶段。现在，大学国际化已成为高等教育的一个重要话题，也是未来高等教育发展的重要趋势。各个国家和大学都制定了大学的国际化战略，以争夺未来高等教育的制高点。然而，深入推进大学国际化，必须建立在历史的视角和充分理解大学国际化本源的基础上。当前是一个大学反思的时代，在经济全球化、知识经济、通信与网络革命的影响下，大学需要重新思考自身的价值、功能、形态等，而大学国际化为这种反思和大学的变革提供了很好的视角。但是，大学“国际化”不是简单的“西方化”或“欧美化”，不同国家的高等教育都深植于本国的社会发展与文化环境之中，具有浓厚的本土化特色。因此，对于中国大学而言，实现国际化应当是根据中国的发展现状和教育经验，探索适宜的、独具特色的大学发展路径。

西浦作为我国首家强强联合以理工管起步的中外合作大学，在建校伊始就决定为国家乃至全球教育事业改革和发展进行积极探索，确定了“研究导向、独具特色、世界认可的中国大学和中国土地上的国际大学”的办学愿景。通过 10 年的探索，已经形成了一整套大学持续发展的理念和做法，并构建了三个层次多维度的国际化战略体系，如图 3.1 所示。

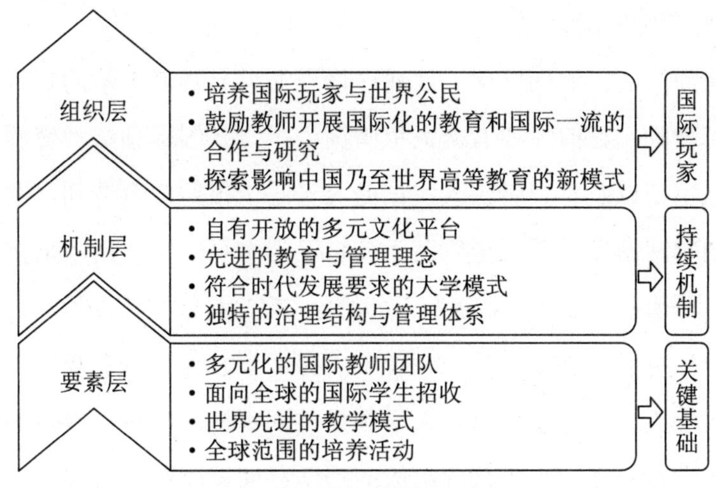

图 3.1 西交利物浦大学的国际化战略

1 要素层次

高等教育国际化普遍关注要素层，主要指学生、教师、课程、教学和研究活动等要素的国际化与多元化，许多大学国际化考核和排名也通常考察这些要素。西浦在要素层面的国际化推进很快，但西浦认为真正的国际化更应关注机制和组织两个层次。在要素层西浦的战略体现在以下几方面。

1）生源的国际化

生源地的多样化不仅利于学生成长，也利于创新。所以，国际留学生教育是体现一个大学国际化的重要指标。西浦高度重视生源地和质量的国际化：学校于 2010 年正式招收国际学生，学生数量每年增幅在 40% ～ 50%；学生修学类别也不断增加，当前以本科教育为主，约占总数的 60%，硕士教育、博士教育、交流访学以及语言项目等均有不同数量的学生修读；学生的来源地分布不断扩大，涵盖亚洲、非洲、欧洲、北美洲、南美洲、大洋洲等地的 90 多个国家。短短几年之内，西浦的留学生教育发展取得了显著成就，这不仅得益于西浦办学声誉的不断提升，更重要的是学校在坚持国际一流大学招生标准的同时，不断完善政策和服务体系建设，如奖学金政策、语言课程、生活服务等方面的强大支持与保障。

2）师资招聘的国际化

为确保师资队伍的国际化，西浦严格遵循世界知名大学的师资标准在全球范围招聘教师，目前主要有两大招聘渠道：一是国际顶级教育猎头公司，用以招聘系主任以及学科带头人；二是《泰晤士报》教育专刊，欧洲、北美专业学科招聘网站等专业渠道以及学校自己的主页广告，用以招揽各个学科的专业教师。招聘的流程通常分为三个部分，首先是根据需要发布招聘公告，通常每年会有两个集中发布期（5 月、12 月）；其次是对应聘者简历的筛选，通常由学科带头人、系主任以及大学领导共同审核，并进行专业面试，面试将由来自各学科的专业人士共同组成的跨学科面试团队负责实施；最后是录用前的背景调查，将深入了解应聘者的社会背景等具体信息以决定最终是否录用。同时，学校也提供有国际竞争力的薪资标准及福利政策来吸引国际优秀人才，于 2015 年通过收购建设的西浦附属学校以及与所在地政府和教育机构建立的良好合作关系免除了应聘教师子女教育的后顾之忧。

当前，学校已经形成了多元化国际级师资队伍，工作与教育语言为英文。现有的近 800 名教职人员之中，近 80% 为外籍人士，分别来自世界 50 多个国家和地区。除极少量需要极强行业经验的教师外，专任教师均具有世界知名大学的博士学位以及丰富的国际教学和科研经验，有的甚至是该专业领域的顶尖专家。

3）培养活动的国际化

依托于合作办学的优势，西浦充分借鉴国内外高等教育的有益经验，实现了培养活动上的国际化。在教学上，采用了国际通用的课程组织形式，包括讲座课（lectures）、研讨课（seminars）、辅导课（tutorials）、实验或实践课（lab/practices）、实地考察课（fieldwork/placement）、自学（self-studies）等多种类型。同时，在全英文教学的同时，配套与欧美高校同步的课程教材，确保学生学习到最前沿、最全面的学科知识。

在学业评价上，学校遵循英国的质量保障与监控体系建立了带有自身特色的严苛淘汰升级制度，只有顺利通过每学年规定的课程才能进行下一学年的学习。对于课程不及格的同学，学校给予一次补考的机会，若补考仍然不能通过，那么就将重修。这项升级制度在建校伊始就得以确立并一直严格执行，2006 年进入学校学习的第一届学生共有 164 人，然而到 2010 年实际毕业的学生仅有 136 名，剩下的学生中有相当一部分是因为补考不通过或者考场作弊等原因体验了重修的磨砺。同时，在最后一学年的学位评定中，学校也参考英国的荣誉学位制度建立了严格的学位等级体系，学生的学业成绩将最终决定学校授予的学位等级。学校根据第三、四学年的平均成绩（两学年总成绩按照 3:7 的比例计算）将学位划为四个等级：一级学士学位，70 分以上；二级甲等学士学位，60 ～ 69 分；二级乙等级学士学位，50 ～ 59 分；三级学士学位，40 ～ 49 分；“通过”学士学位（非荣誉学位），40 分以下所修总学分不低于 160分。通过构建国际化的学业制度，学校有力地保障了人才培养的质量与水准。

4）日常性的国际交流支持

在国际交流方面，除了学校与利物浦和其他国际学校日常性的教学与研究沟通、认证外，学校还为学生提供丰富的海外学习机会，包括大力支持学生参与世界级各种赛事和活动，帮助学生实现国际视野的拓宽、跨文化适应的增强以及国际竞争力的全面提升。当前，西浦已经构建了全面的访学交流体系，为学生的全球流动提供可能。一方面，学校与世界知名高校合作开设交流访学项目，学生前往合作学校修读课程，并获得相应学分；另一方面，学校加入 SAF 海外学习基金（Study Abroad Foundation），在全球范围内向学生提供高水平的海外学习项目。

需要指出的是，要素层面的国际化，不仅需要关注如何提升多元文化，也需要思考如何实现多元的和谐共存。异质同构是西浦遵从的理念，即追求要素的异质化，也关注不同要素之间共处的规则，这样才能达到有序的创新，才可能持续发展。

2 机制层次

机制层应该是大学国际化的核心，以确保师生和大学融入国际化的学术生态，主要体现在治理体系、管理方式、行为模式以及文化氛围方面。西浦充分吸收整合国际最先进的理念、模式、技巧和方法，从而构建了独具特色的国际化大学的运行机制，具体表现在以下几方面。

1）创建自由开放的多元文化环境

作为一所全新的国际大学，西浦没有文化积累和固定的规范，这使得西浦可以按照自身的需求，培育和形成自己的行为规范与文化特质。同时，国际化的人员构成也进一步促进了跨文化交流和沟通的产生，使得学校可以更好地借鉴和吸收不同文化的优秀经验。但是，国际化的人员构成也成为西浦管理的最大挑战，学校需要深度思考如何能让这些来自全球各地，具有不同文化背景、专业训练、学术习惯、教学方式的教师与学生在发挥其独特性和差异化引致的创新性优点的同时，共同探索和践行西浦的育人理念、教育模式，形成西浦的最优实践。然而，实现这种转变不是一蹴而就的，需要花费大量的时间与精力，探讨共同价值追求，改革和调整现有模式，建立配套的体系与制度，形成新模式，长期坚持新模式，从而慢慢变成习惯和文化。

为了更好地实现教师的改变、学生的融入，西浦进行了多样的尝试与探索。首先，鼓励教师不断学习、敢于创新、勇于挑战传统，为此学校在管理和文化上进行变革，如变传统层级官僚组织架构为网络化服务型平台，减少制度壁垒，为教师创新活动的开展提供有力支持；其次，通过教师职业资格学习（原 CPS 现升级为 PGcert）、新员工入职培训、职业发展论坛等过程传播和鼓励变革。例如，学校每个月都会向全体员工提供各种类型的职业资格培训课程（见图 3.2），帮助他们更好地开展教学活动，获得前沿的专业知识与职业技能，了解和践行最新教育理论和技术，构建跨文化的领导力，实现东西方文化的有效融合，从而更好地践行西浦的国际化办学愿景和使命。

	28	29	30	1	2	3	4	Week 3
	5	6	7	8 AEC Drop In Session 1 (12.30-1.30pm, 1160CB)	9	10	11	Week 4
	12	13	14 CPS/CPD Workshop: Peer reviewer Training (4-6pm, 1113CB)	15	16	17	18	Week 5
Oct.	19	20	21 CPS/CPD Workshop: Transnational Education (4-6pm, 1113CB	22 AEC Drop In Session 2 (12.30-1.30pm, 1160CB)	23	24	25	Week 6
	26 CPS Workshop: Theory and practice in learning and teaching (10-12pm, 1113CB) CPS Workshop: Learning styles and teaching strategies (2-4pm, 1113CB)	27 CPS Workshop: Principles and practice in assessment (10-12pm, 1113CB) CPS Workshop: Using the VLE for on-line assessment (2-4pm, 1113CB)	28 CPS Workshop: Learning from Reflection (10-12pm, 1113CB) CPS Workshop: Feedback to students (4-6pm, 1113CB)	29 CPS Workshop: Quality frameworks for Learning and Teaching (10-12pm, 1113CB) CPS Workshop: Designing out plagiarism (2-4pm, 1113CB)	30 CPS Workshop: Evaluation of Learning and Teaching Practice in Higher Education (10-12pm, 1113CB) CPS Workshop: Research-Led Teaching (2-4pm, 1113CB)	31	1	Week 7: Midterm/ CPS week

图 3.2　西浦为员工提供的职业资格培训课程表

不仅如此，为了促进国际学生融入中国文化，中国学生形成国际视野，学校非常重视学生间及学生和老师间的交融，以促进国际化大学校园文化的形成。例如，学校很重视校园文化建设，以文化引导校内成员行为变化和健康成长，西浦文化诉求是 DRIFT，即多元（diversity：尊重个性、崇尚多元，保持师生员工和文化的多元结构，鼓励相互尊重、共生共荣）、规则（regularity：有规矩才成方圆，倡导多元文化的共生规则，追求君子和而不同的机制）、创新（innovation：应变、以变制变已成常态，持续创新是个人，特别是学术及其组织的竞争力源泉）、自由（freedom：多元是创新的土壤，自由是创新的养分，是生命特别是学术生命的意义所在）、信任（trust：共生共荣离不开尊重、规则，更离不开信任，信任是“幸福生活、成功人生”的基石）。

2）遵循网络时代的学习特征，应用世界前沿的教育技术

计算机网络技术的飞速发展彻底改变了整个世界，也使得教育开始朝着信息化、社会化和网络化的方向发展。在这一时代背景之下，学生的认知行为模式也发生了重大的变化，他们更习惯于快速获取信息，擅长多任务处理模式，喜欢即时的反馈和肯定，也更依赖网络的连通性，倾向于基于文本的交流。学习行为的巨变，很大程度上是由于学习环境的变化和技术所致，要

适应网络化时代的学习特征，学校需要构建符合时代发展的学习支持系统和环境。在此，西浦充分考虑网络化时代需要以学生为中心来组织和配置资源的特征，采用各类国际先进的教育技术、教学辅助设备、在线教学课程平台等，建成了较为先进、完整的支持系统和国际化学习环境。

从建校之初，西浦已经建立了较为先进、完整的信息网络系统，包括图书馆系统、学生档案管理系统、网络教学系统以及教学管理系统。其中学生每天要使用的是一个虚拟学习环境，采用 MOODLE（modular object-oriented dynamic learning environment，面向对象的模块化动态学习环境）系统搭建，在西浦被称为 ICE（interactive communication education），中文名称为“爱思”。在 ICE 系统中，每门学科的教学大纲、课件、讨论习题等所有教学相关的材料全部上传，以方便学生提前下载每周课程的演示文档、教学材料和其他学习资源，做好课前准备。学生也可通过在线平台回答教师提出的问题，上传课程作业。通过该系统，学生之间、学生与老师之间可以实现互动，比如课后的问卷调查、学生论坛等。在课堂之外，全校实行学生导师制，每个学生会分配到一个导师负责其大学四年的学术指导（注：学校还另外构建了学友、校外、生活另外三个导师体系，帮助学生获得丰富和更有价值的校园生活）。

围绕着 ICE，西浦建立了一系列可以帮助学生学习的系统，如图 3.3 所示。建校以来，西浦坚持致力于为学习、教学和科研活动提供强大的技术支持。如，已经形成以 Turnitin（由 ROGEAM DIGITAL 推出的一款数字图书馆平台建设产品）和 ICE 系统为核心的教育技术体系。近年来，随着新技术的不断引入，以 ICE 为核心的西浦教育技术体系内容变得更为丰富，体系变得更为完善，其涵盖了 online lecture（在线课程）、shared notepad（共享笔记）、WebPA、ICE APP 等各类实时资源分享平台、教育评估软件，包括移动终端服务等。西浦始终坚信走在教育技术发展前沿的必要性，注重新技术的推广、引入和革新。在技术推广方面，西浦为其教育工作者提供了专业的知识和技能培训，使他们尽可能地受益于西浦教育技术体系，还建设了两个数字资源实验室，帮老师构建数字教育资源和网上教育服务。

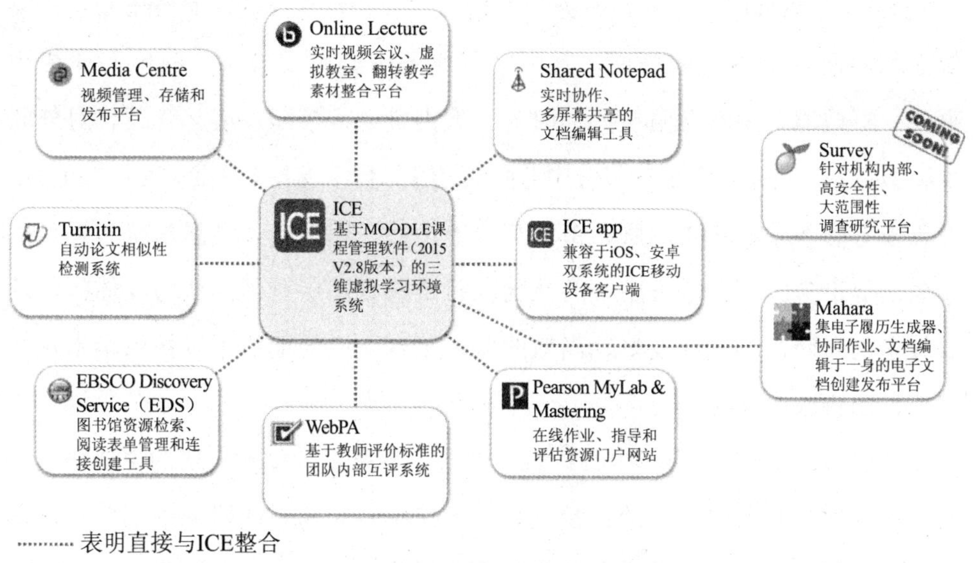

图 3.3　西浦基于 ICE 的教育技术网络示意

3）构建符合知识组织特征和要求的网络化组织模式

组织管理研究表明，组织结构的选择应以有利于组织目标和功能的实现为出发点，大学结构的选择也不例外。大学组织结构的确立要以促进人才培养和科学研究为标准，主要涉及学术权力和行政权力的互动关系，研究人员科研活动的组织方式，以及院系和研究中心的运行方式等方面。

为实现国际化发展的办学目标并遵循知识型组织的基本特征，西浦采用了扁平化的网络组织架构（图 3.4），董事会、管理团队处于领导核心，负责领导和统筹协调，而行政部门围绕学校核心业务形成网络化支撑平台，负责各类活动的服务与支持，两者均不直接干预学术活动的开展，只是共同协作致力于提供保障与支持。其中，董事会、高管团队及行政部门的主要分工如下。

（1）董事会：决策与监督。董事会是学校的最高权力机构，主要负责战略性决策的制定，具体包括领导任命、投资决策、资源配置、办学思路和方向等。

（2）高层管理团队：领导与执行。高层管理团队负责决策的具体实施和校内日常事务的运行，团队成员包括校长以及各主要行政部门的主要负责人。其中，执行校长全面统筹工作，3 位副校长分别对接学校不同领域的专业工作。

（3）行政部门：专业性服务与支持。学校共建立了四大服务中心，保障教学和科研活动的顺利开展，其中学术事务中心负责教学、科研和研究生事务；行政服务中心负责校办、财务、人力资源、校园发展与管理、对外联络和服务等事务；学生事务服务中心负责招生、日常支持、就业、校友等事务；信息事务服务中心负责品牌、市场与内外沟通、图书馆、信息系统和管理信息系统等事务。四大服务中心的共同职责是配合高层管理团队为全体师生及其教学与科研活动创建友好、高效的服务平台，以便他们可以按照学术规律自由、创新性地开展活动。

（4）教学部门与科研中心：教学中心、各系是教学和科研的主要协调单元，保证教学和科研活动的日常运行。各跨学科和跨系的研究中心，是根据研究者兴趣和需要形成的学科群间的研究协作单元。为了实现学科交叉、互动创新，学校鼓励成立跨学科、跨系的研究中心或研究所，为了防止行政壁垒，除具有特殊性的商学院、影视学院外，原则上不设立学院，而是建立学科群（the cluster of academic programmes），通过学科群学术协商领导机制，实现学科建设谋划、教学交流、研究合作、资源共享、研究生培养提升，从而促进学科互动、共生、合作、融合和交叉创新。

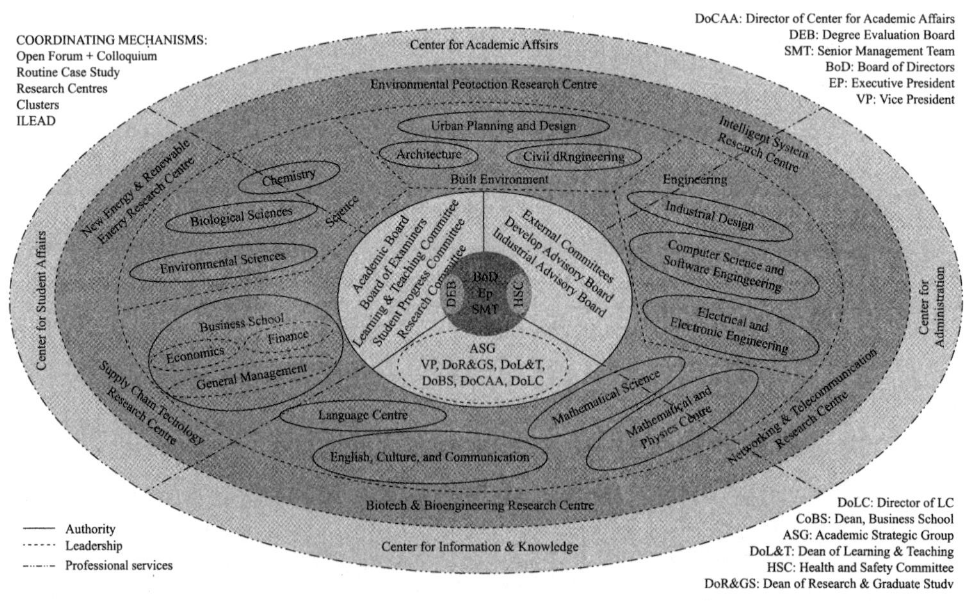

图 3.4　西浦大学组织架构

4）打造科学共同体，构建创新生态系统

当前，依托于国际研究院、国际技术转移中心和国际创新港的成立，并通过和当地政府与企业的密切合作，西浦已经成功构建了集研究、开发和应用为一体科研创新生态体系（图 3.5），致力于实现“西有硅谷，东有慧湖；硅谷有斯坦福，慧湖有西浦”的最终目标。

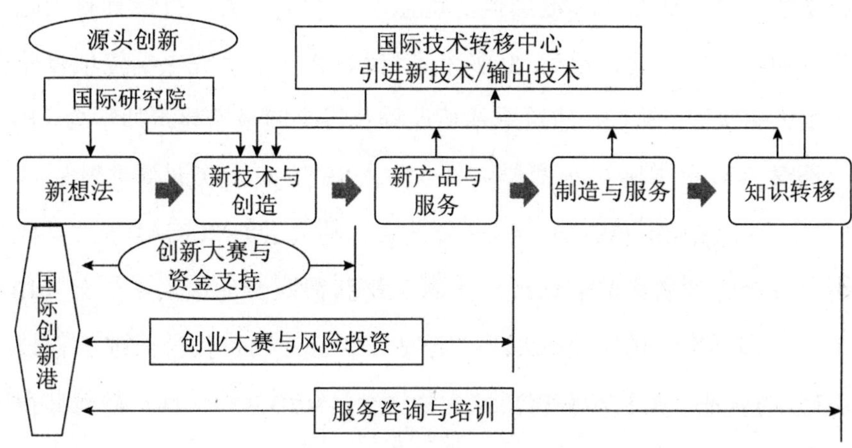

图 3.5 西浦科研创新生态系统

同时，西浦更多的研究中心可通过“三步走”的战略发展成为国际一流科研平台，首先，通过与两所母校合作，建成西浦的卓越研究中心；其次，通过与顶尖大学以及外部工业组织的合作，获得苏州工业园区以及科教创新区的支持，建成实力强大的国际联合研究中心；最后，借助科教创新区引进世界名校的发展战略，整合创新区域内的名校资源，构建全球合作网络，打造坐落于西浦的世界级研究中心。

3 组织层次

组织层的国际化突出强调大学在世界舞台和国际事务中发挥的作用和影响，西浦在这一层面的国际化战略具体体现在以下三个方面。

1）培养全球一流的国际玩家

在全球化浪潮的冲击之下，着力培养“具有国际视野、了解世界、尊重差异和多元文化，同时有能力并愿意承担相应全球义务的世界公民”是主流趋势，这也是高等教育适应国际化发展的重要表现。西浦自成立以来便明确了自身的国际化定位，将人才培养目标设定为“培养具有国际视野和全球竞争力的世界公民（global citizen）”，认为只有通晓世界规则的国际玩家才能更好地适应时代和社会的未来发展。

为将学生培养成为“一流的世界玩家”，西浦致力于打造具有国际一流水准的专业项目。当前，已有 20 多个本科和 20 多个研究生学位项目获得国际专业组织的认证，例如，建筑系本科课程获得英国皇家建筑师学会（RIBA）认证；商学院获得国际高等商学院协会（AACSB）、欧洲管理发展基金会（EFMD）的 EQUIS，ACCA（特许公认会计师公会）和 ICAEW（英格兰及威尔士特许会计师协会）的认证；土木工程获得联合仲裁人委员会（JBM）以及土木工程学会（ICE）的认证；电气与电子工程系获得英国工程技术学会（IET）的认证；生物学获得皇家生物协会（RSB）的认证；教育获得国际高等教育协会（HEA）的认证；等等。同时，教职人员的专业水平也越来越多地获得各类专业协会的资格认可，如电气与电子工程师协会（IEEE）、英国工程技术学会（IET）及英国商会（Executive Committee of British Chamber of Commerce）等。

从人才培养结果上看，学校基本实现了国际化人才的培养目标。目前培养的毕业生中，83.53% 进入国际一流或高水平大学继续深造，升学国家具体分布见表 3.1 ～表 3.3，升学地区也开始呈现出多样性，可见学校人才培养质量已达国际标准，获得越来越多的世界一流大学认可。另外，有 21.83% 的毕业生进入全球顶尖名校就读，包括牛津大学、剑桥大学、帝国理工学院、芝加哥大学、哈佛大学、耶鲁大学、约翰霍普金斯大学、加州大学伯克利分校等。

表 3.1　2010—2018 年毕业生状况

毕业生去向	数量（人）	占比（%）
继续深造	9 632	83.53
直接就业	1 679	14.56
自我发展	222	1.93

表 3.2　2010—2018 年继续深造学生质量

QS 排名	数量（人）	占比（%）
进入排名前 10 的大学	2 103	21.83
进入排名前 30 的大学	3 276	34.01
进入排名前 50 的大学	4 557	47.31
进入排名前 100 的大学	6 453	67.00
进入排名前 200 的大学	6 850	71.12

表 3.3　2010—2018 年继续深造学生质量

（进入世界排名前 200 大学的国家和地区分布）

国家和地区	数量（人）	占比（%）
英国	5 135	74.96
澳大利亚	1 091	15.93
美国	355	5.18
中国香港	92	1.34
新加坡	51	0.74
荷兰	46	0.67
加拿大	33	0.48
瑞士	9	0.13
日本	8	0.12
意大利	7	0.10
新西兰	6	0.09
瑞典	5	0.07
爱尔兰	4	0.06
德国	3	0.04
比利时	2	0.03
中国内地	1	0.01
丹麦	1	0.01
芬兰	1	0.01

到目前为止，西浦共有校友 12 176 名，7 744 名就业，见表 3.4 和图 3.6，分布在 33 个国家和地区，海外就业占比 6.38%；4 432 名继续深造。西浦校友就业领域涵盖金融业、三产服务业、工业、建筑业、政教文卫等，其中金融业人数居于首位，包括进入国际投资公司、跨国银行、国际会计师事务所等世界 500 强企业，可见学生的国际化竞争力也正在被行业与产业认可。

表 3.4　西浦校友目前就业国和地区分布状况

Area	No.	Area	No.
China	4 868	Italy	2
The British	153	Irish	2
Indonesia	50	Swiss	2
Canada	21	Netherlands	2
Australia	17	Malaysia	2
United States	14	Macao，China	1
Hong Kong，China	10	Iceland	1
Iran	6	South Africa	1
Russia	6	Turkey	1
Germany	6	Nepal	1
Singapore	6	Pakistan	1
Niger	4	Brazil	1
Ghana	3	Greek	1
Japan	3	Sri Lanka	1
Mauritius	3	New Zealand	1
French	3	Saudi Arabia	1
South Korea	3	Swedish	1
India	2	Others	

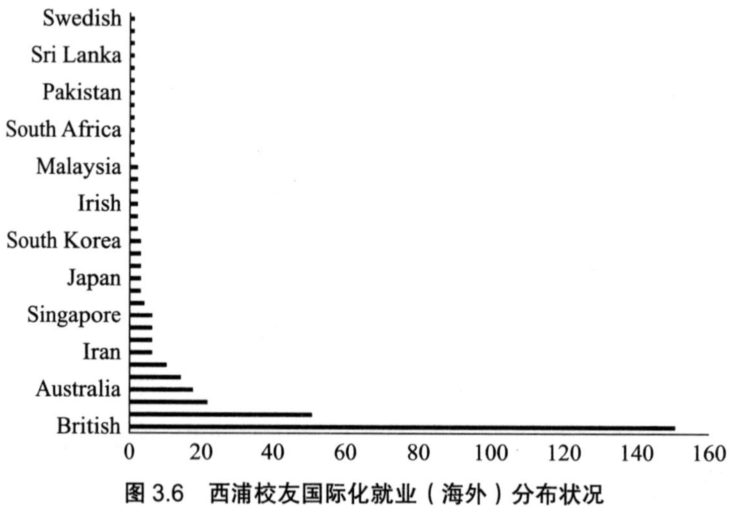

图 3.6　西浦校友国际化就业（海外）分布状况

2）建设国际知名的学术社区与创新群落

科学研究是大学的基础职能，同时也是衡量其国际化发展程度的重要指标。西浦不仅要培养“世界玩家”，也希望能够做出研究贡献，特别是在人类生存面临严重挑战的领域开展有特色的研究，诸如生命科学、医药、环境、信息和通信、城市化、老龄化社会、公共卫生、金融、管理等，使得大学可以履行社会服务的职能，通过办学成果惠及人类。

为此，学校将来自全球各地的教师和学生有机融合，打造了国际化的研究团队；探索网络化的组织体系，消除研究上的院系和专业壁垒，促进跨学科、跨专业的合作；与企业合作共建实验室和研究所，促进研究合作和学生面向实践的教育；与地方政府共建开放式研究平台，形成国际化的研究群落；在校内建设国际技术转移中心，吸引世界研究资源和企业需求，构建全球合作网络；建立校内国际创新港，促进创新教育的开展和创新文化的传播；积极推动学术自由和共治，吸引更多地国际化人才；等等。通过上述努力，致力于将西浦建设成为国际知名的学术社区和创新群落，从而塑造大学与社会的新型互动关系，大学与社会之间的和谐共存与共生共荣。令人欣喜的是，这些努力已经不断涌现出喜人的收获，师生高水平的研究成果不断涌现，受到企业和国际学术界的关注与认可。

3）探索世界高等教育新模式

随着全球化、知识经济、信息和通信革命以及可持续发展理念的不断深入，高等教育正面临着空前的挑战，面对挑战大学必须深入探索，重新思考自身的价值、形态、功能和组织方式，通过创新适应时代的发展。而中国高等教育在世界变革背景下，面临更严重的挑战，从精英教育到大众教育的转变，育人理念需要调整；从计划体制到市场经济的转型，大学治理和资源配置方式需要调整；大学从行政官僚体系到知识型组织的演进，组织结构与管理行为需要调整；教育从知识传授到素质能力提升的变革，育人模式和培养方法需要调整；大学从书斋式到面向实践的发展趋势，人文精神和大学文化需要提升。

西浦作为“高教改革的先锋、中外合作的典范”，试图通过自身的积极探索和有效实践尽可能大地在教育领域产生直接和间接影响。目前，西浦的探索和实践已初见成效，不仅在理论和实践上与国内外同行分享有益经验，而且通过给教育部和国家科教领导小组撰写政策建议支持教育改革。同时，西浦还与国家教育行政学院合作成立“领导力与教育前沿院”（ILEAD），通过教育与领导力研究、领导力卓越培训计划、全国教学创新大赛、高校教师发展中心联盟、国际教育年会、以学生为中心教育评估和排名等活动传播和分享西浦以及世界的最优实践，以影响中国高等教育改革和世界教育发展，并将凭借自身创新性教育模式和办学特色屹立于世界高等教育圈，以其杰出表现赢得国内外的关注与尊重。

4）构建和谐共存的生态互动系统

全球化和网络化不仅弱化与模糊了组织的边界，也对大学和社会的互动关系提出新的要求。西浦为探索大学与社会共赢的模式，努力将自身发展为一个具有国际化、启发性、创新性和完整性的生态系统，具体将通过打造三种“生态”互动平台来深入地融入社区和社会：一是构建“自然生态”，实现大学的物理校园与自然环境的良性互动。在设施建设中提倡环保理念，并在物理条件建设中重视促进学术社区形成的友好环境；二是通过制度、机制和文化的塑造构建促进知识传播、转移和发现的“知识生态”，使之成为创新、共享和应用的平台；三是与其他社会组织共同构成“社会生态”。如学校与地方政府建立合作关系共谋发展，与企业建立联系推进人才培养和技术成果转化等，在地方政府支持下通过产金联盟在不同地域构建开放式的学习、创新、创业卓越中心，推动大学与社会更深入的融合，以实现和谐共存与共生共荣。

综上，西浦在三个层次上进行的国际化探索与实践，可归纳为这样几点可供参考的经验：①以培养国际化高端人才为目标，形成了一套完整的教育理念和体系；②用现代治理结构、网络化组织结构、开放校园环境和先进文化理念，形成了适应国际化办学的管理体系；③按照国际一流大学标准全球招聘师资，吸引、整合、利用国际教育资源，实现多元和谐共存；④积极招收海外留学生，坚守办学水平，确保教育和研究质量，不断提升大学的国际化品牌；⑤利用西浦国际化平台和全球网络，积极与政府、企业和社会各界合作，建设国际级、开放式研究院、技术转移中心和创新港，形成创新群落和生态系统；⑥加强组织领导，确保国际化战略高质量稳步推进。

在教育重塑时代，国际化为大学的教育反思和重塑提供了很好的视角，并可作为大学发动变革的一种途径。大学可以通过要素层面的国际化，追求异质同构的要素组合，在鼓励创新的同时形成秩序；通过机制层面的国际化整合东西方优秀的大学理念和实践，创造更先进的育人模式；通过组织层面的国际化将人才培养对准世界需求，并以自身的探索影响世界高等教育的发展和变革。

3.2 重塑教育，打造一流人才培养的生态环境——以西交利物浦大学为例

全球化、数字化、网络化强化了全球的互联和相互制衡，世界充满了不确定性（uncertainty）、模糊性（ambiguity）、复杂性（complexity）和多变性（changeability）。而且，因链接革命（connectivity revolution）和人工智能，社会行为和规范，包括人们的学习和生活方式、商业模式、产业结构、社会形态等会发生很多颠覆性变化，会诱发各类范式革命（paradigm shift）及社会转型或重塑，例如共享（sharing）波及更广，共生（symbiosis）成为常态。从教育上来讲，如何应对迎面扑来的、令人眼花缭乱的各种信息和知识？如何帮助学生在这样的世界中更好生存？

可以说，全球教育迎来了一个重塑的时代，中国教育也因此获得了与世界一流大学站在同一起跑线上进行探索的千载难逢的机会，如何捕捉机遇，利用全球化、数字化和网络化，以国际化助推中国教育改革与发展，以融合创新引领新时代的教育，已成为中国教育的重要命题。

那么，中国教育怎么重塑？未来社会需要什么样的教育模式？麻省理工学院的研究人员 Ming-Zher Poh 曾做过一个实验，用可穿戴式传感器监测学生整周大脑的活动状态，结果发现学生在传统的课堂上大脑活动最不活跃，而在做实验、作业、自学、考试甚或做梦时大脑却高度活跃。另外，澳洲青年基金会在 2015 年收集了从 2012 年到 2015 年 6 000 多个数据源 420 多万份岗位信息，最后发现最受企业青睐和增长最快的前四项技能分别为：数字素养（digital literacy）（212%）、审辨思维（critical thinking）（158%）、创造力（creativity）（65%）和解决问题（problem solving）（26%）。即使那些增长不快但企业仍关注的表达能力、团队合作、关系构建、沟通能力、金融素养等，现在的教育过程也明显关注不够，主动训练不足。世界发展的趋势、社会的需求、上述试验及调查的分析都在告诉我们：现有的人才观念需要调整，教育理念急需改变，育人过程、教学方式、教育生态急需全面重塑！

有教育家指出，上述变化对教育者来说是一个 waking up call（警醒），遗憾的是不少人还未醒来，一些人醒了但尚未起床。令人高兴的是已有一些人行动起来。例如，斯坦福大学为了应对未来世界的变化，提出了 21 世纪大学育人目标是：掌握知识（owning knowledge）：专业教育与通识教育融合，知识的深度与广度融合，包括自然科学、社会科学、文学艺术、分析哲学；磨炼能力（honing skills and capacities）：包括口头表达能力、写作能力、批判性阅读能力、美学与审美能力、形式和定量推理能力、历史思考能力、科学分析能力、创新创造能力；培养责任感（cultivating responsibility）：包括个人和社会责任感、伦理和道德、跨文化跨种族认同能力、团队协作能力、包容慷慨的品质以及富有同情心；自适应学习（adaptive learning）：掌握知识迁移能力，即运用所学知识能力去创建新的连接，解决新问题，应对各种外界挑战和机遇，逐步形成创新思维、创新意识、创新能力和创新习惯，成为创新型人才。①

西交利物浦大学应运诞生于这个伟大而又不安的时代，立志在建设一所高水平国际化大学的同时，希望为未来的教育提供一种方案。西浦发展的战略逻辑是，考虑到全球教育模式需要重塑和升级，所以不简单拷贝外国或中国现有模式，而是利用自身国际化办学的机会，整合东西方文化和最优实践，根据未来趋势和需求，探索适合未来社会发展的教育模式。

西浦建校 12 年，其发展速度、规模、质量特别是教育变革和创新受到社会各界和国内外同行的认可和关注。例如，2017 年，西浦毕业生有 23.22% 进入世界排名前十、65% 进入世界排名前 100 名的大学深造，其他基本进入世界知名企业、组织就业或创业。探究其发展奥秘，主要体现在以下 13 个方面。

3.2.1 办学理念清晰，定位准确，战略规划全面

西浦以建立“研究导向、独具特色、世界认可的中国大学和中国土地上的国际大学”为宏伟愿景，融合东西方文化与教育精粹，整合全球资源，探索高等教育新模式、有利于知识工作者和组织效率释放的新型大学组织管理体系、新型大学与社会的互动关系，并以此为基础影响中国教育改革和世界教育发展。

通过 10 年的探索和实践，已经形成了西浦发展的 1.0 版本：在教育上初步形成了创新型的国际化专业精英培养模式，在大学运行上形成了一种网络化、平台式的大学组织管理体系，在大学与社会互动和服务上，形成了开放式的校园和大学与社会互动的机制以及共生共享的生态体系。同时，西浦建设了辐射和影响全国的教育领导力研究与培训基地——西浦领导力与教育前沿院（ILEAD），从以学生为中心的大学育人体系的研究、培训与咨询、教育与评估、教育改革创新社区四个方面来全面推动全国乃至世界教育的改革和创新。

3.2.2 以学生为中心，孕育“五星”育人模式

西浦回归大学本质，坚持“以学生健康发展为目标、以兴趣为导向、以学习为中心”的育人理念，培养具有素养、能力和知识三大体系的“世界公民”。研究明确了素养、能力和知识体系及各自五方面的内涵，构建了五星的教育

策略及支撑体系。

（1）知识体系：生存与自我管理的哲学与智慧；不断丰富的国内外生活体验；人生和工作的艺术与技巧；科学思维与知识体系；技术与工具的使用。

（2）能力体系：参与国际竞争的能力；整合与运用知识的能力；主动的态度和坚实的执行力；积极探索与创新精神及终身学习的能力；合作精神和行为能力。

（3）素养体系：核心思想——快乐生活、成功事业；核心价值观——创新和贡献；核心目标——提高人类生存能力；核心伦理原则——和而不同；核心世界观——全球视野与练达。

（4）综合教育策略：不断重塑学习和教学；帮助学生从各类活动和组织中学会成长；重视学生的职业规划与创业教育；融合课堂教学与课外学习和实践；以国际氛围和交流提升学生的国际视野与竞争力。

（5）网络化支撑系统：以“多元、规则、创新、自由和信任”为核心理念的校园文化系统；符合世界教育发展趋势和国际水准的学术服务与支持系统；强大的学生学习支撑和服务平台；高效的网络化的学校运行支持系统；良好的校园环境和基础设施支持系统。

3.2.3 搭建了“以学生为中心”的育人服务体系

“以学生为中心”的根本是为学生搭建一个成长和能力自由发挥的舞台，指导和帮助学生尽快健康成长。为此，西浦提倡学生自我管理与学校服务和引导相结合，搭建各种服务平台，系统地支持学生自治、自理、自我发展，帮助学生实现他们受益终生的三维度九方面的转变，即从孩子到年轻成人再到世界公民的转变，从被动学习到主动学习再到研究导向型学习的转变，从盲目学习到兴趣导向学习再到重视人生规划的转变。大学视学生为年轻的成人，既强调他们成人的责任，又重视对学生的引导和帮助。为有效实现这一战略目标，西浦倡导研究导向型学习、教学和工作，建立了四大导师体系，试图从国际视野、社会价值、人际关系、科学技术、学会学习五个方面帮助学生全面成长。

3.2.4 以“研究导向”重塑现代教学与管理体系

在知识获取日益便捷的当代，必须改变传统的应试或知识灌输式教育方式，重塑教学和大学运作，以使学生在校园获得最大价值。为此，西浦以研究导向重塑教育，具体包括以下几方面。

（1）研究导向型大学：西浦所有老师既要教学又要研究，还要从事相应的学术管理工作。

（2）研究导向型学习：鼓励从现象或问题入手，帮学生从单纯的记忆和理解知识，转变为通过研究学会学习，达到以下目的：①保持学生的好奇心；②训练学生的审辨式思维；③塑造学生创造性行为；④帮学生形成复杂心智[①②]；⑤练就终身学习的能力。学生在研究导向型的学习过程中，可从五个方面获益：搜寻知识、整合知识、研究问题、解决问题、提升能力。

（3）研究导向型教学：教师也要从传统的教知识转变为领导学生进行研究，根据所教课程知识相关的现象、任务甚至当下的社会现实问题入手，有节奏、有步骤地引导学生通过研究解释现象、回答问题、应对挑战，从而掌握知识体系、提升能力和改变自我。

（4）研究导向型管理：大学是典型的知识组织，每天都会遇到很多新生事物和事务，即使是一般性管理工作，也要以研究为导向，以提升管理工作的科学性、有效性、合理性、前瞻性和引领性，以保持持续创新的机制和状态。

3.2.5 支持学生全面发展的服务体系

为帮助学生在知识、能力、素养三个系统十五个方面全面发展，西浦构筑了多层服务体系。

1 文化和自我教育

根据教育部相关规定，围绕“五星育人模式”，确立了“独具特色的大学思想教育”发展策略和方式，让学生面对一个真实的世界，对中国历史、文化、国情、法律、治理、政治有深刻认识，从而形成正确的世界观、人生观、价值观和处理各种社会问题的正确态度与能力。还进一步通过自我管理、数字公民、可持续绿色发展、创新创业、社会责任与慈善等课程强化素养教育。

2 本科生的四大导师体系

（1）学术导师：由院系的专业课老师兼任，依据学生的个性、学习兴趣、学习能力和学习风格为学生的学业发展提供各种信息、建议与帮助，以促进学生的学术进步。

（2）校外导师：由社会各界成功人士兼任，帮助学生提前了解社会、人生经验和职场规则，帮助学生更成熟地融入社会，以增强学生的竞争力与社会适应力。

（3）生活导师：为学生提供非学术的、日常生活方面的支持，并辅以强大的帮助体系，如学业进展委员会、心理中心、一站式服务中心、学能提升中心等。

（4）学友导师：通过新老学生、海内外学生间的朋辈互助，帮学生尽快适应新的学习和生活环境，了解西浦文化，充分利用学校资源，规划大学生活，实现自我发展。与此同时，提高学生的交流能力、职责意识，增进学生间的互助关系。

3.2.6 以国际化一流师资队伍保障高水平的教育探索

西浦按照国际知名大学标准全球招聘教师，并注意保持国籍和背景的多元化，以利吸收和创新世界各国先进的教育理念、教学方法和研究实践。现有教职员工 1 000 余人，其中专职教授 600 多名（外籍 80% 左右，非华裔外籍 50% 左右）。大多教师都具有国际知名大学博士学位和丰富的教学与科研经验。另外，西浦还聘用国际顶级教育猎头公司面向全球选聘高端人才。

3.2.7 高水平的国际化战略及有效实施

国际化是西浦的基因，但西浦国际化不是停留在简单的指标层，更看重的是国际化机制的营造和国际影响，包括以下四个层次。

一是要素层。主要表现在学生、教师、课程以及设施等要素的国际化。这些指标对西浦不是问题，如西浦全英文授课，在高要求、高学费情况下已迎来 70 多个国家的留学生在西浦读取本科、硕士和博士学位。

二是机制层。即办学理念、培养模式、大学管理、校园文化的国际化。以使西浦师生融入世界的学术活动中，同时吸引国际学者来西浦合作和交流，还能够整合世界资源支持师生学习和研究。这是西浦更看重的。

三是功能层。即支持西浦及其师生登上世界舞台，在国际事务中发挥作用和影响。正由于西浦师生在国际舞台的杰出表现，西浦得到了国内外越来越多的关注和认可。

四是质量层。西浦非常强调质量，国际专业认证是达到世界一流水准的标志。目前西浦已完成了建筑学、土木工程、电气与电子工程、化学系应用化学专业、生物科学、会计学以及商学院的 AACSB、EQUIS 等国际认证。而且在认证的基础上，西浦还试图从多方面创新超越。

3.2.8 健全的自评与他评相结合的教学质量保障体系

为确保中英双学位的授予质量，西浦接受来自利物浦和英国 QAA（高等教育质量保障署）的认证及中国教育部的评估。西浦努力吸收美国教育体系的灵活性、英国教育体系的质量保证、中国及苏联体系的重基础（但变其被动方式为主动和研究导向方式），以形成自己的国际化创新性的教育体系。还建立了以外部机制为控制点、牵制内部质量管理流程的一套融合中西方优点的高等教育质量保障体系。

（1）国家层面。在接受中国国家高等教育的考核和评估的同时，接受英国 QAA 从课程设计、审批、监控和评估程序等全方位监管。

（2）大学层面。学校在螺旋式自我提升的基础上，接受利物浦对西浦五年一次的学位授予权评估、一年一次的回访监控以及日常性评估。评估内容包括学校战略规划、组织结构、政策、质量保障体系、师资、学生体验、教学与评估、学习资源、招生与品牌、学生统计数据、合作伙伴协议、政府文件 12 个方面。

（3）院系层面。学校对每个专业都有外部专家参与的内部周期性评审，帮助院系全面审查所有学位项目的教授和学生培养情况，检查是否达到预定培养目标。

（4）专业层面。院系在每个新学年年初始需要提交一份年度专业自评报告，其目的在于评估院系所开设的学位项目的实效性。

（5）课程层面。新课程申请、现有课程大纲调整必须经过院系教学委员会和课程专业委员会审批、同行评审以及外部考官的审核。

3.2.9　扁平化的网络组织管理架构

为了克服官僚层级体系的弊端、回避备受诟病的大学行政化问题，西浦利用现代网络的支持，形成了扁平化的网络组织管理架构，网络平台的核心是董事会和高管团队，负责学校战略和日常运行。外围是四大服务中心，其中学术事务中心负责教学、科研和研究生事务，行政服务中心负责校办、财务、人力资源、对外联络和服务、校园发展与管理等，学生事务中心负责招生、就业以及学生日常管理和服务，信息事务中心负责品牌、市场和内部沟通、图书馆、信息系统和管理信息系统等。四大服务中心的共同职责是配合高层管理团队为全体师生及其教学与科研活动创建友好、高效的服务平台。

（1）为了实现学科交叉、互动创新，学校鼓励成立跨学科、跨院系的研究中心或研究院所，建立学科群，通过学科群学术协商领导机制，实现学科建设谋划、教学交流、研究合作、资源共享，从而促进学科互动、共生、合作、融合和交叉创新。

（2）行政权力和学术权力界限清晰、良性互动。首先，服务支持平台运用行政权力保证各种服务高效，学术体系利用其学术权力按科学规律组织其活动；其次，行政和学术权力机构各司其职，互不干涉。行政权力不插手学术资源配置过程，涉及学术判断和发展的事务均由专门的学术组织或委员会处理。学校所有职能部门不是权力机构，其职责是服务和支持。

（3）多元主体参与的治理体系。西浦努力搭建多元主体共同介入的参与式治理模式。学校的高管团队既接受董事会的领导，也接受来自投资者和社会的监督和指导。在“学生自治、学校引导与服务”的基础上，成立学生联络委员会、学生事务委员会，将学生的建议和意见通过正规渠道送达高管团队；在课程上建立师生联络委员会，确保教学过程的互动和改进；学校还成立了由社会人士组成的各种咨询委员会、校外导师团队、家长联谊会，为学生和学校的发展进言献策。

3.2.10 强化大学的社会服务功能

当代大学不再是游离于经济社会之外的“象牙塔”。过去50余年，政府、产业界、大学联袂打造的“创新引擎”，为世界发展带来福音。在知识经济、信息经济时代，大学将成为创新与经济社会发展的重要“推进器”。

西浦在育人和研究的同时，积极强化其社会服务和文化引领作用。除形成开放式校园、与社会共享和互动的机制，还专门成立连接大学、企业和社会的国际创新港、国际技术转移中心，多个领域的国际研究中心或研究院，通过高校、政府、企业的互动和深度合作，实现西浦与社会、与产业的共生和共赢。如 2017 年，西浦与苏州市政府和工业园区共同建立的西浦智库，为社会经济全面转型升级献计献策，把苏州模式和苏州工业园区品牌推向世界尤其是发展中国家，促进长江三角洲经济一体化。2018 年，西浦又与国家开发银行、苏州市政府创建新时代发展研究院，围绕人类命运共同体、国际创新生态、现代绿色社会治理、区域经济社会转型升级展开研究，而且还将通过“大学驱动、政府支持、产金联盟、市场运作”在全国做几场社会实验，为这些问题解决形成方案和样板。

3.2.11 以科学研究提升人类生存能力和质量

围绕提升人类生存能力和质量的使命，西浦在教育探索的同时，非常重视研究的战略布局。在各级政府支持下，积极创新与企业合作的机制，已建成了以生物科学实验室、校企合作的新材料研究中心、人工智能产业研究院等为代表的一批具有国际先进水平的开放实验室和研究平台，形成了一个充满活力的开放的研发集群。2015 年学校与苏州工业园区签约共建西浦科技创新平台，明确了“中外合作、开放创新、推动产业发展”的建设方针，2017 年，苏州市人民政府发布支持西浦重点项目建设三年行动计划，建设国际创新港、国际技术转移中心、人工智能产业研究院、离岸创新中心等创新生态载体，促进大学创新资源与苏州经济社会转型升级需求深度结合，实现学校与地方的良性互动、融合发展。

3.2.12 营造大学生态促进人类文明

现代，大学应成为社会体系中扮演催化剂的活跃子系统，利用其教育、科研、创新及全球知识网络撬动社会的发展和文明进程。因此，西浦在努力通过学术社区的营造构建三层级互动的生态系统。一是“自然生态”，即校园物理布局应有利于师生互动、合作和学术社区活动的开展，在环境营造上提倡绿色环保理念；二是“知识生态”，通过制度、机制和文化的塑造构建促进知识发现、传播和转移以及利于创新、共享和应用的平台；三是“社会生态”，开放校园、共享资源，与其他社会组织积极互动和友好合作。大学生态的营造通过大学与社会共生共赢不仅利于大学功能的实现，而且可以助推社会进步和人类文明。

3.2.13 创新、超越：融合式教育模式

创新是西浦发展的“基因”和动力。展望未来，教育如何帮助人类站在人工智能和机器人的肩膀上更美好地生活？

西浦已经清醒地意识到，未来的社会，可能有10%的人会成为专业精英，即某个领域的专家，不断发现新知识、创造新技术。而另外有20%左右的人会成为行业精英，利用新技术去开拓和领导新的行业。传统的高等教育集中在专业精英教育模式上，西浦10年发展也是这种模式的一种拓展和改进。但面对未来急需的大量行业精英，有待开发出一种全新的教育模式。西浦从2017年已经开始探索培养行业精英的“融合式教育模式”，即在进一步强化通识教育的基础上，将专业教育、行业教育、管理（领导）教育和创业教育相融合；把校园学习、企业实践、行业引领和社会发展深度融合；把本科学习和在岗硕士研究融合；把学习、实习、研究、实践相融合；把以学生为中心、研究导向型教育与实习和在岗训练相融合；把学习和实践、就业和持续深造、人才培养、研究和企业发展相融合。我们的使命是，为未来新行业培育精锐力量和领导者、探索国际化高端应用人才培育和办学模式、探索新行业的发展模式及促进新产业的发展、为人们生存的困难或挑战寻求解决方案。

西浦的融合式教育会有三种运行方式，一是工业企业定制化教育，二是建设全新概念的西浦创业家学院，三是与地方政府和企业合作，营造利于融合型精英培养的、可以探索和试验未来社会几大问题解决方案的社会实验区。

以上，是西浦探索的一种素描式概括。西浦的尝试是新时代全球化和网

络化背景下中国高教改革的一个典型缩影，它的诞生、发展、探索无一不显示出中国对于当今全球化发展的勇气与信心，国家的快速崛起给予了高等教育工作者大力改革创新的基础和实力，充满想象空间的未来社会赋予了教育工作者创造的空间，国际化合作办学和全球整合资源的机制使西浦引领教育探索成为可能，我们对未来充满信心！

人才培养是一个大的系统生态工程，大学只有把这个育人系统全方位、多视角、多层次地营造好，才能重塑教育新形态，才能持续吸引更多的、不同类别的优秀人才在这个大的人才生态系统中实现共建、共享、共进、共益、共生与发展。

大学要有好的发展，必须与社会各个方面的发展紧密联系，美国的大学为社会服务主要通过"面向社会开放设施、面向社会传授知识、学生社会参与、教师社会参与、振兴经济与推动企业发展，以及建立公共关系六个维度"来实现自身提升④。西浦在此基础上更进一步，直接通过创业家学院和几大社会实验将其融入其中。

参考文献

[1] 刘海燕，常桐善. 能力、整合、自由：斯坦福大学21世纪本科教育改革[J]. 清华大学教育研究，2015，36（4）：30-35.

[2] 席西民. "复杂心智"助你们闯荡世界，2018毕业典礼演讲.http://www.xjtlu.edu.cn/zh/news/2018/07/xiyouminbiyedianlijianghua/.

[3] 席西民. 以"和谐心智"赢得未来，2018年教师节致辞.http://www.xjtlu.edu.cn/zh/news/2018/09/xiyouminjiaoshijiezhici.

[4] 陈贵梧. 美国大学社会服务使命及其实现路径[J].高等教育研究，2012，33（9）：101-106.

（感谢钞秋玲教授在文章整理过程中的帮助）

3.3 敢于成为领导者：西浦的梦想和探索 

面对UACC世界和正在发生的链接革命（connectivity revolution），社会行为和规范，包括人们的学习和生活方式正在发生很多颠覆性变化，例如共享（sharing）波及更广，共生（symbiosis）成为常态。从教育上来讲，也从过去害怕无知转变到如何应对迎面扑来的真假难辨、似是而非、令人眼花缭乱的各种信息和知识？如何帮助学生在这样日益数字化和全球化的世界中更好生存？

可以说全球教育迎来了一个重塑的时代，中国教育也因此获得了与世界一流大学站在同一起跑线上进行未来教育探索的千载难逢的机会，如何捕捉机遇，利用全球化、数字化和网络化，以国际化助推中国教育改革与发展，以融合创新引领新时代的教育，已成为中国教育的重要命题。

具体到中国教育究竟应该怎么重塑？什么又是未来社会所真正需要的教育模式呢？美国麻省理工学院的研究人员Ming-Zher Poh曾做过一个实验，用可穿戴式传感器监测学生整周大脑的活动状态，最后得出的结论是学生在传统的课堂上大脑活动最不活跃，而在做实验、作业、自学、考试甚或做梦时大脑却呈现出高度活跃的状态。想想看，现在不少人还将上大学等同于上课，教育管理的重点也放在课堂这种正式的教育环节，而没有放在学生比较投入的课外那些非正式教育环节。而且，这个实验还是在国际一流大学中进行，如果换到中国备受诟病的教育模式下实验，结果可能更惨。另外，澳洲青年基金会在2015年给出过一份报告，他们从2012年到2015年6 000多个数据源收集了420多万份岗位信息，最终总结出最受企业青睐和增长最快的前四项技能分别为：数字素养（digital literacy）（212%）、审辨思维（critical rhinking）（158%）、创造力（creativity）（65%）和解决问题（problem solving）（26%）。即使那些增长不快但企业仍关注的表达能力、团队合作、关系构建、沟通能力、金融素养等，我们的教育过程中也明显关注不够，主动训练不足。这种种试验及调查报告都在告诉我们：我们现有的人才观念需要调整，教育理念急需改变，育人过程与教学方式急需全面重塑！

西浦应运诞生于这个伟大不安的时代，决心抓住机遇，结合东西方最优教育实践，顺应未来趋势，直面各种挑战，立志在建设一所高水平的国际化大学的同时，希望为未来的教育提供一种方案。西浦发展的战略逻辑是，考虑到全球教育模式需要重塑和升级，所以不简单拷贝外国或中国现有模式，而是利用自身国际化办学的机会，整合东西方文化和最优实践，根据未来趋势和需求，探索适合未来社会发展的教育模式、有利于知识工作者和知识组织效率释放的大学组织结构和运行方式、网络环境下新型大学和社会的互动关系，并基于这些探索影响中国教育变革和世界教育发展。

探索至今，西浦在五个方面做出了卓有成效的努力：首先，在知识爆炸、网络化扩散和学知识日益便捷的年代，在教育理念上从教知识转变为通过学习帮学生健康成长，指导学生以兴趣为导向，以学习为中心，学会学习。其次，为达到上述目的，我们全方位帮助学生实现三个维度九个方面的转变：从孩子到年轻成人再到世界公民，从被动学习到主动学习再到研究导向的学习；从盲目学习到兴趣导向再到人生规划。再次，我们倡导研究导向型教育，关注点从传统的知识灌输转向问题或现象引导下的探究，从而帮学生学会研究问题、收集信息、整合知识、解决问题、在问题解决过程中提高表达、沟通、合作和执行等能力。其关键在于：学生改变其学习行为，老师改变其教学方式，学校也应构筑相应的资源环境和支撑体系，三者互相影响和促进，以实现持续创新的有效机制。又次，在教学模式上，我们既吸纳了美式教育的灵活性，又采用了英式教育严格的质量监控体系，再融入了中国和苏联教育重基础的优点（但以主动、研究导向型的方式取代其应试和被动的传统），综合打造出西浦国际化教育新模式。最后，在以上种种理念和模式的指导下，最终实现校内外良性互动与合作，塑造出优良的“自然、知识和社会三级生态系统”共生的大学发展模式和育人环境。

在全方位的创新性探索下，第一个10年可以说已经形成了西浦发展的1.0版本：在教育上已经初步形成了创新型的国际化专业精英培养模式，在大学运行上已形成了一种网络化、平台式的大学组织管理体系，在大学与社会互动和服务上，初步形成了开放式的校园和大学与社会互动的机制以及共生共享的生态体系。同时，西浦建设了辐射和影响全国的教育领导力与前沿研究与培训基地——西浦领导力与教育前沿院（ILEAD），全面推动全国乃至世界教育的改革和创新。

然而，我们清醒地认识到，在未来社会，特别是面对人工智能和机器人革命，西浦需要在现有的“国际化专业精英育人体系”继续深化和完善的基础上，探索能够在智能时代人机互动基础上驾驭未来新行业的高度复合型人才的“国际化行业精英育人体系”。所谓行业精英，他们既要有专业知识，又要有行业知识，还要有整合能力、创业家精神以及管理和驾驭（跨文化领导）能力。所以，进入第二个10年，西浦开启了其发展的2.0版本，即在进一步强化其国际化特色以及深化其教育、研究、社会服务和大学管理探索等基本功能的基础上，在战略上已有重大新布局：首先，继续深化和完善已初步建立的“国际化专业精英培养模式”，并针对网络化、人工智能和机器人的挑战，探索培养面向未来的行业精英和业界领袖的“融合式教育模式”（syntegrative education，SE）；其次，在完善网络化平台式大学组织管体系的基础上，通过西浦“创业家学院”（太仓）的建设，探索新时代大学的新概念及其校园新形态；再次，在现有的开放、互动、共享的大学与社会互动及服务机制上，通过“学校驱动、政府支持、产金联盟、市场运行”机制，针对未来社会“人类命运共同体”“国际创新生态”“现代化绿色社会治理”等几大战略议题，通过合作建设“国际创新生态港”“国际共同市场区”“现代化绿色社会试验区”等，开展几场社会实验；最后，将进一步充实和扩大已经波及全国的教育研究与传播基地，使之延伸至国际、基础教育和高等教育等更多的方面，以更深远地实现西浦通过自身探索影响中国和世界教育发展的使命。

西浦希望依靠其对全球化大环境的准确把握，对未来需求的精准定位，对未来教育的超前性理解，针对不同教育目标和层级，如专业精英、行业精英、基础教育，从教育理念到模式再到实践推动教育变革和发展。为此，除了两种不同精英教育模式探索外，西浦还专门通过收购建立了自己的附属学校（涵盖幼儿园到高中各阶段教育），探索如何突破、改进令全社会焦虑的基础教育，已经取得初步成效，并将我们的教育传播和培训拓展到了基础教育领域。总之，西浦试图通过教育目标的重新设定，课程体系调整和完善，素养和通识教育的进一步加强，新教育技术、工具和过程的引入，混合式教育场景的塑造，全球教育资源的整合，探索全球化、数字化、智能化时代的教育。具体来讲，西浦第一将形成一种创新型的国际化专业精英培养模式，第二创建一种国际化融合式精英培养模式，第三成为未来新型大学概念和校园的示范，第四与社会各界合作共同营造出大学与社会共享共生的一系列新型社区，通过实验为未来社会几大关键问题提供解决方案！这些目标的陆续实现，将使西浦成长为未来教育探索领域的领导者。

总体来说，西浦的尝试是新时代全球化和网络化背景下中国高教改革的一个典型缩影，它的诞生、发展、探索无一不显示出中国对于当今全球化发展的勇气与信心，国家的快速崛起给予了高等教育工作者大力改革创新的基础和实力，充满想象空间的未来社会赋予了教育工作者创造的空间，国际化合作办学和全球整合资源的机制使西浦引领教育探索成为可能，我们对未来充满信心！

（本文基于笔者在“2018 中外合作办学校长论坛（长春）”演讲整理，感谢我的执行助理褚静枫女士的帮助）

3.4 西浦对中国教育改革的影响

西浦针对世界发展对人才的挑战和要求，顺应高等教育趋势和市场需要，融合东西方优秀教育传统和最优实践，探索和实践适应全球化发展的国际化办学模式，在大学理念、治理结构、育人模式、管理体系、社会服务等方面初步形成一套特色鲜明且成效卓著的新型大学办学体系。

9届毕业生的杰出表现证明，即使入学学生高考成绩仅过一本线数十分，但经过恰当的大学教育和文化熏陶，依然可以成为在世界舞台上和国内任何一所大学的学生竞争的出众人才。西浦毕业生得到众多国际名校、世界500强企业、著名机构和组织的青睐，学生在校期间的健康成长和迅速提升，使得家长、社会、同行对西浦办学模式日益高度认可。西浦探索契合了国家教育战略，也得到教育部的很高评价和赞赏。

西浦在探索新时代符合未来社会需求的高等教育新模式的同时，把影响中国教育改革和世界教育发展作为自身的一大使命，从目前发展来看，西浦对我国高教的改革和发展正在产生着如下四个方面的影响。

3.4.1 西浦创新的治理架构为高教体制改革提供了多元化探索

首先，西浦的治理采用董事会（注：党委书记是董事会的必然成员）领导下的执行校长负责制，这种新型的治理模式为我国高教当前重点关注的管办评分离改革提供了一种可能的路径。西浦在江苏省教育厅的直接领导下，自主地开展办学活动，并接受政府、家长和社会的监督，这种体制在保证了社会主义办学方向的前提下，给予大学更多的自主权和灵活性，让办学者主动厘清自身定位，寻找特色化办学之路，从而能够孕育更深层的改革和创新。

其次，西浦探索了一种外部多元参与治理的路径。西浦是一所社会力量建设的研究导向型国际大学，采用董事会、投资者和社会共同治理的模式。学校的高管团队不仅接受董事会的领导，也要接受来自投资者和社会的监督与指导。学校视教师为股东，因为教师的知识是高校不可或缺的资源。此外，在“学生自治，学校引导与服务”的基础上，成立学生联络委员会、学生事务委员会，将学生的建议和意见通过正规渠道送达高管团队，切实保证学生的参与。学校还成立了由社会各界人士组成的工业咨询委员会、校外导师团队、家长联谊会，为学生和学校的发展提供指导。12 年实践证明，因为生源、资金、教师、社会各界的支持均通过市场，为了生存和发展，学校视学生、家长、社会的反映为生命线，视各方支持者如出资人、政府、教师的意见为重要决策依据，这种治理结构始终把学校健康发展作为准则，丝毫不可怠慢。西浦的外部参与式治理已经成为真正保证办学方向和教育质量的基础。

3.4.2 探索和推广“以学生和学习为中心”的大学人才培养体系

西浦根据其培养“世界公民”的目标定位，初步探索形成了“五星”育人模式。学生只有形成相应的素养体系、能力体系和知识体系，才可能成为驰骋世界的国际公民，而为了保证这三个体系的培养，还探索了实现这一目标的综合教育策略和支撑体系。“以学生和学习为中心”则是实现育人目标的重要理念和原则，学校所有部门都以学生的健康成长为目标，真正把全员育人、全过程育人落到实处。在教学上，学校提倡和探索研究导向型教学，学生工作重视对学生发展的支持与服务而不是管理。为了保障育人质量，学校建立了一整套以外部机制为控制点、联动内部质量管理流程的融合中西方高等教育质量保证体系标准的评估体系和质量保证机制，对教学质量和人才培养质量实施全过程监控。这套体系同时满足英国、中国和许多第三方国际认证机构的质量标准。

科学的大学管理体系是确保“以学生为中心”落到实处的基石，西浦在大学管理方面探索形成了一套科学系统的体系，具体包括六个方面：清晰的愿景和使命，引领全体成员向同一方向努力奋斗；清晰的内部治理机制，董事会和执行校长的权责利清晰界定，校长的退出机制健全；采用扁平化网络式的大学结构，突出行政、职能部门的服务功能，教师和研究人员的核心地位，拓宽老师之间、师生之间的合作空间；学术权力和行政权力良性互动的机制，各负其责；清晰完备的管理技术支撑体系，帮助运行团队高效地支持学习和教学活动；自由开放的多元文化平台，成为国际化的师生学习和工作的理想环境。

秉承探索新教育模式推动中国教育改革的使命，基于以上探索，西浦积极把相关经验传播到国内其他大学。首先，西浦通过举办各类培训、研修和研讨活动，把“以学生为中心”的理念和实践传递给大学管理者、任课教师和行政员工，在过去4年有近300所高校的3 000多人在西浦深度了解和学习这些理念和实践。其次，西浦定期举办的教育教学创新领域的会议、论坛等，为高等教育领域对教学改革和创新感兴趣、有想法、肯实践的从业者提供了沟通、学习与成长的平台。由西浦发起的全国大学教学创新大赛每年有来自全国各地的几百位老师参与，通过这一活动为大学里真正热衷教学创新的老师提供一个相互学习和认可的平台。

3.4.3 西浦的国际化研究团队对于经济社会发展的贡献

西浦拥有一支国际化的高层次创新人才队伍、一个可整合世界科技资源和参与国际创新合作的网络，一批基本成型亟待扩大和释放能量的研究平台、一种已显端倪链接社会各界的创新生态。西浦在苏州工业园区的支持下成立了一批国际化、开放式研究创新平台，针对苏州外向型经济特征以及拥有大规模国际企业和身处被誉为“世界经济发动机”的长三角的区位优势，利用新一轮创新促发展的机遇期，快速提升自身创新能力和国际影响力，使苏州真正拥有世界创新的“发动机”。此外，西浦依托自身的国际化网络，在苏州政府及工业园区的支持下，与国家开发银行合作，成立了“新时代发展研究院”，试图建成国际化、国家级智库，下设“人类命运共同体、国际创新生态、现代化绿色社会、区域经济社会转型升级”四个研究部，服务于国家“一带一路”倡议、创新战略、“两个一百年”目标和长三角经济社会发展。智库将借助西浦专家的视野和专业研究，整合国际研究资源，搭建成熟的研究团队，构建非营利、企业化运作的机构，以开展有国际视野、理论高度、深入实际、友好操作的智库方案和建议研究。并且不停止于理论研究和智库建议，而是更进一步，采用“学校推动、政府支持、产融联盟、市场运行”的模式，在中国不同地域进行几场社会实验，以完善智库建议，形成可复制推广的模式。目前筹划和已经开始的社会实验有：苏州工业园区的“国际创新生态社区实验”“现代化绿色社会治理实验”，西安“汇湖国际创新生态港实验”等。

3.4.4 融合式教育的探索将为未来教育和大学新模式提供西浦方案

在目前的国际化专业精英培养模式成熟之际，西浦已启动下一个10年的探索——致力于培养人工智能时代的行业精英的融合式教育。全球化、数字化和人工智能将加速社会转型，为赶上这种发展趋势和迎接未来挑战，我国2014年提出“大众创业、万众创新”来推动经济转型，制定了“中国制造2025”及“工业4.0”等战略，这些战略对大数据、机器人、人工智能等产业本身以及基于这些技术发展的新兴产业有巨大需求，对于创新型、复合型高端人才的培养提出了新要求，探索“高端应用精英”的培养模式势在必行。区别于普通职业教育的专业技术人才（工人）培养定位，西浦“融合式教育”的“国际化高端应用人才”的培养目标是“具有国际视野、较高素养和深厚的专业基础、系统的行业知识以及务实的管理和领导训练、在行业内有较广适应性、能够驾驭中高端技术或管理岗位的精英”。

为实现上述培养目标，西浦“融合式教育”在教育模式、组织模式、学位设置、培养环节、教学方式、就业支持上进行一系列的颠覆性创新，选择未来新兴和有潜力的行业，并选择该行业中有领袖潜质的企业与学校合作共建行业学院，实现学习和实践融合、就业和继续深造融合、人才培养和研究与企业发展融合，不仅保证高端就业，而且通过学、研、训、创、产的深度融合促进企业强大来引领行业发展。这一探索如果成功，将为世界未来教育提供一种“全新育人模式、未来大学概念和校园的示范”，可使中国高等教育在这方面处于世界引领地位。

3.4.5 西浦的国际化办学实践和经验可为中国高等教育国际化提供参考

随着中国经济社会发展和在全球影响力的日益强大，教育国际化的需求和实践热情也不断高涨。然而，因体制、文化、习惯差异以及中国相关法律、制度、政策上不够完善，教育国际化会遇到很多问题和挑战，例如国际合作办学的党建问题，教育理念和质量保障体系的建设问题，大学的治理问题，教学模式创新问题，师资队伍的建设问题，国际师生的服务问题，专业建设和国际认证问题，有关价格、税收和注册的法律问题，等等，西浦创建中国土地上的国际大学和世界认可的中国大学的成功实践，为这些问题的解决提供了参考和启示，也为进一步扩大国际合作办学提供了样本或范例。

3.5 “西浦新时代发展研究院”的深度解释

2018 年 5 月 2 日，国家开发银行（以下简称“国开行”）、苏州市人民政府和西浦正式签订合作协议，共同创建“西浦新时代发展研究院”。三方合作，旨在将该研究院打造成为国家级智库，服务于国家战略实施和区域经济社会转型升级。

席酉民教授就新时代发展研究院的成立背景、研究领域、社会影响力和运行机制等问题进行了详细解析。

新时代发展研究院是在什么样的背景下成立的?

席酉民教授: 我们处在一个新时代，不仅是习近平主席领导中国进入一个新的时代；而且是人类迈入了一个新的时代。

这个新时代以大数据、互联网、人工智能、全球化为特征，许多新兴技术正在重塑世界，人类因而将面临许多新的机会和挑战。例如，人工智能将颠覆一些行业，改造一些行业，还会创造一些新的行业。再如大数据，特别是深度计算的发展，它使得人类将具备超越历史任何时期的认知能力，从而达到对自身和社会前所未有的认识水平。过去由于信息的不充分，市场经济的演化结果要优于计划经济的设计结果，然而未来随着人类认知能力的极大提升，设计科学又会重新抬头。

在这些背景下，人类要实现更好的发展，必然面临很多新问题和机遇。也正是这些社会发展的需求催生了新时代发展研究院，构成了其孕育和诞生的外部动因。

另外，西浦经过 12 年的发展，已经初步形成了一个国际化的研究平台和资源网络，这使得西浦有能力抓住外部机遇、利用自身实力研究社会发展面临的新问题，为社会发展问题提供解决方案，对人类文明进程产生更大的影响。我们认为，西浦的价值就是它对社会的影响。这种影响体现在一代又一代人才的培养上，也体现在研究理论和技术对人类生存能力的提升上，还体现在通过对新文化、新理念的引领促进人类社会文明的发展上。

西浦的使命、西浦所拥有的国际化资源基础，再加上新时代这样一个机遇，是催生西浦新时代发展研究院的内部动因。

国开行肩负着促进国家发展战略实施的使命，苏州位于国家苏南自主创新实验区的核心，是中国经济社会发展具有标杆意义的城市，西浦作为国际合作办学的标杆，三方合作伙伴关系，可以实现需求对接和优势整合，必将成为服务于国家战略实施和区域经济社会转型升级的一个国际化的新型智库。

新时代发展研究院关注哪些重点领域？

席酉民教授：我们将瞄准新时代中国社会发展的几大关键领域，成立以下四大研究部和一个理论支撑中心。

第一，人类命运共同体研究部。

随着中国综合国力的增强和更广泛的融入世界，中国在国际舞台上将会扮演新的大国角色。中国政府为了与世界共处，促进世界文明发展，提出了“人类命运共同体”的概念和“一带一路”倡议。

我们将从理论层面、治理层面和国家策略层面研究中国如何突破不同国家的社会经济背景、文化、宗教差异、地缘政治冲突，让人类命运共同体成为现实。

第二，国际创新生态研究部。

党的十九大报告提出，要坚定实施创新驱动发展战略。在全球化和网络化背景下的创新以国际化为基本特征，全球联动性突出表现为创新由国际资源在网络平台和国际市场上互动融合而生。

尽管当前美国的保守主义和单边主义抬头，但数字化和网络化会使世界一体化、网络一体化的趋势不可阻挡。

我们将从理论、治理、政策和实现方案等层面研究全球如何在网络平台基础上，通过资源整合形成新的国际创新生态。

第三，现代化绿色社会研究部。

中国将加速全面建成小康社会，实现更高质量的经济社会发展。然而全面小康社会建成之后，中国社会将会面临现代化、可持续绿色发展的许多新问题，如社会阶层的共处、网络化后的社群和群落化的治理、数字化时代的数字公民意识和社会的数字文明以及新时代的政府建设等，我们将就现代化绿色社会的治理问题、可持续发展问题、政府职能和作用方式等从理论、政策、策略等层次进行深入研究，发挥智库作用，提供政策建议。

第四，区域性经济社会转型升级研究部。

以上三个方向的研究及政策和策略的具体落地都会涉及区域性经济社会转型和具体操作。我们将结合苏州工业园区综合改革试验区、苏州现代社会经济的高质量发展、苏南自主创新示范区等实践，从制度分析、政策建议、实施策略等角度开展研究，提出我们的政策建议和实施方案。

第五，和谐管理研究中心。

为了从理论上支持和提升上述几方面的研究，我们基于面向UACC世界的问题解决学——和谐管理理论，成立和谐管理研究中心，深化其理论研究，并利用该理论指导上述几个方面研究的更有效开展，而且会在更广泛的领域推广和谐管理理论的应用。

新时代发展研究院通过哪些途径打造影响力？

席酉民教授：我们主要通过三个层面来释放研究院的影响力。一是通过理论研究，让人们对这几大关键领域的问题和解决方案形成清晰的认识；二是基于理论研究，形成政策建议和智库报告以及解决方案；三是与企业联盟、金融联盟形成战略伙伴关系，撬动社会资源，通过市场机制，利用上述研究方案进行几场社会试验，然后通过试验再总结经验、完善政策建议，甚至在更大地域或范围复制成功经验，从而扩大影响。

在第三个层面，我们将针对上述四个研究方面，初步计划探索“国际共同市场区”“国际创新生态港”“现代化绿色社会示范区”三大类型的实验，促进研究成果的落地实施。

具体来讲，首先，我们将结合“一带一路”倡议，在人类命运共同体的研究成果基础上，携手国际企业与金融联盟，开发和建设“国际共同市场区”，推动资源在“一带一路”沿线不同生产能力、不同市场需求和不同技术发展水平的国家间进行整合。

其次，为实现国际间资源融合、促进创新发展，我们将在地方政府支持下，与产业联盟和金融联盟合作，开发建设“国际创新生态港”，通过创新层级递进及融合发展，实现国际间教育合作机制和科技合作机制创新、国际产能合作模式创新、深化金融领域开放创新。我们已与苏州工业园区达成意向通过创新生态的建设，进一步提升其创新活力和资源使用效率，深入促进工业园区国际创新生态的高质量发展；已和西安市政府签署合作协议，将由新时代发展研究院指导其产业联盟和金融联盟战略伙伴，在西安市政府支持下，在西安共建汇湖国际创新生态港试验区。

最后，基于现代化绿色社会研究部的成果，开发建设“现代化绿色社会试验区”，将融合西浦在未来社会发展及技术等方面的研究资源，建立具有智慧城市特点的创新生态，打造物联网、人工智能和机器人技术基础上的创新、共享、共生、可持续的现代化绿色社会试验。目前，我们已与苏州工业园区形成合作意向，充分利用其先进和良好的社会治理基础与经验，从社会发展和治理角度开展苏州工业园区综合改革试验，探索未来社会的发展与治理样本。

新时代发展研究院将采用怎样的运行机制?

席西民教授: 新时代发展研究院将采用“大学驱动、政府支持、产金联盟、市场运作”的运行机制。

首先，西浦将在整合校内研究资源的基础上，利用自身国际化的优势，构建开放合作平台，吸引国内外优质资源和人才，形成强大的研究网络。

其次，要充分利用国开行的国家平台和政策研究优势、苏州市经济社会发展的雄厚基础和超前引领的战略定位、西浦的国际化学术生态，形成学术、政策、实践三层次的共生、互动和共赢，既保证新时代国家发展战略的精确定位，又确立研究的独立性、国际视野和高水平，还结合社会经济实际，接地气，便于实施。

最后，积极与地方政府沟通，设计社会实验方案，通过与实验所在地政府的高度合作、与企业联盟和金融联盟的深度战略伙伴关系，充分利用市场机制，多方位、立体化、面向未来地促进研究成果转化落地，形成可推广的模式。

（记者：寇博）

3.6 行业精英培养模式的创建及未来大学的探索 

从幼儿园到大学，一个人真正成长成熟起来需要十几年的时间。但10年前有几个人能想象到现在社会进步的程度、现在社会对人才需求所发生的如此巨大的变化？所以，教育一定要有前瞻性，一定要瞄准未来的需求，思考什么样的人才在未来能够生存？因为教育是为未来培养人的！

10年前，我们在办西浦的时候已经意识到，传统教育遇到了很大挑战，那么西浦能否利用国际合作这个平台，创造出一种新型的适应未来社会需求的大学和教育模式？在西浦，我们讲得最多的就是反思教育、重塑教学、再定义大学。我们一直努力把美国教育的灵活性、英国教育的质量保证体系和中国教育的重基础结合起来，再加上国际化和现代教育技术的运用，让西浦能够适应国际化的趋势和未来的需求，培养出世界玩家、国际公民。这10年我们走得还应该算比较成功。

展望未来，这个世界会遇到很大挑战。目前备受国内外瞩目的就是人工智能时代的到来，未来10年，人工智能和机器人会取代很多职业，百分之七八十的人的智力届时都将会被智能机器人超越。

在这种情况下，未来的教育应该怎么办？如果我们想要站在人工智能和机器人的肩膀上，让它们服务于人类，我们就一定要有能够驾驭这些现代技术的人才，我们必须去思考现行的教育体系能否培养出这样的人才。

3.6.1 融合教育的提出

展望未来，人工智能和机器人等将会取代和改造很多传统行业，并孕育许多新兴行业，因此未来人才结构和需求也将显著改变。除一些专业性精英外，社会急需大量在这些技术基础上有能力驾驭与引领未来行业的高度复合型的创新人才。为了应对挑战和引领未来，国家主席习近平在中共十九大报告中也指出要加快建设创新型国家，建立企业为主体、市场为导向、产学研深度融合的技术创新体系。科技部部长万钢先生也提出要进一步促进高校、科研院所、企业的深度融合，加强行业共性技术研发和知识产权共享，促进企业、高校和科研院所跨领域、跨行业的协同。从世界格局、中国未来发展与科教战略来看，“科技与科研创新”“产学研深度融合”“人才强国、科教兴国”“企业与产业联盟”等都是新时代贡献国家、服务社会、探索人才培养模式的重要议程。

西浦作为一个以教育探索、服务社会、推进人类文明为使命的大学，在时代赋予我们千载难逢机会之际，应抓住机会，利用自身国际平台和全球整合资源之优势，瞄准未来，大胆探索出未来人才培养的新模式、大学的新概念、校园的新形态、高校企业社区社会深度融合的新思路、社会与企业如何走进大学的新命题等，创建一所适应未来需求和趋势、具有世界影响力、能讲中国故事、对社会进步和人类文明有催化作用的国际化大学。

为此，我们首先需要了解什么样的人才能够驾驭机器人或站在人工智能肩膀上引领新行业？他们一定要有创造性、灵活性，擅于处理复杂性和人类情感关系。他们不仅需要有专业造诣，而且要懂得人际关系和社会合作，强于行业整合，特别是管理和创新，还应具备极强的行业造诣和不同文化下的领导力，能够利用网络、数字、AI（人工智能）等新技术进行整合，从而拥有对新行业统领的才能。

然而，全世界现行的以专业精英为目标的教育体系很难培养出符合未来社会需求的人才。这对教育工作者来说，既是一次重大的挑战，当然又是一次难得的机遇。

西浦已经清醒地意识到，过去10年，我们已初步成功地形成了一种培养国际化专业精英的教育模式，但展望未来，我们需要在专业精英体系继续深化和完善的基础上，培养出能够驾驭未来新行业的高度复合型的新人才。

这种人才不是专业精英，而是行业精英。所谓行业精英，就是他们既要有专业知识，又要有行业造诣，还要有整合能力、创造性以及管理和驾驭能力。

想象一下未来的人口，其中可能有 10% 的人会成为专业精英，换句话说是成为某个领域的专家，不断发现新知识、创造新技术。而另外有 20% 左右的人需要成为行业精英，利用新技术包括人工智能去开拓和领导新的行业，为人类创造更贴近人性的生活平台和服务环境。

西浦实际上从 2016 年已经开始布局，在专业精英的培养模式之外，谋求再发展出另一种致力于培养未来的行业（或融合式）精英的教育模式，我们称之为融合式教育（SE）。我们深知，领袖是很难培养的，但当我们培养了众多行业精英之后，谁又能怀疑他们中不会冒出一些业界领袖来呢！所以，西浦已经开始探索的融合式教育瞄准的是未来的 20% 的人群，亦即行业精英和业界领袖。

西浦融合式教育即是西浦为未来教育提供的一种方案，并邀请有情怀和共同志愿的企业机构与西浦合作，通过贯通学校、公司、行业、产业与社会等要素壁垒，最终实现“通识、专业、行业、管理”教育的融合，“学校、企业、行业与社会”的融合，以及“学习、实习、研究与创业”的融合，在为社会培养更多行业精英的同时，推动社会进步和文明发展。

西浦融合式教育有三种运行模式：①产业与企业定制式教育（IETE）；②创业家学院（EC）；③创新与创业家社区（IEC），如图 3.7 所示。

图 3.7 西浦融合式教育的三种运行模式

在 2017 年 6 月，西浦已成功启动了首届工业企业定制式教育项目（IETE）。

3.6.2 SE-IETE

有的人可能不太理解融合式教育是怎么回事，我这里以 SE-IETE 为例，说明 SE 对学生到底有什么好处呢？

对西浦学生来说，他们可以选择任何专业就读，例如电气与电子工程专业。然后，在大一的第一个暑假近 3 个月的时间里，学生还可以选修 IETE 的小学期。为了让学生的专业学习和研究更加深入，我们会同有发展潜力的行业中具有领袖潜质的企业合作，与来自企业的专业人士共同设计和开发与行业有关的课程及训练环节。这样，学生在这个小学期里将了解到该行业的发展前景，学习相关知识，深入实地去体验和了解该行业所需的知识、能力和素养体系。

通过第一个小学期的尝试，学生们可能会对自己和未来行业发展有更深一步的认识，甚或改变自己的人生规划，要么坚定自己的专业精英道路，要么改变初衷而转向行业精英的发展。于是，到了第二年暑假的第二个小学期，学生们可以根据自己的人生规划做出选择，如正式加入 IETE 这个项目。这一阶段由学校和行业内的专家共同授课，以加深学生对行业的进一步认知，学生有机会到企业现场实习和操练。

到第三年，学生将继续完成第三个小学期，接受专业课程教学、到企业进行实地技能训练和实践。这些过程使学生在专业学习的理解甚或研究方面得到不同的启迪，自然对其成长会有很大的帮助。这样，学生既有专业的训练又具备了一定的行业知识、能力和素养。

到大四做毕业设计时，学生有机会选择这个行业中的实际问题来研究，而不再是单纯完成一个老师安排的课题，而且还可以同时获得学校老师和行业专家两位导师的指导。如果你选了一个很有潜力的项目，那么学生以后的事业发展可能会大大得益于其毕业设计。

当学生大学毕业时，他们有双向选择机会，可以继续走原专业如电子电气工程师的道路，还可以选择去这个企业去发展事业。因为经过 3 年的训练和观察，企业已经很了解学生，学生也很了解这个行业。如果学生愿意到企业发展，企业也认可，学生便会得到一个比较重要的岗位和发展平台。

到这里还没结束，我们跟这些合作企业有一个共识，当学生到了这个新岗位以后，企业会根据实际情况再把学生送回学校进行两年的在岗硕士训练。它与一般的硕士研究生不一样，一般硕士的培养不具针对性，这些在岗硕士则是带着企业的期望、岗位的任务，来进行具有针对性的学习深造，理论与实践会结合得十分紧密，自然你的成长和企业的发展均会从中受益。

经过这一整套学习和训练，当同学们硕士毕业时，其事业发展已经到达一个较高的层次了，这时他们在其他大学学习的同学可能还在拿着简历到处找工作，而我们这些学生已经是要不要录取他们的决策者。这样的人自然也会更容易成长为专业精英，甚或业界领袖。

目前，国际上还没有这种系统化的模式，虽然不乏个别环节的尝试，比方说加强学生的行业实习，但仍旧是碎片化的。

3.6.3 SE-EC

创业家学院是 SE 的高端形态，是针对未来行业精英创建的全新性教育载体。之所以叫创业家学院而不是企业家学院，主要是因为它为各类行业培养精英和未来领导者，而不只是培养企业家。SE-EC 的关键特征有以下几点。

（1）以行业设置学院，强化跨专业教育和行业训练。

（2）创建学习超市，实行全学分制（支持终身学习，不限年龄，让想学习的人都可以在教育或培训上实现目标并获得学分），支持和帮助学生及社会各界人士实现人生兴趣的终生追随。

（3）打造开放式的创新工厂、研发群落、创业与企业港、企业与社会联盟，帮助支持学生和社会各界人士创意与创新的实现。

（4）将通识教育、专业教育、行业教育与管理和创业教育融合，增强学生未来社会的适应能力和职业发展的驾驭力。

（5）与企业深度合作，将学习、实习、在岗训练、研究、创业、促进产业发展融合，不仅利于学生提前数年进入职场，而且为学生职业生涯发展搭建了通向未来行业、追随梦想的平台；同时也为合作企业引领未来新行业提供人才、技术、研发、商业模式和企业孵化的支持。

西浦创业家学院学生将分别于西浦校园和融合教育基地完成其学业，基地位于太仓高新技术产业开发区，将按照西浦对未来大学及其校园的理解和融合式教育的办学理念统一规划，涵盖学、研、训、创、产、居、商等要素，充分体现未来国际大学校企和校社融合特色，遵循共享、共生、绿色、创新、生态以及“整体规划、统一预算、完备到位”的原则开发建设。

西浦创业家学院的主题是融合（syntegration）与共生（symbiosis）；其愿景为“新行业精锐和领袖的摇篮，未来大学和校园的一个样板”。其使命是：①为新行业培育精锐力量和领导者；②探索国际化高端应用人才培育和办学模式；③探索新行业的发展模式及促进新产业的发展；④为未来大学及其校园提供一种解决方案。

西浦教育基地的战略目标是“成为国际化高端应用型精英培养模式的探索者和教育样板”，即通过与企业行业深度合作、建立应对未来人工智能和机器人挑战、培养国际化高端应用型人才的融合式教育模式；通过创业家学院建设探索未来国际大学及其校园新模式；通过创新与创业家社区建设形成大学、产业、社会之间的良性互动，以促进创新和支持现代化绿色社会发展。

西浦创业家学院的运行模式是：通过融合式教育培养行业精英；打造一个以“学习超市”（learning mall）为中心的由“创新工场”（innovation factories）、“研发群落”（the community of R&DI）、“标准、IP和认证平台”（the platform of standard，IP and accreditation）、“创新与企业港”（entrepreneurial and enterprise hub）和“产业与社会联盟”（alliance of Industry and society）多圈围合的支撑平台，并在其上创建与企业合作的数家行业学院；其运行模式是实现“学、研、训、创、产”融合（syntegration of learning，research，training，entrepreneur，business）。这里，“学”指的是实现通识、专业、行业、创业与管理的大学与学院的学习融合；“研”是实现老师、校企合作研究院在研究、研发与产业发展上的融合；“训”是实现学生在校园公司及其训练基地的带职训练；“创”是在创新与企业港支持下的创业实践；“产”意思是将学习、人才培养、研发与产业发展相融合，通过合作公司的深度合作促进企业和行业发展。

为培养未来的、国际化的“行业精英”，西浦创业家学院根据未来社会需要和可能发展，选择若干关键行业，例如，人工智能、大数据、机器人、产业＋网络、健康产业、娱乐产业、新材料、智能制造、半导体设计等，在融合式支撑平台上与该领域国内外著名企业联合创建若干行业学院（industry school）。

西浦教育基地将建立校园一站式综合服务平台，支撑各行业学院的发展；西浦创业家学院校长由西浦副校长出任，其高管团队由校长和各“行业学院”院长、校区综合服务平台主任组成。

每个行业学院由负责教学与校企合作研究的教育研发院，学院一站式服务中心，西浦教育基金与合作企业共同成立的公司组成。教育研发院负责教育和学术支撑，公司负责学生的实习、相关行业训练、应用科研成果转化、经营及与行业合作发展等。行业学院设院长，管理团队由院长、教育研究院院长、公司 CEO（首席执行官）、学院一站式服务中心主任组成。

西浦创业家学院将提供本科和硕士学位项目。学生可选择一个行业学院及其中一个专业，顺利完成学业后可获得专业学士学位与融合式（行业）学士学位（共四个文凭：西浦和利物浦专业和行业学士学位证书）；如果学生继续研究生阶段的学习，可基于与合作企业或其他企业签署的就业协议、承担一定职责后带着岗位任务进行研究生学习，完成学习和研究任务后，可获得西浦和利物浦硕士学位（双文凭）。

西浦创业家学院对社会开放，企业和各界社会人士均可以申请入校学习，完成学习和训练后可获得相应学分或学历及成绩证明。在一定期限内学习积累如达到某种学位要求，也可申请相应学位。

在教学方面，西浦创业家学院将实现：①本土化理解基础上的国际化；②学、习、训、研、创相融合的育人过程；③英语教学和训练（部分实践课程双语教学）。

3.6.4 SE-IEC及未来大学遐思

人无远虑，必有近忧。任何事业的发展，亦是如此。

在西浦成功发展10年以后，我们提出了西浦2.0，开启了西浦第二个10年的探索进程！但作为西浦的领导者，必须展望10年后的发展和挑战，才可使西浦立于世界竞争和创新的潮头！

对于西浦来讲，已启动的2.0，将全面开始“融合式教育模式”的探索，旨在适应信息爆炸、知识获取日益便捷性的环境，应对未来社会人工智能和机器人逐步取代大量职位、改造提升许多传统行业、创造众多全新行业的挑战，顺应职业日益碎片化或短期化、休闲时间增多、生活新需求多样化及高端化的趋势，抓住老龄化、物联网、机器人、全球化、中国经济社会转型的机遇，满足未来人才在素养和能力上的独特需求（如知识融合、创新创业、综合能力、智能智慧、变革管理、国际视野、跨文化领导力等）。SE-IETE将会扩展国际化专业性精英教育的行业素养和综合能力；SE-EC将以“校、企、产业、社会”“学、研、训、创、产”“通识教育、专业教育、行业教育、创业领导教育”的深度融合形成全新育人模式和学校产业及社会混合式新型校园环境来培养国际化高端行业精英；探索启动与地方政府和产业联盟合作，营造利于融合型精英培养和创业的“创新与创业社区（SE-IEC），同时为未来的大学新形态——品牌理念指导下、知识和技术网络支持的、分布式的、主题性终身学习和创新中心做准备。

记得在西浦发展初期，因为我坚持通过发展西浦影响中国和世界教育的战略定位，所以开展了大量兄弟院校间的交流和培训工作，我总是毫不保留地把西浦的实践、体会、经验和教训和盘托出。有的董事开玩笑对我讲："席教授，你最好少讲点，以保持我们的竞争优势。"但我认为，首先西浦办学的宗旨之一是影响教育改革和发展，这些交流和培训恰恰是我们履行使命的重要手段。其次，靠保密或保护形成的竞争优势是短期的，只有持续创新，领跑变革，竞争优势才会长久。因此，我们要永远瞄准未来，积极探索，这样不仅有方向正确和路线自信，而且可以确保领先地位，在别人学习和跟上来时，发现我们已经进入新的阶段。最后，要敢于突破和大胆创新，创造自己的独特性，不要简单效仿。有不少兄弟单位总是说，有些事你们可以做，我们无法行。他们说出了一部分事实，但也不尽然，只要努力和敢于创新，他们在自己的环境里照样可以做很多事情，就怕心里想着没法做，连想法都放弃了，我撰文称之为心理放弃。还有同行告诉我，你们的经验无法学，我也不认同。因为大学面临的问题可分为体制问题、管理问题和技术问题三个层次，我们和公立大学在体制上是有一些差异，但就管理问题和技术问题，西浦做法和经验完全可以学习，当然不是简单拷贝，而是在其情景下有创造性地应用。即使对于体制问题，有责任感和担当的教育工作者也不应等着体制变化后再行跟进，因为体制问题的改进需要时间，即使在现行体制下依然有很大空间，可以大胆实践，然后你会发现体制会因为优秀的实践而慢慢演化和改进。我在西交大任管理学院院长时的大胆改革，为后来西交大管院较长期的辉煌发展奠定了基础，那是在20世纪90年代那个远不如今的体制环境下进行的，而且是在一个二级单位中完成的，可想难度多大，但只要你乐于和敢于尝试，一定会有探索空间，发展也会有一番新天地。包括我后来作为西交大副校长在后勤社会化、教育拓展等方面进行了一系列大胆的成功改革，都是在改革开放还很不成熟的体制内进行的。

想拥有长远的事业，持续创新、敢于颠覆、大胆超越应该成为一种习惯。正如很多成功的企业那样，生产一代、准备一代、研发新一代，这样才可以保证其发展尚未走进生命周期衰落之前，就转型到一个新的生命周期的上升阶段，这样便可不断享受事业的成长和高速发展波段。

目前，国际上还没有这种系统化的融合式教育模式，虽然不乏个别环节的尝试，比方说为加强学生行业实习的“三明治式”短期休学实践等，但仍旧是碎片化的。西浦试图在已有的国际化专业精英教育体系的基础上，同时开发出这种国际化行业精英的融合式教育培养模式，并针对未来社会几大战略议题，启动几场社会实验。

可以预见，10 年后，西浦苏州工业园区校区已经成熟，达到 15 000 名的学生容量，包括 20% ～ 30% 国际留学生、20% ～ 30% 研究生。再经“深度国际化、强化通识教育、变革教学策略、通过 IETE 提升学生行业素养和训练、更进一步提升校园环境生态化”的助力，国际化专业精英培养模式会更具竞争力和引领作用，科学研究、校企互动、国际合作将进一步蓬勃开展。创业家学院(太仓)也达到规划的 6 000 名左右学生规模，并以一种全新的教育理念、办学模式、大学概念、校园形态展示在世人面前。与此同时，每年将有 3 000 名左右的学生游学在利物浦和世界名校中。也许届时还有数个西浦的社会实验区也在中国和世界不同地区涌现。如果能够成功地实现这个目标，在未来教育领域，西浦就会成为一个领导者，我们有这种自信。

遐想西浦 3.0，除了两种不同的教育模式日渐成熟、西浦以一种全新的大学概念和模式融入世界教育版图外，西浦 2.0 时代开启的智库建设和社会实验会使西浦更加融合于社会生态之中。西浦将以“新时代发展研究院”“西浦智库”“西浦和谐管理研究中心”“西浦国际创新港”“西浦国家技术转移中心”“西浦创业家学院”等为平台，针对中国梦和未来世界发展的关键问题，开展“人类命运共同体、国际化创新生态、现代化绿色社会、区域经济社会转型升级”四个方面的战略研究和政策分析。并通过“学校驱动、政府支持、产业联盟、市场运行”机制，合作建设和深化运行“创新与创业社区”“国际共同市场区”“现代化绿色社会区”等分布在国内外不同地域的试验，以使研究成果落地，为新时代社会发展提供西浦方案和示范基地。与此同时，我们会将融合式教育与这些实验基地融合，使终身学习和创新创业成为其基本功能之一，从而使每个主题社区成为一种面向社会开放学习和创新创业中心，以探索新时代教育和大学与社会共生的新机制。图 3.8 显示了我们对大学发展阶段和未来大学概念与形态的理解。

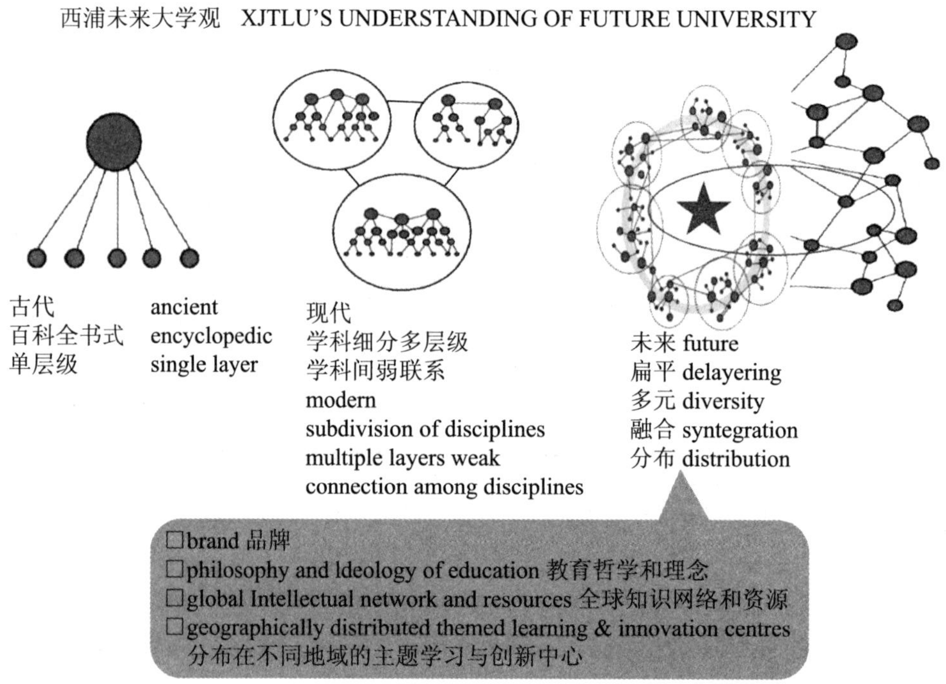

图 3.8 西浦对未来大学的设想

实际上，以教育变革为使命的西浦，在其探索蓝图里，还有基础教育和除专业、行业两类精英以外的其他人的高等教育问题。西浦已于 2015 年通过收购成立了西浦附属学校，旨在探索困扰着中国家长和社会的基础教育问题的解决方案，到目前为止，探索和进展顺利，已经可以作为 ILEAD 的基础教育基地，提升基础教育领导力和变革。到了西浦 3.0，西浦附属学校（系）必然会得以扩展，影响力会进一步加强。对于占绝大多数的成人高等教育，按照我的理念，在未来会真正形成开环教育，即基础教育阶段，人们已经获得生存的必要知识和学习能力。进入高等教育年龄，每个人可根据自己的兴趣爱好进行学习安排，可进入高校或未来某高校的学习创新创业中心，为实现自己的兴趣追求有针对性地选学有关课程，并在一些创新工场或创业港进行试验或寻求指导或帮助，既实现了自己的兴趣追求，还可能因把兴趣发展到极致而拓展出自己的一份事业。不仅自己可以按兴趣幸福生活，还造福社会。西浦的创业家学院即是按照这种概念设计的，所以到西浦 3.0 时代，西浦两个校区便可以为这种新时代的学习提供场所和环境，同时西浦在一些地方发展起来社会实验社区也会成为不同主题的学习与创新创业社区，从而构筑出西浦网络化、分布式的大学新形态。另外，西浦也许会与一些职业性大学合作或收购建立更多的这种终身兴趣追求和学习的学校或中心，进而发展出这类教育的样板。

西浦 3.0 似乎很遥远，但我们已经在路上！

3.7 中外合作大学的可持续发展与卓越之路——以西交利物浦大学为例

中外合作办学有多种类型，如项目、校内学院、独立法人机构；独立法人机构也有多种发展模式，如国外合作学校在中国的一个教学中心、一个分校区或者建设一个独立的大学。西交利物浦（西浦）大学属于后者，是一个具有独立法人资格的独立大学，并正在根据未来发展趋势和需求探讨新的教育模式和办学体系，以影响中国教育改革和世界教育发展。经过 10 年探索，有一些思考和研究在这里与大家分享。

无论什么样的合作模式，首先需要分析其可持续发展的可能性，如是否有发展的机会？发展的目标是什么？以什么样的方式去发展？该模式在未来世界是否有生命力？是否有必要的资源保证？是否有合适的治理结构和管理团队支撑？等等。要办好一所大学，这些问题很基础也很重要，如果没有机会，或所选模式不适合这个时代，即使建立起来迟早也会死亡。因此，在回答这些问题时，一定要深入分析这个时代的挑战以及未来的发展趋势。

另外，中外合作办学一定涉及多元文化的碰撞与合作、多种体制与模式的冲突与融合、传统模式与未来发展的争论与衔接、中国现行制度和实践与引进模式的矛盾和借鉴等。在整个办学过程中，如何处理好这些冲突与融合也挑战着合作办学者的能力与智慧。他们既需要文化的包容性，又要长于在多元文化共处的环境下营造适合办学模式的新文化；他们既要善于学习他人经验，又要理解本土情景，才有可能把中国实践和国际经验相融合，以创造更新的东西；他们既要面对源于不同教育体系、成长于传统模式、背景和习惯差异很大的师资团队及其传统习惯，还需要展望未来、把握趋势、探索新模式，并使大家乐于一道共同践行；他们既要探索新的发展趋势和借鉴国际先进教育模式，还需要突破中国习惯、制度约束和各种传统羁绊。所以，真正办好一所高质量的国际合作大学非常不容易。比如，西浦是中英合作，文化上中国快、英国慢；教育管理上中国松散、英国严酷；我们提倡主动教育，但中国学生习惯被动学习；我们接受英国 QAA 认证，但来自美国及其他国家教育体系的老师有时并不熟悉甚或不完全认可英国教育体系；我们探索新的教育模式和大学运行体系，但不少师生员工可能不认为或不愿意改变他们自己已经熟悉的行为和实践；当然，许多变革和创新还会遭遇改革滞后的政策和人们习惯的方式带来的阻力；等等。积极健康的发展需要消除误解、排除障碍、克服困难、缓解冲突、持续努力，才有可能达到成功的彼岸。

作为一名管理学教授和西浦的具体运行者，通过实践和理论研究，我们得到了一个中外合作办学长期可持续成功发展的五星模型（见图 3.9）。

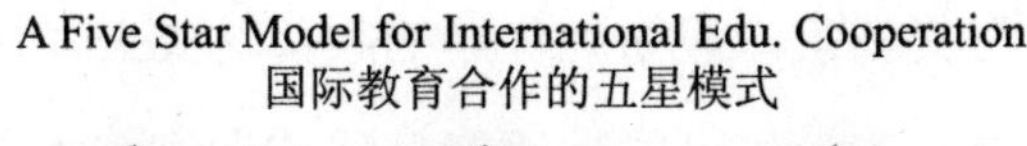

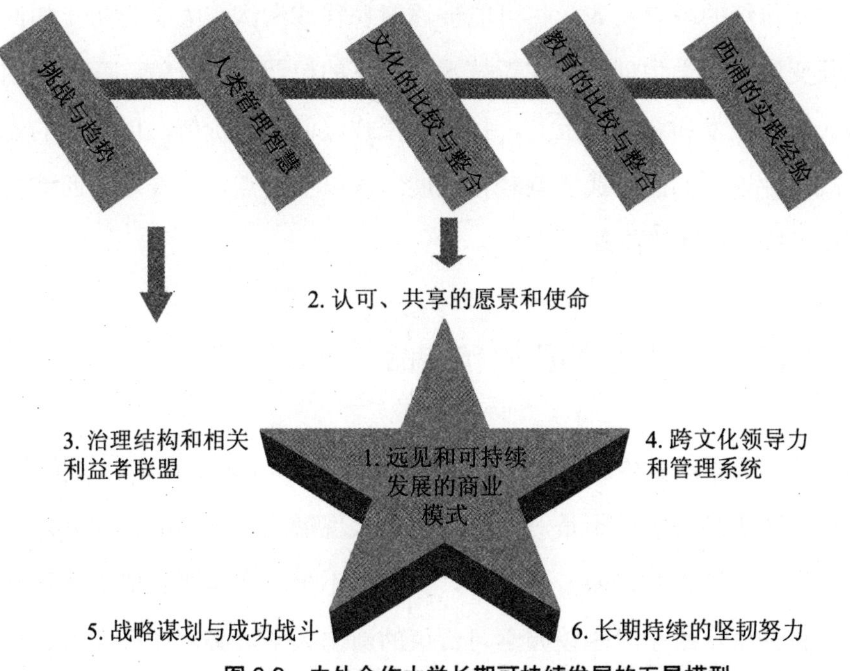

图 3.9　中外合作大学长期可持续发展的五星模型

3.7.1　远见、可持续发展的商业模式

办学之初，一定要想清楚它在当下存在的意义和价值，以及 10 年以后、20 年以后存在的价值，假如没有提供任何价值就一定不能办，这是非常非常根本的。就西浦模式而言，是在中国办一所真正的国际大学，让中国家长不再不惜代价和风险把孩子送到国外，而是让孩子们在未成熟之前于熟悉的环境中享受具有国际水准和高质量的教育；办一所让世界认可的中国大学，在中国深受世界关注的时候，吸引世界的学生到西浦学习，他们无须中文准备，但可收获国际认证的学分、英国和中国双学位、中国文化和潜在的事业发展机会等；整合世界最优实践，独具特色。要有未来，永远不要跟风，但若独具特色，一定会在一些重要领域具有领先地位；影响中国教育改革和世界教育发展。这个时代，一个公司可以整合全球最优资源开发一门网课，没有一

所学校可以就该门课程与其竞争，假如因优厚的收益这类公司风起云涌，如果大学不改变传统的教育模式，将可能被逐渐替代或淘汰，大学为防止如此厄运，必须变革并为学生创造出在新技术环境下的校园学习价值。西浦试图站在云端（网络技术和资源之上），打造新模式，创造新价值，以全新的姿态迎接挑战，并以我们的实践影响教育发展。从以上四点，不难理解西浦模式的价值和可持续发展的前景。

3.7.2 广泛认可、共享的愿景和使命

找到一种模式固然重要，但它只代表这种模式可以在未来存在、有价值，但其生存还取决于参与者是不是对这个价值的实现形式有共同的认知并乐于追随。中国有几千所大学，多一所不多，少一所不少。西浦要建成上述那样可与网络教育共生、给予学生校园学习价值的新型大学，必须使办学者、师生员工以及家长、教育主管部门等利益相关者都明白和认同西浦的教育梦，我们才可能有强有力的同盟军和持续的关注及支持。

3.7.3 恰当的治理结构和坚实的相关利益者联盟

大家都明白做什么，并不等于大家都乐于做什么。在大家理解和认同的基础上，还需要形成相应的治理结构，使所有实际参与者的权利、利益和诉求得到保证，使大家愿意形成一种共同发展的战略联盟。例如，西浦的发展不仅要让两个合作大学的追求和利益得到保证，而且要让家长、学生满意，让教育管理部门和同行认可，让地方政府和社会各界开心等。实际上，我们在努力把西浦打造成一个教育与科学生态，以我们为平台把世界的人才、技术、资源吸引进来，营造一种创新文化和与社会共生互赢的共同体。

3.7.4 跨文化的领导力和管理系统

再好的设想或模式，如果没有一个好的领导团队和强有力的管理系统支持也难以成功。例如，在市场上有很多成功的企业，如阿里巴巴、万科、华为等，大家每天也都在津津乐道成功的案例，但是很少有人提及他们身后无数的失败者。其实，不是只有这几家企业发现了合适的商业模式，而是很多人都知道有这样的机会，但最后只有少量企业因其卓越的领导和智慧的努力获得了成功。因此，一个好的领导团队对中外合作办学的健康发展也非常重要，他们要有能力把这样的机构带领到前沿去。

3.7.5 战略谋划和一系列成功的实践

当你设置一个非常好的愿景，其甚至是惊人地美妙，但是经过 3 年、5 年或者更长时间看不到成功的希望，人们便会逐渐放弃。所以在模式、愿景等基础上，一定要有战略的构思，不仅有重大战役的部署，而且需要短期可看到成果的具体战斗，每年每步都有实实在在的成果出来，人们才会有信心，才乐于跟你一道继续往前走。

3.7.6 长期持续的坚韧的努力

可以说一个新生事物的实现，特别是在中国目前的环境下，有太多的阻力、挑战，包括法律、制度、文化、教育理念、社会习惯等，每走一步都可能遇到风险和困难，宏图大略的实现需要专注、坚守和长期切实的奋斗。例如，西浦有较高的淘汰率，党的十八大之前有一天，一些需重修的学生家长通过强大的网络工具迅速形成联盟，声称要上街游行，这事被迅速反映到省市领导那里，以给学校形成压力；再如，为突破学生英文学习困境，改变学生语言学习行为，西浦放弃英语四六级考试，前些年每年都会遇到来自学生和社会各界的挑战。类似这样的问题很多，我们不是简单地妥协或回避，而是分析我们的做法是否符合未来发展趋势，是否正确。如果我们认为是正确的，则坚决坚守，当然在复杂的环境和背景下，还要学会智慧地坚守！

在今天这个时代，做任何一件事情都需要有激情，如果没有激情很难做好一件事情，因为这个时代挑战太多了。总之，要创新，要成就卓越，就不要怕不被理解，真正可怕的是自己不理解。创新者、探索者、发明者、改革者在未成功前往往都不被理解，因而成功后往往被捧为英雄。做一件突破当下生存环境，但符合未来趋势和具有前景的事业向来不易，因为这样的事业往往要改变当下人们的观念和习惯，要突破现存环境的约定成俗甚或规范，所以需要坚守，更需要不断反思和智慧前行，但其基础是我们对事业及其生命力的内心认知和充分自信。

第4部分

第三只眼睛看教育

4.1 “愿做羊群中的那只狼”

5 月 20 日，在 2016 年高等教育创新年会上，作为东道主的西浦执行校长席酉民教授发布了他的一本新书——《理性狂言：教育之道》。

“这本书是我自己对教育的思考总结，时值西浦十年庆典，我作为个人礼品送给它。”席酉民教授说，“为什么叫狂言？本来不狂，但是在中国社会里，直言、坦率往往被认为很狂，我这个人一直是比较直言和坦率的。”

席酉民介绍说，这本书有对国家教育改革的建议，有西浦教学改革的案例分析，有对教育、教学、老师、大学、组织架构等一些研究。他希望推动教育改革前行，特别是在中国新一轮的教育改革中发出一点能够让人反省的声音，为教育反思、大学重塑时代的中国高等教育的健康发展摇旗呐喊。

“我希望自己像羊群里的‘一只狼’那样，在中国教育领域掀起一点躁动。”席酉民说。

美国加州大学洛杉矶分校工程学院副院长杨镇铭博士评价说，该书是对教育的感悟、超越、突破，对当前的很多教育问题有很多真知灼见，值得学习和传播。

国家教育咨询委员会委员、北京理工大学教授杨东平教授认为，西浦等中外合作大学的价值就在于利用国外的优质教育资源，培养国际化的人才，通过教育开放促进教育发展和改革。

4.1.1 学生用脚投票，中国高等教育亟须改革

“在互联网背景下，传统的大学教育被颠覆，要培养符合未来发展的国际化人才，高等教育必须改革，而擅长被动式知识传输和应试的中国高等教育更亟须改革。”席酉民说，近年来，中国学生用脚投票，逃离中国大学的现象已经说明了这一点。

2014 年全国 939 万高中生毕业，有近百万人弃考，其中因留学或者移民而弃考者达到了 21.1%，中国已经成为美国海外留学生最大来源国，优秀学生流失现象尤其严重。据媒体报道，上海的高中四大名校中，出国的优秀学生比例占 10% ～ 20%，比较高的已经达到了 30% ～ 40%。中学生留学的速度在几年内增加了五六倍，而且还在持续地增加。

在席酉民看来，实际情况要比这个更严重，因为费用高、家长担心孩子一时不适应西方教育环境等原因，许多学生出国受到了限制。这些现象倒逼中国高等教育必须改革，改变目前传统的特别是中国学校擅长的灌输知识的方法，以训练出有独立思考能力、有开拓精神的大学生。对西浦来说，就是把美式教育的灵活性、英式教育的质量控制和中式教育的重基础三方面有机结合，形成了新的教育模式。

“从建校开始，西浦不仅想成为一所中国的好大学，而且希望能够对中国高等教育改革产生一些影响。”席酉民说，西浦有四个梦想：一是整合东西方的最优实践，探索符合未来发展趋势和人才需求的一种新的教育模式；二是探索大学内部的管理体系来提升大学这种知识组织的效率和价值；三是探索在网络时代和全球化背景下的大学和社会互动的生态关系；四是通过这些探索和有效的教育实践，去影响中国教育改革和世界教育的发展。

4.1.2 高校改革要以学生为中心

席酉民认为，教育改革的核心是教育理念问题，大学回归本质的关键，

是真正关心教育的根本使命，即要以学生为中心，把学生的健康成长放在教育的核心位置，把以学生为中心落到实处，在教育理念、教学过程、大学环境、大学的组织方式等方面给予学生发展以有效帮助。

在教学模式上，西浦提倡以学生和以学习为中心的教育体系，帮助学生实现三个维度九个方面的转变，在教学上的一些探索，已经形成了一些初见成效的做法。与此同时，学校还组织了许多论坛及教育领导力的培训班、任课教师的培训班、行政人员的培训班等，目前已经有数百所学校、数千人参与到这些活动中。

5 月 20 日，西浦发布了《以学生为中心育人体系建立指南》（以下简称《指南》）。

《指南》依托于西浦近年围绕“以学生为中心”所做的大量探索，同时广泛参考和调研了国内外 200 多所公立和民办院校的优秀实践，系统介绍了“以学生为中心”的大学育人体系，帮助教育工作者更深入地理解这个理念的内涵，提供“以学生为中心”的整体图景，帮助大学管理者制订行动计划和改革方案，提供翔实的操作步骤和要点，推动大学改革的行动。

西浦领导与教育前沿院副主任张晓军博士说：“人才培养的核心地位日益成为国内各高校的共识，如北京大学、南京大学等均在其大学章程中有所体现，希望《指南》真正能够把教育引导回教书育人、培养人才的本质。”

5 月 20 日下午，第一届西浦全国大学教学创新大赛决赛开赛，五位入围的老师现场展示了他们的教学案例。

决赛评委、美国内华达大学任数学系主任吴志坚教授说，西浦在高等教育创新方面做了很多尝试和努力，并与很多高校加强互动与合作，这是中国高等教育创新改革的希望。

席西民教授表示，举办教学创新大赛活动是为了引导大学回归教育本质，动员更多的人参与到新的教学方式的探索中，把全中国最好的教学实践集中起来，通过互相碰撞，相互学习、相互提升，搭建全国性教学创新交流平台，引发更多人关注世界教育的变革。

（《中国青年报》，2016 年 7 月 25 日）

4.2 从这里走向国际舞台

4.2.1 西浦：培养中国的绅士

2006 年 5 月，美丽的苏州新添了一所大学——西浦，这个中西合璧的名字昭示了她的与众不同，她是一所中英合办大学。

截至 2016 年，西浦已经招收 10 届学生，第 7 届学生进入毕业季。作为一所新办大学，尽管西浦并没有招到高考中最优秀的学生，但许多学生毕业后进入了世界一流大学深造或世界 500 强企业工作，具有很强的国际竞争力，西浦被誉为“中外合办大学的标杆”和“中国高等教育改革的探路者”，这种转变到底是如何发生的？

4.2.2 强强联合建一所中英合璧的大学

2003 年 3 月 1 日，国务院发布了《中华人民共和国中外合作办学条例》。得知这一消息后，远在英国的利物浦大学校长布恩教授当即决定到中国办一所大学，他一直致力于推动利物浦大学的教育全球化发展。

2003 年 9 月，英国利物浦大学副校长方大庆教授与蓝诚先生（时任英国利物浦大学首席行政执行官）访问了他们的老朋友——西安交通大学党委书记王建华教授，双方很快明确了合作办学的意向，联合在苏州创办一所大学——西交利物浦大学。

利物浦大学为什么要在中国办学？这其实得益于中国对利物浦的影响，作为英国的主要港口，早在1834年，中国人就在这里登岸，开展贸易，定居。在利物浦大学，中国留学生大约占国际学生的65%。

现任利物浦大学校长 Janet Beer 教授认为“中国对高等教育的重视堪称世界各国的榜样”，她说：“在高等教育对经济、社会和文化良好发展的重要性这个问题的理解上，没有哪个国家比中国的认识更为深入。”

方大庆认为，苏州工业园区是最理想的办学地点，地处长江三角洲的腹地，经济高速发展，周边有很多世界500强企业，又是中国传统的书香之地。

签署协议后，两校委托方大庆教授和吴军华等着手筹建，并分别委托西安交通大学副校长席酉民和蓝诚先生在两校负责协调。

教务长史密斯教授亲自设计教学、实验室等空间布局，设计路标、门号等，还负责订购计算机、实验设备、电话系统等，甚至确定了每个实验台的安放位置。

2006年7月，西浦招收了第一届本科生，164人。在他们填报志愿时，西浦教学楼几乎还是一个空楼，教学设施和教师尚未完全到位。

时任西浦常务副校长方大庆说：“特别感谢家长们。感谢他们对学校及我们团队的信任，当时他们的孩子报考我校是承担一定风险的。”

9月中旬，西浦迎来了首届学生，报到那天，叶峰（时任苏州工业园区教育投资发展有限公司董事长）在教学楼见到了方大庆教授，叮嘱他一定将这些学生培养成“绅士”（gentlemen）。

“这与我的想法不谋而合。”方大庆说，绅士之含义并不是要使这些学生有高高在上的感觉，而是要培养他们自觉地读书，学会尊重他人，待人接物的技巧及优秀传统品德。

4.2.3 大师成就大学

西浦是一所没有围墙的大学，寓意开放包容。在这里，大师云集，群星璀璨。

西浦研究生院院长、生物科学系主任 David O’Connor 教授此前在南安普顿大学工作了 25 年，是该校蛋白质组学研究中心主任，英国蛋白质研究协会主席，是国际一流的生物学家。

“西浦建设国际化的师资与科研团队这一发展理念非常吸引我，”他说，他乐于教学和科研，现在仍然坚持在教学第一线。

曾任西安交通大学数学系主任、理学院院长，全国工科数学课程教学指导委员会主任，中国数学学会生物数学专业委员会副主任马之恩教授，筹建了强大的基础数学教学团队。

数学科学系郭镜明教授曾任同济大学应用数学系主任，是同济大学“国家工科数学教学基地”和首届国家级精品课程“高等数学”的负责人。

韩云瑞教授，曾任清华大学数学系副主任，中国高等教育学会教育数学专业委员会副理事长。

熊洪允教授，曾任天津大学数学系系主任，天津大学理学院副院长。

在西浦，还有许多国际、国内一流的教授任教。

郭镜明教授说：“这里没有各种烦琐的行政事务，没有各种指标压力，老教授们所有的精力就都投在了教学上，努力贯彻学校的教学理念，一心一意地育人。这种宽松和谐的教学环境和氛围，在其他学校是难得遇到的。”

清华大学原校长梅贻琦曾说过：“所谓大学者，非谓有大楼之谓也，有大师之谓也。”数学科学系的老师们在这一基础上提出了更高的要求：“所谓大学者，有了大师，还要有勤奋刻苦的学生，踏实治学的学风。”并以此为标准，对学生们严格要求。

中西学者们的智慧在这里碰撞交融，结出了累累硕果。建校初，数十位教授对西安交通大学和利物浦大学同类专业的本科教育大纲做了详细的对比，融合两校教学的优势和特点，并根据最近科学及工程技术添加了新材料，制订出教学计划和共 171 门相关课程的教学大纲。

“西浦是东方严谨的知识体系教育与西方注重实践思维的结合。一个真正的学术和知识型的组织，”前利物浦大学校长、现英国大学联合会主席布恩教授说。

4.2.4 从这里走向国际舞台

西浦执行校长席酉民教授有句名言，“我们要培养的是有担当的世界公民”。

作为中外合办大学，无论学生在苏州学习4年还是选择“2+2”的模式，两年在中国读书，两年在英国读书，西浦和利物浦大学同时颁发学位证书。这所中西合璧的大学从学生一入校就开始培养其国际视野。

第二届毕业生郑燕菲在牛津大学攻读专业硕士学位后进入伦敦德勤会计师事务所。

“郑燕菲经常和我们讲，你到了西浦才会知道什么叫作‘国际化’。”郑燕菲的父亲回忆说。西浦面向全球招聘优质师资，这里80%的教师是外籍，“他们在课堂上偶尔讲起的故事都会让你很想去看看外面的世界。”

2012年11月，在第29届剑桥中国学生学者联谊会换届选举中，剑桥大学计算机系二年级博士生，西浦2010届毕业生黄宗严当选新一届主席。

2015届毕业生薛伯特曾是西浦校园的歌星，现在他站在了世界舞台上。

2014年11月，薛伯特以键盘手身份出演伦敦UCL Jenova音乐节，凭借一首原创曲目 *The Hiding Moon* 被英国艺人经纪公司相中。2015年初，他的首张单曲专辑 *We Are The Network* 在英国发布，并以此跻身于英国舞曲榜单前十名，成为第一位进入英国舞曲榜单的中国音乐人。

今年2月，他与搭档孙圣一合作的歌曲 *DragonStep* 获得了网易云音乐电音榜第三名。薛伯特坦言，他最初的想法就是将西洋乐器与中国的传统乐器相结合，“想让他们来听听笛子、二胡和锣鼓，想让世界听到来自中国的声音”。

据不完全统计，西浦前六届毕业生中出国深造比例高达80%以上，其中约20%进入牛津大学、剑桥大学、耶鲁大学等TIMES世界排名前10学府，约 50% 进入 TIMES 世界排名前 100 名校，80% 以上进入 TIMES 世界排名前 200 大学深造。

（《中国青年报》，2016 年 7 月 25 日）

4.3 中外合作办学的独特样本

4.3.1 西浦：中外合作办学的独特样本

2006—2016 年，短短 10 年间，西浦从零开始迅速发展成为中国规模领先的中外合作大学。自 2003 年《中华人民共和国中外合作办学条例》颁布以来，宁波诺丁汉大学、上海纽约大学、昆山杜克大学等 9 所中外合作大学相继创立或筹建，西浦以其炫目的发展速度、独特的办学定位与模式以及与日俱增的社会影响力成为中国乃至世界合作办学领域一颗耀眼的明星。

英方母校利物浦大学副校长 Kelvin Everest 教授在近期访问西浦时评价道：“西浦从英国大学那里学习了很多，但我认为，事实上是西浦为我们指明了道路。”

4.3.2 世界认可的中国大学和中国土地上的国际大学

自从 8 年前辞去西安交通大学常委、副校长，正式担任西浦执行校长至今，席酉民在国内外各种场合反复强调西浦的愿景和定位：“研究导向、独具特色、世界认可的中国大学和中国土地上的国际大学。”

他说：“西浦今天所取得的成绩与这一清晰的定位密不可分。”这一点也得到利物浦大学的高度认可。Kelvin Everes 这样解读：“西浦致力于成为中国一所真正的国际化大学，旨在吸引致力于在国际化环境中工作的优秀中国学生，帮助他们在具有国际化氛围的中国高校中完成学位学习。同时，定位为一所国际化的中国大学，这样才能吸引更多的留学生来中国学习。”

截至目前，西浦拥有注册学生 10 000 余人，其中外国留学生 400 余人，前六届毕业生约 80% 前往世界知名大学继续深造，约 25% 的 2015 届毕业生就职于世界 500 强等知名企业。

通过全球选聘，西浦全职教师人数达到 500 余人，来自世界 50 多个国家，约 80% 为外籍，其中不乏原英国蛋白质研究协会主席 David O’Connor 教授这样的国际顶尖学者。

4.3.3 与世界一流大学站在同一起跑线

或许 Everest 只阐释了一部分。正如席酉民所说，“中国有数千所大学，增加一所相同的大学附加值很小。”同样，对于国际高端和创新型人才来说，在中国建一所英式大学也不那么令人兴奋。西浦自始即选择与众不同。

“一开始就瞄向国际一流，”席酉民强调高水平国际化和时代赋予西浦独特性的机遇，“在科技革命和全球化的大背景下，全世界都在反思教育，西浦没有历史包袱，有后发优势。在探索未来教育这个意义上，西浦与牛津、剑桥、哈佛等世界一流大学站在同一起跑线上。”

西浦开出在世界范围内具有竞争力的薪酬，并在苏州工业园区的大力支持下，拥有具备国际先进水平的科研设施。对国际高端人才来说，更大的吸引力或来自创造历史的机遇与诱惑。

在英工作近 30 年后，陈靖涵教授卸任英国知名的南安普顿大学工商管理学院院长一职，于 2016 年伊始回到中国，掌舵西浦国际商学院。“作为一所年轻大学，其宗旨是要融合西方和中国的教育精华，成为一所世界一流大学。”陈靖涵说，“我在中英两个教育系统都工作过，相信我的知识和背景能够对学校的发展有所贡献”。

2012年，Stuart Perrin离开伦敦大学，加入西浦。他所看重的是有机会实现其在教学和教育技术创新方面的抱负，“虽然西浦大的教学框架是英式的，但在这里，我们有机会借鉴世界上最佳的教育实践，探索和开发最先进的教育技术，以应对网络时代对传统教育的严峻挑战。”

一方面，西浦宛如一个磁极不断将全球的资源吸引进来，并实现快速升级换代。另一方面，她也以巨大的热情参与到国际学术界中，并鼓励师生在国际社会和国际事务中积极发声。

在大学的支持下，公共健康系副教授Don Prisno上半年刚在德国主持了一场探讨关于难民入欧对欧洲公共健康体系影响的大型学术会议。此外，他还积极为东南亚、非洲、欧洲等一些国家的医护人员提供培训，提升他们应对全球性公共健康危机的必要知识水平和沟通技能。

来自环境科学系的留学生Mia Oenato回忆起去年的经历仍旧十分兴奋，“我被选中作为祖国印度尼西亚的代表，参加在秘鲁举行的第21届联合国气候变化会议。之后又前往法国参加2015年巴黎世界气候大会。如果没有大学的强力支持，这一切都不会发生。”

4.3.4 “研究导向”与下一个10年

席酉民近来更为频繁地强调西浦的“研究导向”。如果说前10年，西浦靠高质量的教学站稳脚跟，那么未来10年，“研究”将是带动西浦迈上新台阶的关键词。

“这里的‘研究导向’有两层含义。”席酉民解释说。

一是大学的教学和工作以研究为导向，未来的大学将不仅仅限于传播知识，而是要通过研究导向的教学培养学生整合和应用知识的能力，以便在快速变化的社会环境中保有竞争力。

二是指科研，他说：“要对中国甚至世界的高等教育产生影响，必须办一所高水平的大学，因而必须有高水平的师资，只有研究导向才可能吸引和稳定高水平师资，成就高水平的大学。”

近年来，西浦相继成立了 11 个国际化研究院，新建的南校区即将启用，并将在未来 3 年内陆续完成 12 亿元投资，建成能够满足未来发展需要的一流实验室、教学空间及配套设施。

今年 7 月底，位于南校区的国际技术转移中心和国际创新港将正式启动，旨在吸引全世界优秀的研究机构和知名企业加盟，与西浦一起开展科研创新、加速成果转化。“预计在未来 3 ～ 5 年内初具规模，并能够为地方的发展提供高水平的咨询服务。”席酉民说。

据了解，未来 3 年内，西浦的注册学生规模将达到 18 000 余人，约 3 000 名国际生，3 000 余名硕博研究生，全职教师人数将达到 1 000 余人。

“西浦对教育的影响力也将大大提升，在未来 3 年内，我们有信心将西浦有关教育变革和创新的咨询、培训做到国内最好，成为推动国内教育创新发展的发动机。”席酉民说。

（《中国青年报》，2016 年 7 月 25 日，寇博）

4.4 把握时代教育发展脉搏，建设一流中外合作大学——西浦建校 10 周年教育探索素描

从 10 年前的“只有一栋楼的大学”，发展到如今投资 15 亿元的南校区启用、校园楼宇林立、气势恢宏；从当初只有几十人的小团队，发展成如今 500 余的高水平全职教师队伍，且 80% 为外籍；从首届仅 160 多名学生，发展到 2016 年 10 000 余名注册学生；从创办初期的质疑声不断到如今的声名鹊起、广受赞誉……

西浦成立于 2006 年 5 月，由西安交通大学和英国利物浦大学共同在苏州创办，是中国第一所以理工管学科起步、在本一批次招生、具有独立法人资

格的中外合作大学。在英国知名教育研究机构 QS 发布的“2015 年金砖五国大学排名”中，西浦进入前 200 名。

建校 10 年来，西浦凭借中西合璧的教育理念和方法、跨越式发展成为中外合作大学的翘楚，被誉为“中外合办大学的标杆”和“中国高等教育改革的探路者”。

西浦如何在中国土地上突破传统的教育理念建立不一样的育人模式？如何将“一般”的入校学生培养为不一般的“世界公民”、成功地在全球舞台上竞争？如何凝聚起所有的利益相关者，建立起一个互利共赢的大学生态？日前，《扬子晚报》记者走进这所没有围墙的年轻大学，探索开启西浦 10 年飞速发展的密码，感受教育领域的新风。

4.4.1 西浦不是简单办大学，而是探索未来的教育

“西浦创建于全球反思教育、重塑教学、再定义大学的时代，这给了西浦与国际一流大学站在同一起跑线进行办学探索的机会。”说起西浦的建校背景和办学愿景，执行校长席酉民教授表示，西浦不仅仅想在中国办一所国际化大学，而且通过整合全球资源、探索未来大学的出路和模式。

“希望闯出一条影响中国教育改革甚至世界高等教育发展的路，这是我们有点狂妄的野心和使命。”席校长认为，这也正是西浦的定位——“中国土地上的国际大学”和“世界认可的中国大学”。战略上，西浦试图实现四个方面的跨越：根据未来发展趋势和需求探索新的教育模式、探索适合知识工作者和知识组织的新型大学组织管理模式、探索网络时代新型的大学与社会互动关系以及影响中国高教改革和世界教育发展的使命。

经过 10 年的持续探索和积极实践，西浦初步实现了东西方教育最优实践、线上线下教育以及教学与科研这三方面的融合与跨越，在教育探索和大学重塑上独领风骚。“中国学生不差基础，差的是创造性、发自内心的动力以及正确的态度和行为。我们就是要把学生的能量和智慧释放出来。”席校长表示，

西浦在建校初就清晰定位为研究导向型大学，搭建学术共同体和科学社区。

席校长介绍，西浦提倡“研究导向型”的教与学，课堂不再是简单地讲授知识，而是以社会上令人困扰的现象、有趣的科学问题、现实中的挑战引导学生学习，学生可通过网络等现代技术，围绕这些问题或任务进行学习和研究，收集资料、开展调研、进行实验、集体讨论、深入研究、撰写报告等，最后解释现象、回答问题、提出方案、完成任务，甚至创造新知。“在这一研究型学习过程中，课堂只是引导或指导，主要的学习发生在课前阅读和准备、课后的学习和研究、小组讨论和交流、实验室或深入实际的验证和总结等过程中。”

西浦电子与电气工程系的赵策洲教授在出国之前曾在国内大学工作很多年，2008 年加盟西浦。“在中国传统大学，学生花大量时间学习大量知识，反而没有空余时间、空间去锻炼自己的创造性思维。在西浦，学生有能力去设计芯片，还有机会去制造芯片。”赵教授介绍，西浦“研究导向”的教学方式在电子与电气工程系得到很大的体现。该系课程使用英国利物浦大学的教学大纲，课本也是老师自己的教案，不会去用统编教材。学生在研究室里泡着泡着就学到知识。

2015 年，西浦学生团队首次参加国际遗传工程机器设计竞赛 IGEM 总决赛并获银奖，令各界赞叹不已。而 IGEM 团队参赛的背后，便是西浦网络化的学习社区和所倡导的主动学习精神所迸发出来的能量。西浦首支 IGEM 学生团队竟然是由大二学生杨哲组队建立的。“西浦不设班级概念，整个校园里都是同学，”杨哲说，西浦开放的网络沟通平台让她的组队顺利完成，吸引了生物科学系、化学系、计算机科学与软件工程系、建筑系的16位队员加盟。

顾陈夏是西浦痴迷物理的数学科学系女生，4 年都在西浦学习，尽管同时申请到了英国最顶尖的牛津、剑桥和帝国理工的研究生，她毅然选择剑桥大学应用数学和理论物理系，“我要去剑桥找偶像霍金！”分别在 2014 年、2015 年美国大学物理竞赛（UPC）上斩获银牌和铜牌、开创西浦在此赛事获奖历史的她表示，自己对物理浓厚的研究兴趣就是得益于和“最潮物理老师”

于昊做跨学科研究，大学 4 年参加了十几次建模大赛，在这个过程中提升了各方面能力。

为了推动西浦在教育改革方面的探索和实践，并扩大社会影响力，2013 年 5 月，西浦成立了“领导力与教育前沿院”（ILEAD），通过理论文章、政策建议、学术论坛、各类培训在业界开始了广泛的教育理论和经验传播，以践行其影响中国教育改革和世界教育发展的使命。ILEAD 副院长张晓军博士介绍，研究院通过举办西浦全国教学创新大赛、全国高等教育创新年会、西浦教育论坛以及领导力卓越计划等，来实现“有理论的实践”和“有实践的理论”。据悉，去年全国就有 150 多所高等院校的近千名教育者参与 ILEAD 组织的各项研讨活动。

4.4.2 西浦“五星育人模式”以学生为中心

作为新型的中外合作大学，西浦基于东西方高等教育优势的整合以及自身灵活的办学体制，通过 10 年的探索和实践，创立了一套系统的大学人才培养模式——“五星育人模式”，包括五个方面的综合教育策略和五个子系统构成的支撑体系，将学生培养成具有知识体系、能力体系和素养体系的“世界公民”。

西浦育人模式支撑体系由以下五个系统构成：以“多元、规则、自由、创新和信任”为核心理念的校园文化系统，符合世界教育发展趋势和国际水准的学术服务和支撑系统，友好强大的学生学习支持系统，高效的网络化的学校运行支持系统以及良好的校园环境和基础设施支持系统。

“西浦将学生的健康成长作为人才培养的最终目的，把学生看成‘年轻的成人’，强调自主学习、团队合作。”西浦副校长杨民助介绍，为了引导和扶持他们尽快成人，学校以“学生自治，学校引导与服务”为学生工作原则，通过“自治”，让学生得到充分锻炼和提高。西浦拥有 150 多个学生社团和俱乐部，社会实践、社团活动、主题项目等既极大丰富了学生的课外生活，也是学生能力和素养训练的重要途径。

西浦的“学术导师、校外导师、生活导师、学友导师”四大导师体系助力学生从孩子转变为有责任、有视野、有境界的成人。作为西浦的一名“校内”学术导师，于昊认为，每一位大学老师都应对所有的学生敞开‘学术导师’的大门。每位西浦导师影响和指导的绝不仅仅是自己名下的十几位或二十几位学生而已。“几乎每星期都有三四位学生与我谈，他们大部分都不是我名下的学生。每位学生都是独立的个体，我都会因材施‘导’；而针对不同年级的学生，我指导的侧重点也有所不同。”

今年2月，西浦2016届学生孙玉婷收到了美国哈佛大学的录取通知书，成为本届毕业生里第一个被哈佛录取的姑娘。她激动地说：“是西浦给了我又一次选择的机会。这里有一群志同道合的同学和校友资源，在冲刺世界名校的路上我们能相互支持和鼓励。”

在孙玉婷的母亲吴江萍看来，大学4年，特别是在西浦的前2年，女儿如鱼得水、以学习为乐。她说，“西浦导师制的科研模式，赋予了学生自主创新和团队协作的机会，女儿每年都要在导师带领下和其他同学一起搞科研、做项目。”

沈妮妮是西浦2009级英语专业的学生。之所以选择英语专业，主要原因之一就是不喜欢数学。但走进西浦后发现，英语专业也要像其他专业一样必修数学。她郁闷过、纠结过，所幸遇到了良师益友郭镜明教授。在郭老师深入浅出、幽默风趣的讲课中，沈妮妮逐渐克服了畏难情绪，对数学产生了兴趣。2010年，沈妮妮参加全美数学建模大赛，在郭老师讲过的谷歌搜索引擎的矩阵方法的启示下，对犯罪的地理模型问题成功建立了数学模型，获得大赛一等奖。2012年，沈妮妮被伦敦政经学院录取为研究生。

此外，西浦的“五星”育人模式体系为中国大学创新人才培养模式做出了有益探索，并开始通过和国内其他高校合作探讨如何建立对所有公立大学都适用的“以学生为中心”的育人体系。目前，西浦已与国内多所高校建立了一对一伙伴关系，通过长期的全方位合作，帮助这些院校建立“以学生为中心”的育人体系。

4.4.3 使“一般”的学生成为不一般的世界公民

去年，西浦组织了一次长三角金融专业校友聚会，虽然只有寥寥数届毕业生的西浦校友，但其就业几乎覆盖了长三角地区国内外顶级的金融机构。2010 届学生黄宗严竞选出任剑桥大学中国学生学者联谊会主席，2009 届毕业生吕骋先后拿到 300 万美元的天使轮融资和 1 500 万美元 A 轮融资在北京和硅谷创业，2011 届学生吴相书创业搞智能家居，获得了 1 500 万元的创新基金……

是什么“神器”帮助这些“一般”的孩子经过 4 年学习变成了不一般的“世界公民”？席校长认为，西浦初步成功的秘诀是变“教知识”的大学为“改变人”的平台。西浦“以学生健康成长为目标、以兴趣为导向、以学习为中心”的育人体系的秘诀，就是帮助学生尽快实现“三个维度九个方面”的转型，即“从孩子到年轻成人再到‘世界公民’，从被动学习到主动学习再到研究导向型学习，从盲目学习到兴趣导向再到关注人生规划”。

“西浦致力于将学生从孩子转变成为拥有素养、能力和知识三大体系又具有国际视野和竞争力的‘世界公民’。”席校长介绍，针对中国学生入校时独立性差、兴趣被扼杀等一系列问题，西浦提出这三个转变，从根本上扭转学生的不良习惯，帮学生训练独立精神、树立责任意识，以充分释放潜能。

数学科学系韩云瑞教授表示，西浦教育理念要实现学生的三个转变，首先需要教师转变教学方式，用激励、指导和共同探讨等方式，逐步使学生学会和善于主动地求知、独立思考和解决问题。他称，“在西浦教书，不能只停留在‘经师’的境界，而是要达到‘人师’的层次。教师的责任不止于传授知识，还要用自己的奉献和示范、用责任意识和乐观心态感染学生，在精神方面对学生产生积极影响。”

近年来，西浦学生不断在国际舞台中展现才华，如在美国大学生数学建模竞赛、地震工程模型设计国际竞赛、国际遗传工程机器设计竞赛等世界大赛中取得卓著成绩。此外，毕业生在国际市场上亦有杰出表现，西浦前六届毕业生中出国深造比例高达 80% 以上，其中约 10% 进入 TIMES 世界排名前 10 学府，约 50% 进入 TIMES 世界排名前 100 名校，80% 以上进入 TIMES 世界排名前 200 大学深造。10% 以上的本科毕业生选择直接就业，就职于世界 500 强、中国财富 500 强等企业。具备国际化视野、良好的职业素质和综合能力突出成为广大知名雇主对西浦毕业生的主要评价。

席校长强调，一个合格的“世界公民”必备的条件首先是境界、素养，是社会责任感。西浦为学生参加公益和社会活动积极提供平台。由学生自发组织的乐美慈善社、青年志愿者协会、西浦手语社等公益团体积极参加社会活动，充分发挥“一束光”的作用。在 2010 年上海世博会、2011 年世界园艺博览会、2012 年伦敦奥运会等国际舞台上都能看到西浦学子的身影。

4.4.4 独特的研究生教育：国际化与本土化

近年来，西浦的本科录取线稳步提升，而自 2012 年开展研究生教育以来，申请者的数量也一路飙升，如 2015 年，就有来自中国、美国、英国、德国、奥地利等 52 个国家的 1 000 多名学生申请读研，其中还有一些是从国外留学回来的中国学生。

“西浦试图融合中外优势，开展独特的研究生教育。”席酉民校长介绍，西浦的硕士研究生学制为 18 个月，兼具中英两国硕士培养制度的优点，在课程设计和培养模式方面更具科学性和合理性。

席校长介绍，作为一所中外合作大学，西浦参照英国的体系，将硕士分为研究型和教学型。根据学生职业发展需求，教学型硕士数量相对较多。同时针对中国具体国情，学校对英国教学型硕士的课程设计进行了一定改革。尽管绝大多数教学型硕士以直接就业为导向，但对那些想继续深造的学生来说，也有报考国内外大学博士的机会。

计算机科学与软件工程系 2014 级研究生吴剑青认为，在国内读一个国际学位性价比更高，既能得到国际上的认可，又能充分了解国内行业发展形势。

在此之前，他本科在英国曼彻斯特城市大学主修计算机，在做了一番比较后，他选择到西浦读研，目标是继续攻读博士学位。

西浦国际商学院 2013 级研究生张帆从没想到，为了一份报告他的导师会这么认真。在企业战略分析课的考核中，有一项是做商业报告。导师带他们坐火车去山东的一家造纸厂参观，了解行业的真实情况，并与当地企业高层进行一系列交流。在教授的指导下，他们完成了长达 54 页的全英文商业报告。

西浦与园区跨国企业及政府的紧密联系和合作，不仅加强了研究生的学术敏感性，更为师生融入社会提供了绝佳的机会。如汤姆斯路透与西浦合作成立全球实时数据金融研究中心、IBM 与苏州国际科技园数据中心合作在西浦设立的大数据分析和技术中心等。

去年 3 月，全球领先的国际金融服务巨头——美国威尔希尔公司在苏州宣布成立中国分公司，并与西浦国际商学院签署合作备忘录。当时正在西浦读研的计琼获得苏州威尔希尔投资咨询有限公司实习的机会。公司刚成立时招聘的 10 个员工里有 9 个毕业于西浦，剩下一个毕业于哥伦比亚大学。参与面试的总裁 Sandro Fusco 笑称：“西浦的学生太优秀了，你们就是中国的哥伦比亚大学！”

4.4.5 十年遐想：国际级研究创新群落在西浦崛起

10 年前，西浦还只是一个尚在酝酿和筹划中的美好意向；10 年间，西浦逐渐展示了自己开创中国高等教育新模式和成为新型国际化大学的抱负。

西浦以其独特的办学理念，已经成为中外合作办学的一个样板，成为中国高等教育创新改革的一面旗帜。

而西浦从未停止探索和前进的步伐。2015 年，西浦附属学校正式挂牌成立，西浦的教育理念和探索将向基础教育领域延伸，以更全面实现西浦的教育梦。去年，西浦与苏州工业园区政府签订战略合作协议，正式成立了 11 个研究院、1 个国际技术转移中心和 1 个国际创新港，初步形成了西浦开放式、国际化的研究创新群落。

“西浦用 10 年时间，奠定了坚实的基础，收获了瞩目的开局，遐想未来，西浦将永远保持 10 岁的求知热情和探索精神，走永无止境的创新之路。”说起西浦下一个 10 年的发展宏图，席校长表示，将用 3 年时间完成南校区国际商学院、影视学院等 3 栋新楼的建设；未来 3 年内，西浦的注册学生规模将达到 18 000 余人，其中研究生规模 3 000 人，国际留学生 2 000 ～ 3 000 人，全职教师人数将达到 1 000 余人；数十个新兴专业和 10 多个世界级研究中心在这里助推教育、科学事业以及经济社会的蓬勃发展。

如今，开放式的校园、充满个性的教学楼群、气势宏伟的南校区，无不向人们展示着这所年轻大学蓬勃的朝气和力量。“我相信，有我们自身的持续进步、有来自各方面的认同和支持，随着中国社会的进步和教育改革的推进，西浦将会以一个崭新的教育改革探索者的形象影响未来大学的发展。”席校长说。

“接下来的 10 年乃至更长时间，我们会更加重视研究导向，追求更高水平的科研。”席校长介绍，西浦将联合政府和企业及研究院所，把 11 个前沿研究院、1 个国际技术转移中心、1 个创新港打造成国际级的研究群落，并以西浦为平台，吸引更多国际技术、人才和创新理念在创新港落地，并加速向市场转化。

利物浦大学校长 Janet Beer 教授对西浦的未来也充满信心，她相信学生在这里的学习经历和高质量的本科、研究生教育，尤其是科研水平的提升，将会使这所大学的声誉更上一层楼。

4.4.6　他们眼中的西浦

近年来，西交利物浦大学犹如一匹黑马，在中国国内大学中声名鹊起，在世界上也赢得了一定知名度。下一个 10 年必定是发展更快的 10 年。

——西交利物浦大学校长陶文铨教授

作为中英两种教育体系结合的产物，同时授予中外两个学位是非常独特的创举。我认为这绝对是一个很棒的模式。西浦的模式处于领先地位，并且已经取得的成就远远超越了人们的想象。西浦发展得如此之快，真是令人难以置信。

——利物浦大学校长、西浦副董事长 Janet Beer 教授

西交利物浦大学的尝试为中国高校创新人才培养等前沿课题积累了宝贵经验，希望西交利物浦大学能够在中外合作办学的道路上做出更为深广和更加卓有成效的探索，为中国高等教育的发展做出自己的贡献。

——中国教育部原部长袁贵仁

西交利物浦大学是东方严谨的知识体系教育与西方注重实践思维的结合。这所大学最有价值的资产就是利物浦和西交大这两所领先大学的结合，西浦是一个真正的学术和知识型的组织。

——前利物浦大学校长、现英国大学联合会主席 J.D.Bone

西浦虽然办学才 5 年多，但在高等教育改革和人才培养方面的探索已经走在了前列，大学在校区建设、育人模式改革、师资队伍引进、研究平台创立、管理制度创新等很多方面体现和贯彻了现代的理念和思路，发展空间和潜力很大。

——江苏省政府原副省长曹卫星

我非常感谢西浦校外导师项目，6 年多自己也成长了很多，我在导师身上学到了很多，学生像一面镜子映照着我的成长。我会继续用心、用爱把这个项目做好，更希望我的学生有更精彩的未来。

——西浦校外导师徐琛

教育领导力研修班从理念、框架和支撑体系等方面系统地帮助我们重新思考大学的职责以及教师在学生学习过程中扮演的角色和定位，西浦的许多做法也为我们提供了参考。

——河南新乡医学院三全学院中层干部

我很欣赏西浦的一点是，它鼓励学生去做自己，给予学生发展自我、规划未来的空间。希望西浦未来能够蒸蒸日上，办学越来越出色！

——西交利物浦大学2010级学生洪洋

（《扬子晚报西浦十周年校庆专版》，2016年7月22日，记者：顾秋萍）

4.5　西浦国际公民孕育的奥秘

2017年6月7日，西浦执行校长席酉民教授受邀前往牛津大学参加中英教育合作论坛，发表了《中外合作办学模式》的演讲，并向与会嘉宾介绍了西浦的独特探索。

近年来，国内社会公众对国际化教育的关注和需求呈现快速增长的趋势，海外知名高校出于扩大影响力和开拓中国市场的需求，对中外合作办学的模式十分关注。席酉民校长在牛津和利物浦相继接受了媒体和电视访谈，英国当地媒体对西浦的教育模式和成果展现出高度的兴趣。

就西浦的国际化教育特色和成功经验、西浦学生的国际国内竞争力以及西浦面向未来教育趋势进行的融合式教育新探索等问题，记者采访了席酉民校长。

记者：通过一个个优秀学生的事例和故事，以及西浦一届届毕业生亮眼的成绩单，人们好奇西浦为什么能够在短短4年里，把一个高考表现一般的孩子变成不一般的世界公民，并且释放出那么大的潜力？西浦国际化教育的

魔力究竟在哪?

席校长：这次到牛津，正在街上走时突然有人问我你是不是席酉民校长。原来他是西浦的学生，现在在牛津大学读化学博士。实际上，这种奇遇在英国逐渐成了常态。就在第二天我参加会议时，一个年轻人又走到我面前，他说："我是西浦的学生，现在在牛津读生物工程博士。"他马上要毕业了，刚卸任牛津大学中国学者联合会的副主席。

我们看到越来越多的学生通过在西浦的学习，再经过国际舞台的较量，一个个脱颖而出，不仅有上佳的表现，而且有比较成功的事业。我们为这些学生所取得的成就感到高兴，同时也对西浦经过10年发展探索、融合国际优势形成的教育体系，把自身特点充分释放出来的初步成绩感到满意。

说到国际化教育的特色，首先，西浦的教育体系很不一样。现在很多大学的课堂，还是在教知识。过去人们获得知识的渠道少、知识也有限，所以大家一定要到大学才能获得知识。但现在，人们学习知识的手段和渠道非常多，你可以在任何地方获取知识、学习知识。那么，大学就需要转型。处在这个知识爆炸的时代，如何让人们学会利用知识、学会站在知识和全球巨人的肩膀上，实现自身迅速成长，就变成一个大学最重要的功能。

所以，我们从一开始就告诫我们的学生和家长，大学不是一个学知识的地方，而是一个通过学知识获得成长的地方。基于这样的理念，我们认为每一个身体健康、智力正常的学生都可能释放其潜能，成为一个至少在其职业生涯中比较成功的人。

所谓成功就是做他们自己喜欢做的事情，而且能做得比较好。我们认为每一个人都有这样的潜质。那么，西浦的成功首先是帮助学生释放出这些潜质。我们把学生看作一个独立的成人，创造一种环境帮学生挖掘自己的兴趣、释放自身的潜能。

我认为这才是真正的"以学生为中心"，而不是说，你拿到了一个毕业证、考了很多高分，那些没多少意思和价值，真正有意义的是你是否获得了成长、锻炼了能力，是不是能跟这个社会共处。

如何来帮助学生获得成功，西浦有很多做法，包括大家可能已经熟知的：帮助学生实现从孩子转变到年轻的成人再到世界公民，从被动学习到主动学习再到研究导向型学习，从盲目学习到兴趣导向再到关注人生规划。西浦把学生视为年轻的成人，帮他们改变学习行为，让他们找到兴趣，从而形成梦想，然后去追逐梦想，再通过学校提供的各方面的帮助，逐步铸就他们能够追梦的翅膀。这是我们一贯的做法。

记者：诚如您所言，西浦的教育体系就是帮助学生释放潜能，获得成长和成功。那么，从国际化教育的成果来看，西浦学生的竞争力主要体现在哪些方面？

席校长：这可以从在西浦获得的成长怎样支持学生的生活和事业发展来分析。如果与他们在国内其他大学学习的同学相比，西浦的学生一定会有两个相对优势：一是较为突出的英语能力。只要他们努力了，经过西浦本科 4 年或研究生 6 年甚至更长时间的全英文教学的训练和这种语言环境的浸染，他们的英文一定会强于大多数在其他大学学习的同学。二是综合能力。因为我们把学生看作年轻的成人，给学生创造很多空间和机会，让他们自己独立开展很多事情、学会自主学习，从而锻炼和提高了他们的综合能力。而这种综合能力恰恰是过去中国学生和中国传统教育不太重视的，与国际学生相较比较弱的地方。有了这两方面相对优势，不管是在未来的求学还是工作中，与大多数的国内学生来比，他们都一定能够获得相对的竞争优势。

如果与非西浦的国际学生相比，西浦学生也应有两个相对优势。我们知道中国学生以往跟西方学生相比两方面是比较弱的，一是英语，二是综合能力。那么经过在西浦的训练，西浦学生在这两方面可以达到跟国际学生同台较量的水平。虽然与母语是英语的学生相比，西浦学生可能还不如他们强大，但至少可以与他们同台较量了。但西浦学生却有自己的两个优势，一个就是勤奋，另一个就是基础好。尽管中国强大的应试教育方法不对，但在基础教育阶段为学生打下了深厚的知识基础，西浦又继续重视强化这个基础。所以，西浦的学生无论是在中国还是走向世界各地，无论是跟中国的同学还是跟国外学生相比，他们各自都应有两个相对的竞争优势。除非是学生自己不努力，否则在事业发展上一定能占据相对的优势地位。

这是我们从理论和西浦教育模式分析推导出来的西浦学生的相对竞争优势。那事实如何呢？实际上西浦的领导力与教育前沿院（ILEAD）曾经组织过一些研究。从研究结果上看，西浦学生确实有这样的优势。比如，他们选取了 50 多位在英国最顶尖大学中攻读研究生的中国学生，一半是来自西浦的毕业生，一半是来自国内“985”大学或“211”大学的毕业生，分别从创造性行为、批判性思维、信息获取能力、自信研究等八个指标进行了比较分析。结果显示，西浦的毕业生整体上表现要优于他们的伙伴们。这是为什么呢？原因就在于我刚才所提到的他们在西浦受到的那些训练，使得他们的成长收获在研究生阶段得以充分展现出来。该研究表明，通过西浦本科训练的学生，在进入国际知名大学的研究生学习阶段，在知识获取、研究能力、行为方式、研究方法等方面都会有上佳的表现。

今年，西浦将迎来第八届毕业生，我们总共已拥有上万名毕业生了。在过去几年中，无论是我开始提到的在牛津偶遇的学生，还是我们学生的成功事例、就业单位对西浦学生的欢迎程度，都一一证明，西浦校友在实践中确实展现了我们在理论上所分析的那些优势，都在享用西浦帮助他们所获得的成长价值。

（记者：寇博）

4.6 高教国际化不是目标是基因

国际化应当是一种大学的机制，大学为学生和教师提供整合国际资源与参与国际化学习和科研的平台，既包括硬件水准的国际化，也包括软件层面的国际化。国际化的最高层次是师生员工包括大学真正成为“世界玩家”，可以在国际上有上乘表现、可以发声和参与规则制定！

2016年是西浦开办十周年。经过10年的发展，该校已受到不少学生和家长的认可，在高等教育界内的改革与实验意义也持续引发教育专家、学者们的关注。

值此之际，西浦执行校长席酉民对话《中国科学报》记者，与读者分享了他眼中这所“真正国际化”的中外合办大学的发展特色。他并不欣赏外界冠之以西浦头上的“洋大学”称号，在他看来，西浦的办学理念和发展模式是符合全球发展趋势及社会需求的，也是高等教育应对各项变革与挑战的积极回应。

4.6.1 以学生为中心

高考结束，考生开始考虑择校的志愿问题。而在过去从无到有的10年中，西浦吸引了越来越多关注的目光，也得到了不少学生及家长的信任。那么，学校人才培养模式究竟有何过人之处，才会令学生和家长不畏高学费选择前来就读呢？

对此，席酉民给出的答案很简单：“因为西浦真正把学生的发展放在心上。”

他进一步解释：“首先，从根本上来说，学校关心学生成长是天经地义的，这也是大学回归本质的一种体现。”席酉民认为，这种办学思路解决了学校发展的本质问题。

其次，席酉民表示，学校在对教育趋势、时代发展特征等理解的基础上，树立正确的教育观，这解决了办学的理念问题。“比如，西浦不会想要控制学生，而是重视培养他们的独立能力、责任感，释放他们的潜能等等。”

当然，解释至此，都是办学思路、教育理念等比较理论层面的内容，那么，怎样才能把上述理念真正落实到学校实践的方方面面呢？

席西民告诉记者，西浦所做的第一步是“让所有人理解”，这里的所有人指的是与学校办学相关的利益相关者，从学生到家长，从普通教师到学校管理及行政等支撑服务者，其实还包括上级主管、同行和社会上的利益相关者。

“我们利用各种机会反复向学生及家长们解释西浦的教育理念，也在开学典礼、校园开放日等场合尽可能地让他们了解和体会学校的理念与文化。”他解释道，之所以非常重视“理解”这一过程，是因为理解是各方在实践方面真正改变行为的基础。

“最后，我们希望经过各方的努力，能够通过以学生为中心的各种实践创造出氛围，从而自然而然地形成一种文化固定下来。”席西民说。

5 月 20 日，西浦在高等教育创新年会西浦教育论坛上首次发布《以学生为中心育人体系建立指南》（以下简称《指南》）。席西民表示，《指南》既是西浦实践的理论总结，也是西浦希望在教育改革中发挥影响力的创新尝试。《指南》旨在进一步推动提升国内高校办学中“人才培养”的核心地位，引发高等教育界对国际教育重塑机会下中国教育如何应对挑战以及“以学生为中心”的育人体系的研讨和实践。

4.6.2 教学为生，科研为升

在采访中，席西民提到，可能西浦在学生和家长眼中的第一印象是“留学预备营”“出国很方便”等，但实际上，西浦不仅在教育上有很深的探索和成功的实践，在科研方面也十分注重。建校伊始，学校就定位为建设研究导向型大学，在学校下一个 10 年的发展计划中，科研就是重点之一。

对于西浦教师来说，进入这所学校教书并不容易，但进入这所学校之后所获得的自由空间却又足以令他们欣慰。

所谓的进入很难，是指西浦招聘教师时的国际做法。“西浦教师全部面向全球招聘，考察申请者的学术造诣、教学及科研方面的积累或者潜力，以及其对教育的热情。”席西民说。

据他介绍，西浦对教师提出的目标是“教学为生，科研为升”，换言之，教学是第一位的任务，而科研方面，教师可以全凭个人兴趣出发，或借助学校搭建的科研平台进行校内外和国内外的科研合作。国际水准的薪酬水平保障了教师的生活水平，同时学校不在科研方面对教师做限制，对于一些政府科研基金、项目的申请，学校也只是鼓励教师参与，并不设硬性考核指标。

“做科研，对于老师们来说，是个人兴趣的满足，也是他们自身在学术界发展的必经之路。在这方面，学校给予了他们充分的自由，帮他们结合自身兴趣去探索和发展。”席酉民说。

在西浦，教师因为受到“教学为生”要求，对教学自然尽心尽力，科研可以从兴趣出发，除此之外，在学校的服务和管理方面，他们也“感觉不错”。

“最直观的例子就是，在西浦，任何老师可以很方便地找到校长聊天或者反映情况。而这在一般国内高校中是非常难的事情。”席酉民举例道。

他还向记者展示了手机中一段某教师发来的微信文字。这位曾经在国内某著名高校工作多年的教师向席酉民感慨，西浦给予教师的自由和支持实在是令他感动。

4.6.3 真正的国际化

近年来，国内有越来越多的中外合办大学陆续开办，除西浦外，还有宁波诺丁汉大学、昆山杜克大学等，一些海外名校也开始来到中国大陆开办分校，如上海纽约大学、香港中文大学（深圳）等，与此同时，国内大学尤其是一流高校也在不断地提升自己的国际化水平，在教学科研等方面都越来越重视国际视野。

面对这种发展趋势，席酉民表示，我们应当对国际化进行正确的理解。

“什么叫国际化？提到这个概念时，人们最常见的理解就是指标层面的国际化，比如国际留学生比例、国际教师比例、英文授课的课程数量、是否选用原版教材等。”他说。

尽管这些指标也是目前各种大学排行榜衡量大学国际化水平的普遍考察指标，但在他看来，这种对于国际化的理解和追求未免有些肤浅。

在席酉民看来，国际化应当是一种大学的机制，大学为学生和教师提供整合国际资源和参与国际化学习和科研的平台，既包括硬件水准的国际化，也包括软件层面的国际化。而那些指标层面的国际化，应当是大学在国际化发展过程中顺带达到的水平，而非刻意追求的目标。国际化的最高层次是师生员工包括大学真正成为“世界玩家”，可以在国际上有上乘表现、可以发声和参与规则制定！

作为一所中外合办大学，西浦在创办之初就有着天然的国际化基因，而谈到西浦的育人目标时，席酉民说，“世界公民”四个字是西浦的最终目标。

设定这一目标的理由也很容易理解：作为一所国际大学，西浦培养出来的学生，无论毕业后在哪里工作，都要有全球视野和竞争力，因为他们要在全球市场上拼搏和发展。

4.6.4 如何培养世界公民

那么，“世界公民”目标背后意味着应当具备怎样的能力呢？

“跨国界、跨文化、跨专业的教育才能培养出世界公民。”席酉民说。

“要参与世界竞争，首先，需要一种跨文化的理解力。其次，应该拥有一种复杂的心智。”他解释道，我们过去训练人的时候基本上是科学的心态、科学理性的分析。但是，现实社会的复杂，让你必须有除了科学以外的对人的理解。

“此外，学生还需要学会整合思维，包括西方的分析哲学以及东方的整体哲学，能够有效地结合两种哲学思维。学生还应当不惧怕变化，积极地拥抱变化，擅长变化管理。这是未来跨文化管理必须具备的东西。”席酉民说。

席酉民坦言，这样的目标对于教育者提出了挑战，必须再定义大学，反思教育，重塑教学。他说：“就大学使命讲，认真思考培养人，培养什么样的人，怎么样培养，我们就会感觉到肩上的担子非常重。因为我们现在所从事的教育，已经跟不上时代的需求。我们必须改进。”

在这样的挑战面前，传统的教师在上面讲，学生在下面听的教育方式，已经不是时代需要的教育。席西民强调：“学生根本不需要简单地去记，一部 iPhone 基本上可以把大百科全书全装进去，学生想了解的东西随时可以查阅。”

席酉民告诉记者，他对西浦的学生和家长常讲一句话，“大学不是一个学知识的地方，学知识是一个过程、一个手段，大学是让学生通过学知识成长的地方”。

而现在，西浦在做的事情是把学校和网络同样变成一个资源平台，在具备这样的资源条件下，思考和探索让学生从一个吸纳知识点的气球变成一个有造诣的人。“我们试图通过改变教学过程，改变教学方法，让学生变成有造诣的人，同时实现有知识的深度、广度和高度。”席酉民说。

作为校长，席酉民希望学生具有全面发展的素养，而学生中日益涌现出来各种寓于特色的个人发展案例，也让他十分欣慰。他们可以在不同的文化环境中适应且发展，也并未被大学教育所限制，而是获得了更广阔的探索空间。

“例如，毕业生薛伯特已经以电子音乐制作人和 DJ 的身份正式签约美国 Tazmania 唱片公司。而西浦给了他这种个性发展、自由生长的土壤。”他笑道。

（《中国科学报》，2016 年 6 月 23 日，韩琨）

4.7 西浦学子破茧成蝶飞向国际舞台

每当毕业季，西浦毕业生总会传来一连串的好消息：化学系毕业生谢若晨收到了牛津大学直读博士的通知书，洛宇疃接连收到了斯坦福大学、牛津

大学、哥伦比亚大学等世界名校的研究生录取通知书；德勤、博世等世界名企也纷纷向西浦国际商学院信息管理专业毕业生王燕梅抛出橄榄枝……

这并非个案，根据《西交利物浦大学 2016 届毕业生就业质量报告》显示，2016 届毕业生近 20% 被全球排名前 10 的顶尖学府录取，76% 赴世界前 100 的大学继续深造（《按 2016—2017 QS 世界大学排名》）。

西浦的学生优势到底在哪里？国外高校对西浦学生的评价是，基础扎实，勤奋，在学习方法和心理素质方面都有较好的表现；跨国和国内公司的评价是具备国际化视野、良好的职业素质和综合能力突出。

这些学生当初高考成绩并非特别突出。4 年后，他们凭什么收获这样华丽的简历和成绩？在大学期间都做了什么？

4.7.1 兴趣是自主学习的动力来源

谢若晨入校时就读于电气与电子工程系，但他更偏爱化学。大一期间他如愿以偿转到化学系，4 年后他被英国牛津大学化学系录取为直读博士研究生。

谢若晨说：“宽松的环境让我的兴趣得到了充分发展。”

在大学开放日活动里，各院系老师都会亮相并面对面解答来访家长和学生有关专业的咨询。让谢若晨印象最深刻的是化学系当时的系主任郭景德，他来自斯坦福大学，“这是一位特别谦逊、慈祥的老教授，当时跟我讲了许多他对化学学科的认识，还带我去化学实验室参观，更加坚定了我选择化学系的决心。”

转到化学系后，谢若晨开启了适合自己的学习模式。“高中是老师教什么，学生就学什么。进入大学后，是根据兴趣自主学习，老师给出指导，运用批判性思维去进行深入学习和研究。”

“要帮学生筑梦，并帮他们插上追梦的翅膀，给学生全面的发展空间和机遇，激发他们的潜能和兴趣，让学生有更丰富的人生经历，在更多尝试中自由发展和生长。”西浦执行校长席酉民教授说。

4.7.2 本科生参与前沿科研

申请牛津大学、剑桥大学等世界名校，除了英语成绩和专业成绩，相关的实习和科研经历也非常重要。

谢若晨坦言：“没有科研经历，我不可能那么顺利。”

“不管做什么，都要做到世界一流！既然选择了化学，就要做一名在领域内具有世界影响力的化学家。”这是谢若晨定下的目标。

大学期间，谢若晨不放过任何提高科研能力的机会。大二暑假，他先去父亲的实验室尝试学习了一些毛细管电泳的前沿技术，后来又去广西师范大学学习荧光分析，每天工作 12 小时以上。

大三暑假，谢若晨申请了西浦暑期科研基金项目（SURF），主要研究分子电子学。该课题组利用石墨烯和金电极测量单个有机分子结的电导值，这项研究在分子电子学领域具有重要价值，其研究组已有成果发表在该领域著名的英国皇家化学学会期刊。2016 年诺贝尔化学奖也授予了该领域杰出的科学家。

西浦非常倡导本科生参与前沿科研，谢若晨表示：“学校对学术写作、研究方法、研究思路的重视和培养，让我们在参与科研项目时，上手快，能够‘帮得上忙’，所以老师也喜欢让我们参与进来。”

沿袭了英国高等教育制度的西浦执行高标准的学术规范，学生在语言沟通方面无障碍，能很快适应国际名校。

4.7.3 实践经历征服名校

生物系的许越维拿到帝国理工学院的录取通知书，他说：“实习和研究经历发挥了决定性的作用。”

西浦学生长达3个月的暑假着实令其他大学的同学羡慕。然而，许越维暑假不是在实习就是在实验室里工作。

西浦有一项规定，本科生需要在4年学习期间完成90小时课外实习。大一暑假，许越维在一家生物技术公司实习了3个月，他参与了实验取样和观察记录等工作。

大二暑假，他申请到西浦神经生物学研究中心担任实验助理，做实验，整理和分析数据。在大三暑假开始前，许越维已选定了毕业论文的方向，暑假就申请进入导师的实验组学习和提升各种实验技术。

建筑专业杨楠也从来没休过暑假，三个暑假，他先后在世界500强企业、云南省设计研究院、建筑事务所实习，真正体验到建筑师工作的日常生活，加班、周末赶工、项目汇报前通宵准备……

丰富的实践经历让杨楠有了明确的职业发展规划，也让他获得了荷兰代尔夫特理工大学读研的机会，毕业后，他从上千名申请者中脱颖而出，进入荷兰最具影响力的建筑事务所。

“建筑行业拼的是综合实力，公司很看重以往的实习经历和工作经验。”杨楠说。

4.7.4 牛教授经历闪亮，小班化花式授课

“作为一所国际大学，西浦培养出来的学生，无论毕业后在哪里工作，都要有全球视野和竞争力。”席酉民说，培养具有跨文化理解力、整合思维以及世界竞争力的“世界公民”是西浦的最终目标。

这些“不一般”世界公民的培养也离不开西浦强大的国际化师资队伍和先进的教学方法。

席酉民介绍，西浦从创设初就吸引了全球范围内的优质人才资源，西浦所有的师资均是全球招聘，近千名的师资人才中87%以上是来自全球50多个国家的海外高端人才。

关注科学前沿，启发学生兴趣点，引导课堂讨论，师生一对一指导，许越维对他的大学状态很满意。

在做毕业论文时，许越维经常与实验室的博士生、硕士生、实验助理聚在一起讨论。“在西浦，一个导师通常只指导 1 ～ 2 名本科生毕业论文，和老师沟通很通畅，还有更多跟博、硕士生学习、进入实验室操作的机会。”

计算机科学软件工程系的黄鑫教授还组织了一个学习小组，组内有博士生、硕士生还有本科生，除了本专业外不乏其他院系跨专业背景的学生。

被美国南加州大学录取的李宓很喜欢这样跨学科的学习小组，他们每周组织一次研讨会，40 多人按题目和项目自由组队，分享观点、相互合作，做研究的氛围十分浓厚。

西浦在进一步深化已有的国际化“专业精英”教育模式的同时，开始探索国际化“融合式精英”的培养新模式——“融合式教育”。

席酉民介绍说，西浦融合式精英教育可分两种模式：一是今年即将开始的融合式教育探索的领航项目“工业企业定制化教育”，二是正在筹办的融合式教育的创业家学院。

席酉民说：“融合教育将引领未来教育发展，对未来高端人才教育提供一种可供借鉴的模板。”

（《中国青年报》，2017 年 6 月 19 日第 6 版）

4.8 浮躁和功利心太重掣肘大学健康发展

“为什么我们的学校总是培养不出杰出人才？”

2005 年，在病榻上，94 岁的钱学森发出了这样的疑问。如今，12 年过去，这个问题仍振聋发聩。

但是，日前，著名管理学家、西浦执行校长席酉民却告诉红星新闻，其实，“钱学森之问”是个伪命题，“钱老内心是清楚的……如今的教育，浮躁和功利心太重。”

是的，在部分高校，浮躁的氛围没有减退，功利化的趋势未得到有效遏制。

近年，多所知名高校的学生或老师被爆出抄袭论文的丑闻。在席酉民看来，“从育人角度来讲，这是极其荒谬的，从管理角度看，过分浮躁和学术指标化是推手。不少大学已经沦为考证机构。”一个以教育为生命线的地方，接连曝抄袭或作假丑闻，有辱教育尊严。

据教育部统计数据，2017 年又有 795 万高校毕业生涌向社会，这个数字比去年增加了 30 万。

又一个“最难就业季”来临，很多人疑虑，中国教改该向何处去？

建校 11 年，西浦在中西方教育理念的冲撞中摸爬滚打。席酉民说，西浦是羊群里的一头狼，要去撬动中国教育体制的改革。

4.8.1 超 80% 毕业生去世界知名大学深造

2017 年 8 月 11 日，在西浦中心楼内，红星新闻见到了席酉民。

那是一位满头银发的长者，健朗而又富有热情。说话时，他喜欢用“一、二、三……”来逐步说明自己的观点。

在席酉民身上，管理学得到很好的实践。从 1998 年开始，席酉民即是西安交大副校长，彼时，仅在行政领域，他就身兼数职，是交大产业集团、交大教育集团、交大康桥集团和三所校外研究院的掌门人。

2004 年，是中外合办大学的开元之年。这一年，在江苏苏州，西安交大与英国利物浦大学签订协议，开始筹划西浦。

那个时候，席酉民即多方奔走，参与其中。终于，2006 年 5 月，西浦正式挂牌成立。

席酉民说，2008 年，不到 2 岁的西浦在管理及战略上亟待加强。利物浦大学再次邀请他出山，操刀这个学校的发展。

2008年8月，席酉民辞去了西安交大的行政职务，前往苏州，成为西浦“掌门人”。

但在正式做出决定前，席酉民曾亲赴苏州，“要排除战略风险，也就是要明晰当地政府对西浦发展的态度。”

那是2008年三四月的一个晚上。当晚11点，匆匆赶到苏州后，席酉民即约了当地政府官员，聊了个把小时后，席酉民感觉，政府积极支持，西浦有持续发展的基础。

他说，“对我来讲，之所以愿意做，是因为我对中国的教育体系、社会的需求有充分的认识。中国的教育市场足够大，而国人又对既有的教育不满意。平台在那儿放着，战略上又没有风险，这就是机会”。

那个时候，西浦正处在起步阶段，教师几十人，学生数百人，“没有几个人看好她”。

席酉民正式到任后3个月，即与团队拟定了西浦的愿景使命、教育理念、战略规划、财务模型等整套体系。

很快，局面开始扭转。西浦的本科招生规模从2006年的160余人首次增加到2011年的2 200多人。此后，招生规模逐步扩大至接近计划规模的3 500名（2017年3 350名），生源质量逐年提升，高质量教育的故事广泛传播。

今年，又一届毕业生要走出校门。据不完全统计，“西浦80%的毕业生将赴世界知名大学深造，其中，超过1 120名学生被斯坦福大学、牛津大学、剑桥大学、帝国理工学院等世界排名前100名的高校录取。”

其实，在西浦，这样的“深造”比例已经持续多年。2010年，西浦送走了首届毕业生。据校方数据，当时，97%的学生远赴海外攻读硕士、博士研究生，其中20%就读世界十大名校。

校方提供的一份《西交利物浦大学2016届毕业生就业质量报告》显示，该校共有毕业生2 047人。值得注意的是，在该校1 982名本科生（中国内地）中，有81.84%（1 622人）选择继续深造，350人直接就业。

在升学群体中，76.08%（1 234 人）进入世界排名前 100 大学。而在就业方面，西浦的毕业生主要集中在江苏、上海、北京三地的金融业和房地产 / 建筑业。其中，108 人进入四大会计师事务所、著名跨国公司、世界 500 强等。

自诞生以来，西浦一直被寄予教改厚望，4 年前，《人民日报》曾将“特立独行”的西浦视为“教改鲶鱼”。

但是，它的入局真的能刺激到庞大的鱼群，以致发生“鲶鱼效应”吗？

这样的问题令人困惑，但这样的追求却使人振奋。有人质疑，西浦只是个留学中转站，是国际名牌学校的生源基地。

今天（8 月 15 日），在微博上，关于“一流本科教育什么样”的话题登上热搜，北京大学教授、中国工程院院士高文在接受《中国青年报》记者采访时，表达了自己对本科教育的担忧，“经常有人说，自己的大学教育质量高，一个班二三十个学生本科毕业后去国外读书了。这很奇怪，国家投了那么多钱，培养出来的好学生都出国了。国家不会禁止这样做，但是如果把这个作为培养目标显然是误区”。

对于这样的观点，席酉民并不认同。他说，不同的人有不同的人生规划，大部分西浦学生希望完成研究生教育后再进入职场，那么继续深造也是追求，更是他们成长的一种途径。习主席提出人类命运共同体的全球发展理念和中国强国梦，中国人如果在世界上没有好的表现和发言权，何谈世界强国？我们欣喜地看到，西浦培养世界公民理念结出的硕果：8 届共 1 万名毕业生在全球表现精彩，特别是学成后纷纷回国大展宏图。

4.8.2 放弃学知识，让学生学会成长

近些年，中外合作办学似乎成了一种潮流。公开资料显示，截至目前，全国共有 160 余所院校有中外合作办学专业。

席酉民告诉红星新闻，在国内，中外合作办学主要有三种模式：第一种是合作项目，较多，但影响比较局限，它未形成完整的国际化教育体系；第

二种是校中院，这类国际学院相对封闭，仍在中国的教育体制内，受到的约束较多；第三种是中外合办大学，即独立法人的院校。

他强调，中外合作大学本质上也有差别。目前，就具有独立法人地位的中外合作大学而言，全国共有 9 所，“从名字就可以看出其异同。一般是外国大学的名字加个地名，模式上近似于外国大学在中国某地建设教学基地、教学区或分校园。西浦的校名虽含有两个母校的要素，但是未包括地名的独立名字，这其实表明西浦想成为中国土地上一所独立的国际大学。”

席酉民直言，“现在，学知识已经不重要”。

他进一步解释称，几百年来，大学的基本功能就是传授知识。“是的，以前可以学到知识的地方很少。但现在不一样了，任何地方都能学，何必去课堂。”

“所以，西浦放弃学知识。学知识只是手段，帮学生成长才是目的。”席酉民斩钉截铁。他说，西浦要让学生学会学习、学会成长，从孩子成为“年轻成人”发展到世界公民，从被动学转化到主动学，再学会研究导向型学习，从盲目学习到兴趣导向再到关心自己的人生规划。

在席酉民眼中，引进纯粹的、所谓原汁原味的外国教育可能在一开始就落后了，“因为现代整个世界教育面临重塑，世界一流大学的教育并不意味着就适应未来的需求。”

“全世界的教育模式，大体分为三种，”席酉民解释，“第一种是美式教育，它最大的好处是灵活性，提供资源和空间，让学生自由发挥。但它对个体关注不足，在校 4 年或者 6 年，毕业不毕业，是你自己的事。你是成人，你对自己负责。第二种是英式体系，重质量控制体系。它最大的好处是，关心每个人学到最基本的东西。不过，它太僵化了，不利于创新。在这个需要变革的时代，它约束了教育的变革和创新。第三种是东方的教育体系，最主要的是教知识，是灌输式、“填鸭式”的教育。好处是，设法使每个受教育者打下较扎实的知识基础，但方法被动。这在缺乏知识的时代很管用。但现在，获得和记忆知识不再是学习的最重要任务。”

所以，2008 年，当席酉民成了西浦的“掌门人”，他开始将全球几大教育模式的优势逐渐融合，“为世界的教改探路。”

4.8.3 “中国的很多大学已经沦为考证机构”

这 11 年，西浦到底做了些什么？

席酉民告诉红星新闻，在西浦，学生是年轻的成人，“人有三个年龄。进大学时，学生的生理年龄已经成年。但他们的心理年龄却很幼小，之前被父母和老师管着、惯着。特别是，他的社会年龄很小，对怎样处理社会关系、人际关系……缺乏认识。其实，直到现在，即使是非常一流的大学，都把学生当孩子看，几乎包办一切，控制一切，生怕出事。但在西浦，我们的目的是，让孩子去挑战，不能因怕事而让学生失去很多锻炼成长的机会。所以，学校最重要的是创造环境和条件，帮助他们健康成长。这是核心。”

为了帮助学生成长，西浦发展了四大导师体系，即学术导师、学友导师、生活导师、校外导师。

“学知识不等于成长。很多中国学生很会考试，积极考证，结果证书一大堆，但还是个孩子。”席酉民对中国传统的教育模式有些失望，“中国的传统教育是内容导向，老师主导的被动式的知识传授，还是看重学历，看重各种各样的考试。不少大学已经沦为考证机构。”

虽然 11 年过去，但西浦面临的最大挑战仍是与传统教育观念和习惯的“对抗”。

2008 年，当席酉民来到西浦，这种“对抗”更加明显。在西浦他坚持放弃了英语四六级考试，“不是说四六级不好。是它把语言没有当语言考，而是当技巧考。考完以后，学生还是不会用英语。这是我们要挑战的。结果，很多人要游行、要举报。最后，我们干脆在招生简章中注明，西浦不组织四六级考试。我们要求学生学好英语，并且告诉他们，如果用人单位不看实际水准还僵化地以四六级证书选拔人才，那就没有必要去。当然，还有其他各种考证的影响，我们一直在挑战。”

但是，放弃四六级的西浦却有着严格的竞争机制，包括淘汰、补考、重修，“一个考生的成绩不是一个老师说了算，而是一个体系，要经过老师、内部考官、外部考官、考试委员会，才能最终决定，并且要分析它的合理性。很多家长不理解，早年曾有人要游行、要抗议，‘为什么让我孩子过不去。’”

除此之外，受英国和中国两种教育体系的要求，西浦根据未来社会发展趋势及其对人才的需求，在教育方法、新专业设置等方面也在摸索。

席酉民认为，有些东西，政府或上面要求，学校抱怨，其实这些要求不是没有意义，而是下面没弄清楚，用了不恰当的方法，以致学生产生了抵触心理，“是你的方法不对，让正确的东西变得似乎不正确了。”

“比如‘两课’（马克思主义理论课和思想政治教育课），”席酉民告诉红星新闻，“你在中国生活、工作，不理解这些行吗？国内很多高校，把学生看成孩子，简单灌输，要求他们进脑子，导致学生产生抵触。我们做法是，学生是独立的成人，要让学生面对真实世界，其中有红、有黑也有黄，你要想在这个社会中生存，你就需要正确地、有能力地面对这个复杂世界。你可以用自己独立的思想去判断它是好是坏，并以自己的能力和责任改善这个世界。在西浦，‘两课’评价甚至比其他的课程还高。”

4.8.4 “朱清时的尝试不能算失败”

席酉民感慨，中国的很多大学没有真把学生放在中心，而是以各项指标、各种项目为中心。这是功利主义，是浮躁。老师没办法静下心、没办法坐下来，成天围绕各种项目和指标转。这样，很难冒出大的科学发明创造，也会导致走“捷径”的抄袭或作假，“这怎么能培养出大师？”

近年，“去行政化”成了教改热词。

但在席酉民看来，这又是个伪命题，“没几个人说清楚了其中的要害。”

他认为，大学是个知识组织，最主要的是如何提升知识工作者的有效性，

“做学问不是你决定干啥就能干出来的，它是‘冒’出来的。大量科学的发现，是靠兴趣和长期的探究‘冒’出来的。”

但是，行政服务必须依靠权力，这样才更高效，“行政权力应为学术权力提供保障和服务。”

不过，现实是，“中国大多数大学，两种权力正好错位，是混淆的。行政权力做学术权力的决策，使得学术没办法按它的规律发展。学术判断的逻辑和行政的不一样。正确的方法是，两者并行不悖，相互补充。在西浦，所有学术活动，由学术委员会说了算，而不是校长办公会等行政组织。”

2014 年 3 月，朱清时卸任后，南方科技大学党委书记李铭曾到西浦取经。

关于朱清时院士的教改成败至今仍有争议。

席酉民说，朱清时的尝试不能算失败，“朱院士有很高的理想，他想改变中国教育的积弊。但是，在这个过程中，如果对学校发展的定位、运行模式以及面临的挑战有更系统的研究，且采取恰当的策略，许多改革就会落地。例如，他想进行大学学位改革，放弃国家学位授予权，学校自己授学位。但大学是一个信息不对等极高的组织，尽管从院士、师资、教育理念可看出教育的先进性，但没有一定的实践，谁会相信你。百年名校是靠口碑喊出来的；再如，改革是艰辛的过程，自然需要社会的沟通和共识，但媒体的过度融入，则可能被绑架，也会波及与政府的合理的互动关系。一个人理想伟大是值得敬佩的，但如若无法回避战略性风险，则实现理性的道路就会充满荆棘。”

客观上，西浦每年8.8万元的学费将很多人“拒之门外”，被一些人称为“贵族学校”？对于这样的疑问，席酉民并没有回避，他说，这是错误的理解，中外合作办学只是对中国教育的补充。它给不同的学生提供了多样的选择，“你不能让西浦去承担教育的所有社会功能或责任。真正教育的公平，是整个教育体制的公平。西浦只是羊群里的一只狼，要去撬动教育体制的改革，探索未来教育的道路。”

（红星新闻，记者：王春）

4.9 AI时代的竞争规则是将兴趣开发到极致 

出国、上国内“985”还是去中外合作办学名校？

从2003年9月1日实施《中华人民共和国中外合作办学条例》至今，越来越多的中外合作办学，为考生们在中国本土接受大学教育提供更多的选择。

2018年6月23日，21世纪经济报道记者在北京的一场西浦组织的关于AI时代的教育论坛暨招生说明会上，看到很多为孩子填报志愿发愁的家长。家长的问题包括，今年的分数线会不会继续拉高，没有“211”“985”标签的中外合作办学是否影响学生就业……

西浦由西安交通大学和英国利物浦大学于2006年在苏州合作创立，至今已走过12年，是中国最早的一批中外合作办学学校。其发展路径颇具样本意义。在活动上，21世纪经济报道记者专访了英国利物浦大学副校长、西交利物浦大学执行校长席酉民。

席酉民今年61岁，从西安交通大学到西浦，从传统“985”高校到中外合作办学高校，数十年的高等教育从业履历，让其对中国高校教育理解深刻。在专访中，他对中外合作办学经费、师资以及人工智能时代的教育和未来大学的模式一一作答。

4.9.1 进中外办学：不仅仅是为读国外名校

《21世纪》：目前高考分数刚出来，西浦从2006年开始招生，这12年来咱们的招生生源或者说分数线有哪些变化，刚听很多家长都在关心这个问题。

席酉民：我们的分数一直是高于重点线，而且一年比一年高。这也是随着学校的发展和品牌的逐步提升发生的变化，这很正常。

《21 世纪》：刚才很多来了解招生的家长跟我说，如果不是因为想出国，肯定不会选择西浦。外界也有说我们是“世界名校加速器”，你如何看待这个称谓？算是好的评价吗？

席西民：很多家长对西浦的理解是片面的。早期很多人念西浦是为了出国，但现在越来越多的家长理解了，来这里是为学习和成才的，因为我们培养的学生受到了国际认可，很多人确实进入了世界名校，继续其研究生深造，这既是一个选择，也是我们的一个优点，当然我们还有其他优点，核心是帮助学生成长。去年有个北京家长给我写信，因我们在北京的招生名额不多，遗憾的是他孩子没有报上，但他做了 10 多万字的关于西浦的资料分析，这个家长是懂西浦的。

《21 世纪》：目前很多企业招人还是要看是否是“211”“985”的毕业生？这对你们的学生就业有影响吗？

席西民：事实上，我们的学生就业状况很好，没听说因为没有“985”“211”标签受到什么影响的。另外如果一个企业用人只考虑“985”“211”的学生，那么这个企业以后肯定发展不好，因其封闭的用人观很难健康发展。

《21 世纪》：你说企业招人不应该以“211”“985”为评价指标，那你面试招聘老师，不看学校出身吗？

席西民：我们招聘老师主要看的指标，第一是科研，第二是教学，第三是科研和教学相关的管理工作。老师过去有没有科研记录，有哪些有贡献的研究，这些都是可以查的。至于应聘者是哈佛还是哪个学校毕业的，这也是一种参考，但我们更多的是关注研究表现，有没有研究潜质，还关注同行评价，也就是教授对教授的评价，教学方面，看老师有没有教过书，国际学校都有教学评价体系，包括学生评价、老师的评价等。

《21 世纪》：2012 年你提到，西浦以世界知名大学标准面向全球选聘师资，目前 80% 的老师是外籍教师。优秀的师资在全球都是稀缺资源，你们如何跟国内名校乃至全球名校竞争师资资源？

席西民：是待遇方面，我们能提供在全球具有竞争力的薪酬，因需要跟全球竞争优秀师资，所以必须有竞争力的薪酬，跟国内相比，我们给老师的经费是透明的和可持续性的，不会今年有，明年没有了。另外一方面，我们的教师大部分是外籍教师，而中国的国际竞争力在提高，中国对国外老师的吸引力也在增强。第三，我们位于苏州这样有吸引力的城市也是一个因素。第四，我们有比较宽松的创新氛围，让老师可以按照他们的创新思路去发展。第五，我们有宏大的愿景和理想，这对有情怀和抱负的人才很有吸引力。

《21 世纪》：在学校财务的可持续性上，西浦正在打造“五根支柱”的财务支撑体系：学费收入、研究经费、教育发展基金会、地方政府支持和国家支持。目前五根支柱各占多大比例？

席西民：具体五大板块各占多少，是不方便透露的。至于哪个板块占大头，学生学费肯定是第一的，另外还有其他财务运作、捐赠、合作、研究经费等。第二应该是地方政府的投入，例如我们首批的校园建设，10 多个亿是地方政府投入的，我们在太仓建设教育实验基地，基础设施建设 28 亿元，都由地方政府投入。至于国家支持方面，有贫困学生的奖学金，还有研究项目资金，我们是希望国家有生均拨款，这也是我们想争取的，也可体现国家教育公平。

4.9.2 谈创新教育：AI 时代的竞争力

《21 世纪》：今天大家的讨论有两个关键词，一个人工智能，一个是未来大学的教育。在人工智能的背景下，如何理解未来教育？

席西民：未来教育，简单的知识获取是从小孩子上幼儿园开始的。能力和知识是一个硬币的两方面。通过学基础知识，人的能力也在提升。当你具备自我持续学习的能力，又有扩充知识的需要，就形成了一个螺旋式上升的过程。现在有 Google，有百度，有手机查阅知识，人很难无知。传统的以传授知识的教育已经逐渐丧失了消灭无知的功能，而现在的人们很容易找到自己想要的知识。

但是人们即便拥有知识，认知也可能是很肤浅的，这时候需要人有能力去判断，需要有能力去整合知识，然后上升为智慧。人工智能时代，能力很重要。我觉得未来，人在从幼儿园到中学学习过程中，学到了生存的基本知识，学会了学习，学会了批判性思维，发展出自己的兴趣。这时，你可以进大学念书，也可以不进大学念书，在你具备了基本的学习能力以后，就可跟随兴趣进行有针对性的学习。这时候大学的存在，可能不是简单提供一个学位学历，而是提供人们终身学习的空间和一个帮人们追逐自己兴趣的科学探索或创新生态。

人工智能时代，对于学生来说，最重要的是在建立了基础知识和学习能力以后，按照自己的兴趣和追求去学习与工作。到那时，机器可以做很多事，人可利用之追寻自己人生的兴趣。未来社会的竞争规则不是你什么都会，而是你在你感兴趣的一个领域里做到极致、有超人的地方，哪怕在很小的领域，但是只要你把它做到极致，再利用网络放大出去，就会产生巨大的效益。所以未来的竞争规则千万不要说什么都会，什么都会是没有价值的。只要在什么都会的基础上，把一个东西做到别人超不过你，你就有空间和未来，这就是未来的竞争逻辑。未来的教育是让每个人的兴趣变成他的“绝招”，让他的绝招再通过互联网、物联网放大到全世界，你对社会就有可能贡献无限的价值。当然，这也是未来人才的竞争机制，不是什么都懂，而是有能力把自己感兴趣的东西做到极致。

4.9.3 AI 时代的大学：培养和支持学生的兴趣追求

《21 世纪》：在人工智能时代，你们学校跟其他学校最大的区别什么？

席西民：最大的不一样，就是帮助学生健康成长、让学生发现自己的兴趣、训练学生追求兴趣的能力。如果学生对一个东西没有兴趣，是很难教的。所以我们先要让学生有兴趣，设法给学生足够的空间，让他们自己选择，这跟其他大学很不一样。例如，在招生的时候，国家的考试制度没办法让学生按第一志愿入学，因为要把名额按专业分到各个省，西浦虽无法改变这一政策，但尽可能改变招生策略，使学生按第一志愿进到学校里，而且还给学生在校重新选专业的机会。

人工智能对教育的影响，实际上不是简单的在学校里开人工智能的课程，也不是在学校里开人工智能的专业，是由于人工智能改变了世界，整个教育应该怎么样适应人工智能化后的社会问题。在西浦我们有人工智能研究院，人工智能的专业也与其他好几个系都有联系。他们该做什么研究就做什么研究，有的是算法问题，有的是用人工智能做一些应用性的研究。本来今天我应该参加一个西浦全球选聘的人工智能教授的面试，在我们看来教授是学校的股东，因为他们的知识和经验是办学的资本，教授可以跟校长直接对话，所以我要亲自参与面试。但与大家交流人工智能对未来教育的影响也很重要，所有才有了你们采访的机会。

《21 世纪》：在发展学生兴趣方面，我们现在可以做到什么程度?

席酉民：经过努力我们可以做到让 90% 的学生按第一志愿入学，不是简单看分数，一定要让学生有学习兴趣，这是第一个。进来以后，很多学生也会改变自己原始的想法，那么我们会给学生一年时间去认识自己，学生可以调整专业，第一年有两次调整专业的机会。第二个，西浦的教学不管是人工智能还是其他的，不是简单地教知识，是通过学知识让你成长，首先，老师上课一定要带着问题来，引导学生通过研究学会问题意识和研究。其次，就是学会搜寻知识。再次，学会自己整合知识解决问题，最后，在解决问题的过程中提升学习和其他能力。这种学习方法可以帮学生树立问题意识，培养搜寻知识的能力、解决问题的能力、表达能力、跟别人合作的能力，还有执行力。在教育上，我们每年要花很多的钱买相关材料和数字资源，然后让学生在老师的引导下在这些资源基础和学校全方位的支持下自己折腾。能力是教不出来的，素养靠熏陶，能力靠训练，智慧靠悟。意思就是大学校园要营造成帮学生训练能力、熏陶素养、提升智慧的环境和场所，这样的环境培养出来的人的能力和智慧一定会优于应试教育教出来的能力和智慧。

所以大学怎么创新？到西浦会看到大学不是简单上课。很多家长抱怨，一年8.8万元的学费，上课时数少，有的学生还不去上课，认为很亏。我问他们，谁告诉你上大学就是上课？上课只是大学教育的一小部分，是引导学生学会学习、形成一种正确的人生态度，正确的行为方式。这些东西有了，上没上课不重要，那堂课万一错过，学生还可以在网上重新学习课堂上的东西。以学生为中心，帮学生学会学习，健康成长，是教育最本质的东西。坦率来讲，我觉得西交大算是传统大学里教育比较好的，门槛高、要求严、基础厚。在西浦待了10年，在传统“985”高校也待了20多年，我深知教育机构里，教育理念和教育做法差距太大了。

（《21世纪经济报道》，记者：周慧）

4.10 “双一流”建设与中国教育发展

《大学》：国家“双一流”文件及实施办法出台，一流高校的建设离不开一流学科的支撑，而一流学科需要一大批科研人才队伍和教师队伍，您认为对高校教师和科研队伍提出了什么样的新要求？

席酉民：国家出台“双一流”建设方案，试图推进一批中国学科和大学尽快进入世界一流行列。而学科和大学一流的基础是人才一流，只有一流的师资，才可能办一流的教育，开展一流的研究，并通过研究支持培养更多一流的人才，所以“双一流”的根本目标应对准立德树人，而不是只看重科研指标。因此，办学理念、教育教学的改革和创新应该是“双一流”建设的核心。在这一主导目标之下，当前的高校教师发展主要有三大需求：一是教师教学专业能力的提升，二是应对互联网时代对教师教学的冲击需要的教学改革创新，三是通过改变办学理念和评价体系帮老师处理好教育与科研的关系。

1 高校教师专业教学能力亟须系统提升

对大学教师的教学能力进行培训在实践中十分必要，尽管大多数大学教师本身拥有博士学位，但在教学方面几乎没有接受过任何系统的训练和指导，严重缺乏关于教学理念和方法等多方面的思考与训练。近年来，在教育部的要求和指导下，国内高校大多建立了教师教学发展中心，希望能够通过转变教师教学理念、提升教学技能以及构建本校教师教学发展体系以促进高等教育质量的提升。但到目前为止，除了 30 多家国家级示范中心以外，很多大学的教师发展中心还停留在只有一块牌匾的时代，没有专职人员，没有可持续的发展机制，也没有开展实质性的工作。从目前来看，要达到教育部 5 年对所有师资进行一轮培训的要求，单纯依靠各高校自有的教师发展中心难度很大。

自 1985 年中共中央发布《中共中央关于教育体制改革的决定》以来，在国家历次关于教育的重要文件中，均不同程度强调了建设一支强大的教师队伍的重要性。近年来，《国家中长期教育改革和发展规划纲要（2010—2020 年）》也提出，“要大力提高高校教师的教学水平、科研创新和社会服务的能力”，2017 年发布的《国家教育事业发展十三五规划》更是提出“加强教师队伍建设，尤其需要加强教师专业发展的基本技能、教学能力、教育能力、教研能力与创新发展能力”。此外，教育部在 2016 年发布的《教育部关于深化高校教师考核评价制度改革的指导意见》中，也提出在教师考核评价中增设教师专业发展考评指标，“落实每 5 年一周期的全员培训制度”，对教师专业发展提出了具体的指导意见。可见，国家在各个层面都十分重视对大学教师教学能力的培训和支持，关键是如何真正落实。

2 高校教师需要教学改革和创新方面的强力支持

全球化、知识经济和信息技术革命等新趋势已成为新时代影响大学发展的重要因素。这些趋势对大学的生存和发展产生了深刻影响，大学首先需要肩负起知识经济时代关乎人类生存和发展的诸多领域的知识发现与技术创造工作；其次还要顺应科技革命对人类知识获取方式的影响，改变传统的知识传播方式，并深入探索新时代对人才的新要求，调整自身的人才培养理念、价值观和模式。大学应如何通过主动的变革应对挑战，探索新时代符合社会发展的高等教育新模式是当前全世界的大学需要思考的话题。

自工业革命以来，全世界的大学教学模式都受到“消除无知”“教授知识”的“以教师为中心”的灌输式教学方式的影响，中国大学的教学还传承了私塾教育的传统，更表现出知识传授的特征。显然，要在新的环境中培养具有国际视野、有竞争力的人才，让学生在大学4年除了知识积累外，通过学习学会学习，健康成长，在能力和素质层面也有实质提升，中国的大学必须改“以教师为中心”的知识传授模式为“以学生为中心”的模式，让学生通过学会学习进而发现知识、进行创新创造和能力培养。这个改变的关键就是教师教育理念和授课方式及能力的提升。

3 通过改变资源配置体系、办学理念和评价体系帮教师处理好教育与科研的关系

国家“双一流”建设尽管很强调教育，但现实是因为考评体系和科研更容易衡量，老师从研究上获得的成就更有益于其获取资源和职业生涯发展，所以从老师到学校，无不在“双一流”建设中更重视科研，轻视甚或无视教育，更不用说在这个“反思教育、重塑教学、再定义大学”的时代对教育、教学进行深度创新和变革。造成这种现象的根源一是国家资源配置更多依赖项目或更重名目的“工程”，而获得项目和工程更多依赖科研实力和基础，所以大家精力和能力自然花费在这种项目或工程的角逐上。二是办学理念也急需调整，全社会呼唤大学回归育人本质，挣脱那种通过各种指标的浮躁角逐。而这种问题解决的基础应该是从理念上重新确定什么样的大学才是好大学或一流大学，换句话说，就是将育人放到大学使命的首位和评价的核心位置。三是充分让大家意识到教学与科研的互动以及后者对前者支撑的关系，从而

真正从制度上保证大学的高水平教育不被边缘化。

《大学》：当年钱学森之问就是我们的大学为什么培养不出一流的人才，您认为这种背景下如何培养一流人才?

席酉民：大学培养一流的人才，需要梳理清楚几个关键的问题。

首先是大学的人才培养目标需要明确。特别是在互联网和人工智能时代，大学急需反思未来社会对人才的需求，从而制订新的人才培养目标。当前的大学培养还是以知识传授为主导的模式，但是在人工智能时代，人类可能没有必要再去记忆知识，而是通过互联网和云端资源可以轻易地找到自己需要的知识，这时，教育需重新认识人才需要什么样的素养、智慧、知识结构、能力体系才能更好地生存和发展？换句话说，大学明晰新时代人才特征，帮助学生形成问题意识、提升意义构建能力、学会学习，提高他们搜寻知识、整合知识、解决问题、团队合作以及领导和创业等方面的能力变得日益重要。

其次是教育策略和育人模式。大学如何才能帮助学生学会学习，如何才能训练学生解决问题的能力，怎样才能提升他们在未来人机合作、更加智能和复杂不确定社会的生存智慧。传统的大学都是采用以教为中心的体系，把被动教授知识作为大学教育的核心环节，直到现在社会上还有很多人认为上大学就是上课。这样的教育体系显然已经无法满足互联网时代的学习需求。尽管现在国际上也没有非常成熟的做法来帮助学生成长，但大量的创新性教学模式不断涌现，如翻转课堂、混合教育等。西浦在过去12年间，试图为这一问题探索出一套可行的方案，学校采取了很多措施和体系，在学生自身观念和责任上帮学生“从孩子转变成年轻的成人再转变成为世界公民”、在学习行为上“从被动学习转变成为主动学习再转变成为研究导向型学习”、在人生态度上“从盲目学习转变为兴趣导向型学习再转变为注重人生规划”。对于老师也要促使他们从擅长的教知识的方式转变为“研究导向型教学”，领导学生通过学会研究而更深入地学习和全面提升，从而保护和激发学生的好奇心，训练其审辨式思维，培育其创造性行为，孕育其能够整合东西方智慧的“复杂心智”，最后形成终身学习能力，而且已经取得了明显的效果。

最后，大学的管理体系是育人模式能否顺利开展的重要支撑。现代，知识获得日益容易，网络技术和云端资源使得随时随地廉价学习变成可能，特别是人工智能和大数据技术，使学生学习的个性化需求日益高涨，大学必须有一套灵活的教育体系和管理架构来快速有效地回应学生的个性化需求。综观全球，在教育模式上，美式教育的灵活性有利于大学生一定程度上的自我设计但对学生全面成长的整体关怀不足，英式教育的严酷质量控制体系有利于基本质量保证但很不利学生的自我设计，中国和苏联的体系用被动方式帮学生建立较厚知识基础但难以训练其适应快速多变社会的能力。在大学组织和支撑架构上，现在全世界绝大多数大学还是采用官僚层级式架构，这种架构尽管可以保证简单劳动的效率，但对跨部门的合作有诸多限制，对知识工作者效率和知识组织效率有较大限制。要培养一流人才，必须有一流的教育理念、建立一流的教育模式、打造一流的适合时代的大学组织架构。西浦自办学以来，努力探索一种能将美式教育灵活性、英式教育质量体系与中国教育重基础等优势结合起来的新型国际化教育模式，并努力探索和实践一种能提升知识组织效率的扁平化网络式的大学组织架构和运行文化。

《大学》：既然要打造世界一流高校和学科，国际化就是绕不开的话题，您认为高校需要怎样的国际化发展？西浦作为中外合办大学，国际化发展有什么与中国其他大学不太一样的独到之处？

席酉民：全球经济一体化和信息传播方式的变革使高等教育的内涵和手段正在经历空前的变革，高等教育国际化已成为不争的事实，世界各国的大学都把国际化作为一个重要的发展战略。当前大学的国际化主要关注学生、师资和教学活动的国际化。但我认为这只是表层的国际化。

西浦一直在思考自己的国际化战略。作为中外合作办学法人机构，通过10多年的发展和探索，认为目前大家比较关注的学生、师资和教学活动的国际化还仅仅是表层的国际化。西浦的国际化包括三个层次。

一是要素层面的国际化，主要表现在学生、教师、课程以及设施等要素的国际化，这也是目前国际化理论和实践中讨论得最多的方面。主要是通过招收国际生、师资全球招聘、课程国际化等策略来提高国际化水平。在西浦，这些简单指标已经非常国际化了，我们更加注意在要素层面不断提升多元化（多国多民族）水平的同时，如何实现多元的和谐共存。异质同构、和而不同是西浦遵从的理念，既追求要素的异质化，也关注不同要素之间共处的规则，这样才能达到有序，才能可持续发展。

二是机制层面即大学办学理念、培养模式、大学管理、校园文化的国际化。例如，西浦的大学理念是要打造科学共同体，帮助学生实现上述的“三个转变”。西浦的“五星”育人模式，希望通过研究导向型学习，把学生培养成拥有素养、能力和知识三个“五星型”体系的世界公民。还有，西浦希望营造学术社区，构建自然生态、学术生态和社会生态。这些目标的实现都依赖能够全球整合资源、支持老师和学生参与到全球学术活动中的机制和体系。所以，西浦更重视也一直在努力构建这种能保证国际化的要素在西浦国际化平台上有效融入国际化活动和发挥作用的机制。

三是功能层面促进大学及其师生在国际事务中发挥作用和影响，即通过深入探索全球化和知识经济时代国际大学新特征，在整合全球教育资源和智慧、探索新型育人模式的过程中，将学生培养成世界公民（global citizen），鼓励教师开展国际化的教育和国际一流的合作与研究，通过大学办学模式的创新使西浦对国际高等教育发展有积极的推动。

《大学》：“双一流”办法公布后，国家和地方有着很多的配套资金以供大学发展，您认为高校在落实国家双一流政策方面需要注意哪些方面？

席酉民：“双一流”建设的根本“目的在于高等教育强国，立足点是国家战略需求，重要内涵是一流专业建设”。毋庸置疑，“211”“985”工程实施以来，我国高校在一流大学和一流学科建设方面已得到了长足发展。但社会上对高校身份固化的意见却越来越大。强调在推进“双一流”中突出一流学科建设，就是要避免重复过去的政策偏差。因此，“双一流”建设在战略上试图为中国高校建构一个逻辑上更为公平的发展机遇，深受尚未进入国家重点建设篮子里的一般大学的欢迎。但作为真正关心教育的人士，在积极利用一项新政促进教育发展的同时，必须冷静思考和提防其可能引致的负面影响，例如，第一，如何通过“双一流”建设强化本科教育，而不是将大家的注意力和精力更加集中到各种更易测度的科研指标上，使本来不受重视的教育雪上加霜，在全球重视教育重塑的关键时期我们却忽视了教育和办学的创新，若干年后当我们回首，可能发现不少学校纵然在研究上取得了不少成就，但教育上却会与世界水平差距更大！第二，如何避免高等教育的浮躁之风，在强有力的多方干预下教师们穷于应付，难以精心地专注于研究和创新，结果文章多，科研成果也不少，但突破性的不多，特别令人担心的是原本比较落后或不受重视的教育的处境更加恶化，使大学偏离教育本质，本应宁静的校园失去其应有的氛围。第三，如何乘“双一流”的东风去探索互联网时代的育人理念和新大学模式。面对全球化、互联网、大量颠覆性技术不断涌现的时代背景，全球范围之内已出现重塑教育的热潮，许多欧美一流大学已经开始尝试一些颠覆性的改革去回应这个时代的需求，斯坦福大学在探索2025计划，提出改革大学的四年制为终身制以支持学生的终身学习；纽约大学和杜克大学等则开始探索深度的跨学科教育来培养通专结合的人才；以开创美国通识教育闻名的哈佛大学也在重新反思其通识课程的合理性并做出重要改革；更不要说像高教界新锐密涅瓦（Minerva）大学可能给整个高等教育带来的冲击。反观国内很多大学进行得如火如荼的本科教育教学改革，绝大部分还在以过去欧美高校实行的“研讨式”“小班化”等为目标，很多改革仍停留在枝节和过去，少有针对未来社会人才新需求而做出大变革的例子。在这个关键时刻，如果“双一流”建设执行不到位，或客观上（非主观意识）和实践上造成轻视教育的结果，把教育领导者、院士、大教授和老师的能量和眼光拴在为了一流的一些“数据和排名”上，忽略或偏离大学之根本，脱离对教育变革的关注、对教育探索的投入、对教育发展趋势的把握、对教育理念的更新以及对教与学模式的重塑，我们虽然会很快在一些指标上把一部分大学和学科搞成世界“一流”，但实际上则可能与真正的一流大学渐行渐远。从长远发展战略来讲，这可能影响中国教育遗失与全球一流大学站在同一起跑线探索未来教育、赶上世界发达教育理念并有可能引领未来教育的千载难逢的机会。

《大学》：在中国，一流高校势必离不开排名，现在除了 QS、美国新闻与世界周刊、TIMES 等排名外，中国也兴起了上海交大软科的大学国际学术排行，教育部学位中心的第四轮学位评估也在给出学科的排名，给大学和学科做排名已经成为风行之势，您是如何看待这些大学排行榜的？

席酉民：由于大学教育的专业性和信息不对称，社会上一直很难深入准确地理解大学，因此就会通过各种各样的排名来简单快速地了解大学的水平。从这个角度看，大学排名有其价值。当然，如果排名的导向正确，大学排名也可以督促大学更好地办学。但因大学的复杂性和质量的难以度量性，大学排名是一个很无奈的事情。正如原剑桥大学校长埃里森·查理德先生所言，“大学排名存在许多错误，因此并不能准确描述大学的综合质量，并反映出一所大学是否比另一所大学更优秀……但是，当剑桥大学被评为世界最顶尖大学的第一名时，我是非常高兴的！”例如，目前国际上主流的几大排名，基本上把科研水平作为评价一所大学水平的主要指标，这实际上会对社会进行误导，特别是对于家长和学生而言，一所大学的科研水平并不直接决定其教育教学水平，这不仅没有给社会传递关于大学教育水平的有效信息，反而会促进大学把精力都花在制造科研论文上，耽误了教育，这是当下很多大学排名的弊端。

2018 年开始西浦领导力与教育前沿院（ILEAD）也发布了一份大学育人质量排名，我们排名的目的主要希望引起教育者和社会对大学教育水平的关注，而不是只关心发了多少论文。这一排名主要诉求五大目标。

（1）呼吁教育者回归教育本质办大学。本排名不是为了简单得出一个名次，而是为了呼吁高等教育工作者特别大学的领导者和管理者们真正把学生的学习和成长作为一个学校的根本目标。

（2）引导教育者面向未来办大学。当前全球化和信息技术等革命性力量正在对大学产生深刻影响，在互联网和人工智能时代，大学到底会成为什么样？这是教育工作者必须思考的问题，本排名希望能够引起教育者对于这一决定未来大学命运的重要问题的关注和思考。

（3）评估各高校深化教育改革的规划和成果。自党的十八大以来，我国的高等教育进入全面深化改革的新阶段，党中央和国务院连续发布一系列重要文件推动高等教育开启新一轮内涵式发展改革。党的十九大进一步确定了立德树人在高校办学中的根本地位。本排名就是评估十八大以来各高校在教育教学改革领域的规划和体系建设情况。

（4）增进教育者的自我认知。当前，高等教育工作者基本认同“以学生和学习者为中心”的教育理念，并且很多大学的管理者在不同场合宣称都是“以学生为中心”的。然而，必须承认的是，我国大学在各个领域以学生为中心的程度还有巨大的提升空间。本排名从几个关键维度描绘各高校的“以学生为中心”的程度，也可以给教育者的自我认知提供一个框架，并进一步帮助教育者构建“以学生为中心”的大学育人体系。

（5）帮助学生和家长更好地认识大学的教育水平。本排名的指标，和学生的学习和成长息息相关，是学生和家长了解一所大学真正能够给学生多少价值的重要依据。

在这一排名发布后，一些高校对于自身育人体系和质量进行了关注与反思，这就已经达到了我们这个排名的目的。

《大学》：现在中国高校在评价自身的时候，很多高校和研究机构，言必称 ESI。您认为在国外较为权威的 ESI 指标，对于中国双一流高校建设有什么作用？

席酉民：ESI（essential science indicators）是衡量科学研究绩效、跟踪科学发展趋势的一种分析和评价工具，由世界著名的学术信息出版机构美国科技信息所（ISI）于 2001 年推出。ESI 之所以流行，是因为现代世界普遍利用该指标评价高校、学术机构、国家 / 地区国际学术水平及影响力。但事实上 ESI 是一个科研水平的衡量指标，如上所说，这其实和双一流的基本目标（立德树人）没有直接关系。目前之所以很多学校把 ESI 作为双一流建设的一个重要衡量指标，一方面是由于大家普遍认为“双一流”的一流学科体现在科研上，另一方面也与大学的育人一直很难有较客观的衡量指标有关。换句话说，ESI 的广泛使用可能会促进研究发展，但教育提升则需要我们关注新的评价工具，比如西浦 ILEAD 开发的“双一流”大学的“以学生为中心”育人质量的排名！

（《大学》采访，记者：张男星、郭伟。感谢张晓军博士对此采访的贡献和评论）

4.11　中外合作办学的担当与命运

十几年前，宁波诺丁汉大学、西交利物浦大学、北京师范大学 - 香港浸会大学联合国际学院三所学校拉开了新时期中外合作办学的序幕。

十多年来，中外合作办学得到了颇多关注，更被寄予促进中国传统高等教育变革的厚望；同时，它们也饱受争议，尤其是第一批的三所独立院校。

身处工业园区发展全国领先的苏州，西浦的发展可以说具有一定的代表性，也常常被作为全球一些重大教育论坛上跨国教育案例。

西浦大学执行校长席酉民在接受 21 世纪经济报道记者专访时指出，这所学校未来的教育将与苏州园区资源进行融合，“未来社会的人口中，10% 可能是专业精英，20% 是行业精英，而现在的教育模式大多是基于培养专业精英人才设计的。我们在未来十年里，要在现有的专业精英培养模式基础上，探索一种新型的行业精英培养道路。”

4.11.1　探索融合式精英培养

《21 世纪》：你怎么评价西浦过去取得的成绩？

席酉民：过去 10 年，西浦做了四件事情。

第一，试图通过教育创新，如以学生和学习为中心，四个导师制度、研究型导型教学以及不一样的管理体系等，探索适应未来社会发展趋势和需求的育人模式与大学体系。

第二，目前全世界大学的运行方式采取的仍是科层式的官僚体系。这种19世纪末20世纪初基于韦伯的层级结构和泰勒的专业化分工原则建立的体系，已经非常不适应当代大学的管理。因此，西浦逐步探索建立了网络化的扁平式的大学组织运行方式。

第三，大学和社会的互动关系在全球化与网络化的要求下越发紧密，社会可以进入到学术社区里面进行合作。在网络化环境下，西浦探寻大学和社会互动与共生的一种新型合作方式。

第四，在前三者的基础上，去影响中国的高等教育改革甚至世界的教育发展。现在，西浦不仅给中国教育带来了一股清风，而且每年都有上百所大学的老师和管理者在西浦参加培训与研修；在全球一些重大教育论坛上，西浦也常常被作为案例以探索跨国教育、大学的领导模式和管理方式。

《21世纪》：那么未来10年呢？

席酉民：10年以后，西浦将不再是简单的学习者与跟随者，而要成为某些方面的领导者。

在我们的假想下，未来社会的人口中，10%可能是专业精英，20%是行业精英，其余70%的人可以在前两者开发出来的生活平台上追求自己兴趣和充分享受生活。

近来，机器人和人工智能革命是社会热议的话题，人如若要利用机器人和人工智能去发展新行业，就必须有超越机器人的智慧和站在机器人肩膀上整合各种技术开拓新行业的能力。而现在的教育模式培养下的人才，大都是面向专业精英人才的。除少量的专业精英人才外，现行的专业教育对于未来人们的职业发展帮助是有限的，对未来能去引领一个领域发展的作用更是有限的。

能利用机器人和人工智能开拓新行业的人才需要更广泛的关于行业造

诣、领导力、合作能力、创新能力和创业精神的训练。如果学生到了社会上再开始接受这些训练，至少还需要三年才能融入这个行业里面，这实际上是对社会资源的极大浪费。

西浦在未来10年里，会继续改进现行的专业精英教育模式，同时探索能够培养出引领未来新行业发展的融合式精英的培养模式。

《21世纪》：能具体谈谈融合式精英的培养模式吗？

席酉民：简单说，就是被西浦录取的学生，会先在通识教育的平台上提升素养。一年后，他们可以根据自己对学校、专业和个人的理解，去选择是走专业化精英的道路还是走融合式精英的道路。做出选择以后，便可融入两种不同模式的培养当中。

未来西浦在现有的专业精英培养模式基础上，要探索的新型行业精英培养模式有三条道路：①行业、企业定制化教育；②创业家学院；③学习创新创业社区。

4.11.2 传统高等教育改革的“催化剂”

《21世纪》：中外合作大学运行至今情况如何？

席酉民：中外合作大学的核心目标是通过引进中外合作办学资源，去改进中国的教育状况。我认为，这些学校不应该成为国际大学的中国分校，更不希望成为国际大学在中国的一个教学点，而是希望成为一所独立的大学，一所中国土地上的国际大学，一所世界认可的中国大学，至少西浦是这样定位的。

为了达成这一核心目标，具有独立法人地位的院校，应当是借鉴国际上最优实践，而不是简单拷贝。例如西浦就试图把英国严格的教育质量保证体系、美国教育的灵活性与中国的重基础结合起来，形成一种适应未来需求和趋势的育人模式与大学体系。

《21世纪》：中外合作办学的模式对中国高等教育本身的影响如何？

席西民：中外合作办学虽然在数量上仅是国内办学的冰山一角，但对发展新型教育理念却起着极为重要的探索作用。和早期的中外合作企业一样，相当于在羊群里放了几只狼，通过这样的中外合作大学来唤醒一些学校，或者打造一些竞争者。它并不仅仅是对中国目前教育体制的一个简单补充，更像一种“催化剂”；像中国教育面团里的“酵母粉”。

《21 世纪》：中外合作办学发展这 10 多年里遇到了哪些问题？

席西民：首先，一些中外办学机构疑似跟风现象严重，没有搞清开办的原因、目的、意义和价值。任何学校都不能是简单地模仿和复制，这些办学机构一定要结合学校的实际情况形成适合自己的东西。

其次是办学模式的可持续性发展问题。很多机构没有着眼于未来构建可持续的发展机制，如持续的投资、人的维持等问题。一旦政府停止支持或者学校遇到重大障碍，那么商业模式的可持续发展会遇到很大的困难。

最后，办学模式背后的治理问题、领导力的问题、规划和每个环节的设计问题，直接会影响到它的组成和长期发展。合作办学要长期生存并成功，一定要有一个系统的设计和模式来保证。

《21 世纪》：你如何看待中外合作办学的外部环境？

席西民：第一，法制环境需要得到完善。比如随着《中华人民共和国民办教育促进法》的修订，中外合作办学与民办大学要重新注册为营利性或者非营利性机构，进行分类管理，这是一个进步。但相应的配套政策还没有完全到位，如关于非营利性学校的所得税政策。

第二，从社会舆论、各类组织对人才的选拔机制和国家对教育的管理来讲，也存在一些问题。最根本的是对教育的理解，当下社会选拔人才的主要途径依然是应试。社会舆论和人才观及其选拔体系营造出的教育氛围使家长被社会“绑架”，没有足够的力量跳出被绝大部分人认为不合理的教育活动和安排，如孩子从小被卷入各种课外培训班等，家长既无奈又是强大的推手。

第三，政府对教育的管理及资源配置问题。国家通过项目的方式对教育资源进行配置，使得很多教育领导者及院士、教授的精力难以集中在教育上，而是放在各种可能误导教育的指标制造和资源的追逐上。在大家评论我们社会的高运转成本时，实际上大家还只是看到了金钱的成本，没有看到中国高等教育机构里大量的高端人才的精力和时间没有放在该放的教育科研上，这种巨大的浪费不是可以用金钱衡量的。

所以我们在一二十年前一直在给国家和教育部建议调整教育资源的配置机制，将目前比较惯用的按工程和项目配置资源的方式转换为按照大学的规模、研究层次以及师资能力建立透明、规范的资源配置体制，让大学书记、校长和教授们专心做各自该做的事情。

（《21 世纪经济报道》，2017 年 6 月 30 日，记者：姚建莉、吴佳宝）

第5部分

教育与社会发展

5.1 创新因子的涌现必然要依赖生态

江苏省委书记李强提出“创新四问”，苏州作为全省发展的排头兵，如何将会议精神转化为具体行动是近阶段来一直被关注的话题。不得不说，这个社会是由人组成的，当以人为本。那么创新对生活在这座城市里的人而言又有什么实际性的意义呢？它能给人们带来什么？具体需要我们怎么做？

为了更好地解读“创新四问”，记者专访了西交利物浦大学执行校长席酉民，听听这位来自西安、在苏州生活了 10 年、有过全球很多国家交流访问经历的管理学教授是怎么理解创新的。

5.1.1 我们为何要创新?

看似丰富多彩的生活，不一定幸福!

“100 年前，人类怎么也想不到今日社会的巨大而高速的变化，数年甚至每年都会出现许多令人惊奇的新技术、新事物以及由此引致的社会变化。想想，一两千年前的人类社会，100 年都不会有什么大的变化。所以说，在人类历史长河中，现阶段是最有意思的，也是最丰富多彩的。”席酉民认为，人类生存的价值在于体验，以前物质生活贫乏，人类生存较为困苦。在经历贫穷、战争和技术革命之后，人类步入新的发展阶段。

但是往未来看，人类又在给自己制造很多问题，如空气污染和资源枯竭，等等，可持续发展给人类提出了很大的挑战。新的技术层出不穷，今天的很可能被明天的所颠覆。而且，许多新技术给人们带来巨大方便的同时，也导致了很多不确定性甚或恐惧，例如人工智能、机器人会使人类社会生活变成什么样子？他说，现在看似很丰富多彩的生活不一定幸福，因为快速变化给许多人的工作和生活带来了巨大压力。想要生活得更愉快，不仅仅需要技术的创新，社会形态也必须不断创新。从人类科学来讲，创新应该成为生活必需品。

从时代来讲，受世界金融危机的影响，每一个国家的经济格局都在调整，在此之前中国经济经历过高速发展，但质量并不高，如今国家经济发展处于低谷。长三角尤其是江南地区过去都是中国经济社会的领航者，苏州过去的经济结构更多的是高端来料加工，有一定的技术含量，但高峰过去之后，同样摆脱不了世界金融危机的影响和自身结构的调整，真正要让经济重新起步，必须得有新的东西出现。在席酉民看来，在这样一个日新月异的时代，当经济发展遇到瓶颈时，经济社会提倡和支持创新就成为其发展的生命线，再不创新经济基础就会跟不上社会的节奏。

再从微观上来讲，生活在这个社会中的每一个人、每一家企业也都需要创新，适者生存本就是自然规律。对于现在常常挂在人们嘴上的自主创新，席酉民认为这可能是个伪命题，他说：“把别人的拿来用就不能叫创新，真正的创新其实都是原创，只是分为改进型创新和发明型（颠覆型）创新，从0到1的颠覆型在中国比较少见，但一旦出现，必然是能起到引领作用的。”

5.1.2 我们该怎样去创新?

孕育创新的生态环境比单个苗子重要。

无论是从人类社会发展还是个人生活来讲，创新的目的和地位毋庸置疑。但席酉民坦言，现在大众对创新的理解太狭隘，提到创新，大多数人的反应是技术创新。其实创新应该更广义，他说通过治理、制度、政策等创新去营造更好的生态环境，会孕育出更多的创新，从中也可能冒出大的或颠覆性的创新来，这种充满活力的创新氛围反过来会更进一步促使创新生态的良性发展。

2015年，苏州工业园区成为中国首个开放创新综合试验区域，它该如何在各类示范区中扮演领头羊角色？席酉民表示，综合试验不应该仅仅是经济的试验，在中国发展到今日这个大背景下，应该是人类社会文明的试验，即如何综合改进社会治理，使经济、科技、教育、社会服务及发展更协调和健康。很多看似是经济问题，其实都是社会问题，他曾建议国家把苏州工业园区发展成为和谐社会建设的示范区。

"什么样的城市是人们最向往的？中国过去一直在搞招商经济，当社会发展到一定程度以后，政府应该把目标从GDP增长、项目扩展转向城市本身，营造好的社会生态环境，社会文明、市场规范、环境优美、鸟语花香，自然会吸引人到这里来，有了人，各种各样的创新就会不断冒出来了。"

席酉民举了几个很生动的例子：某个区域花大精力搞了一家餐馆，时间久了大家吃腻了，一定会关门。而如果打造美食一条街，市场竞争越激烈，各家生意会越火，且可以持续生存。只种植孤零零的一棵树，它永远不可能绿树成荫。想要未来拥有一片森林，一定要注意生态建设。

他直言不能就创新而创新，比如在国家提出"大众创业、万众创新"口号之时，各地区大肆推动孵化器、众创空间，有人戏称"现在创新空间比创客多"；各级政府纷纷出台各种投资政策，看到苗子，大家提着壶一拥而上，或者各路政策的阳光纷纷汇聚，一些苗子不是被淹死，就是被晒死，甚至引致不少投机行为，虽然能对"标"，实现某些指标上的跨越，或制造了很多好看的数字，但却不能固"本"，往往促进的程度不如期待的好。创新要建立在关注社会秩序稳定、透明、竞争公平性的基础上，让人类安居乐业。

在席酉民看来，城市生态的营造比单个创新政策更为重要，政府要从关注苗子到关注生存环境，塑造健康良好的创新生态对城市有着至关重要的作用。试想，生活在如此生态中的人们，工作和生活都富有创意，指不定哪天就会冒出很多新的新鲜事物。

5.1.3 创新有哪些好处

社会生态的秘密和魅力无懈可击！

跟城市这个大社会相比，学校就是一个小社会。作为全国高校中著名的创新型学校，西浦在教育生态构建方面有着不少成功的案例。席酉民透过学校的实践经验，告诉我们创新生态构建具体能带来什么样的好处。

“园区有一家叫威尔希尔的国际金融公司，几年前把大中华区的总部落户于此，按其总裁的说法，其中一个重要原因就是这里有西浦。我们的国际教育环境以及学生的专业潜力和工作能力，成为吸引他们落户的重要条件；美国一家拥有百年历史的大公司看到了我们学校土木方面的国际化研究环境和研究成果，很快决策投资上千万元在西浦设立研发中心，并且捐资设立讲席教授；我们的学生参加全国甚至全球的比赛都不是靠学校组织的，而是学生俱乐部自己组织，包括募集资金、寻求与企业合作，学校制造一种环境，给予一定支持，能够让他们有更高期待，创造更多机会去做感兴趣的事；每年暑假，西浦都有大量学生到贫困地区支教、去世界各地做志愿者、去企业实习、做社会实践或留在学校里做假期研究，还有学生独自勇闯非洲，生活丰富多彩。”

席酉民笑称，这便是生态的秘密和魅力。在一块好的土壤中，每一个苗子都会有向上的动力，也有机会释放出巨大的潜力，社会更是如此。

他说在他所接触过的政府中，园区的政府是最好的，它更关注生态环境营造。但是从可持续发展来讲，未来如何在新局势下让生态环境更具有吸引力呢？

“首先要了解未来社会人们最痛苦的事情以及难处，如建立专业的独立智库，对不同领域的问题或挑战做深入调查和研究，帮助政府更好地理解实际问题和改进社会环境，促进社会日益多元、有序、稳定、富饶，让人们充分享受丰富和幸福的社会文明。”

席酉民倡导文化、科技、教育、经济、服务等形成共生的生态系统，从而各种资源和人才将自发集聚，各自释放自己的聪明才智，为社会创造价值，人们也在价值创造过程中获得财富和幸福感，这是文明社会所期待的，也是生活在这个社会中的每一个人所希望的。

（《现代苏州》，2017年6月20日，第58—60页，记者：邹孝听）

5.2 对“共享”与“共生”的期待

2016年，恰逢西浦和苏州独墅湖科教创新区[①]“湖畔论坛”[②]10周年，这是个非常值得庆贺的时间点。

苏州独墅湖科教创新区跟其他大学城有两个非常明显的不同之处：第一是生态；第二是共享。

生态，我们希望在这里群居一批不同特征、不同特点的国内外研究和教

---

① 苏州独墅湖科教创新区是苏州工业园区转型发展的核心项目，区域总规划面积约25平方千米，规划总人口40万人（其中学生规模约10万人），致力于构建高水平的产学研合作体系，重点发展纳米技术、生物医药、云计算产业。目标是在“十三五”末建设成为高新产业聚集、高等教育发达、人才优势突出、环境功能和创新体系一流的科教协同创新示范区。

自2002年开发建设以来，苏州独墅湖科教创新区已初步建成集教育科研、新兴产业、生活配套为一体的现代化新城区，探索走出了一条以高端人才为引领、以合作办学为特色、以协同创新为方向的发展新路，获批国家首个“高等教育国际化示范区”。截至2016年底，吸引28所高等院校和1所国家级研究所入驻，在校生人数7.85万人，教职工6 365人；各类培训机构49家，2016年累计培训量约4万人次。苏州纳米科技协同创新中心获得“2011计划”（高等学校创新能力提升计划）首批认定；区域累计建成研发机构和平台247个（其中省部级38个），国家级孵化器7个、省级孵化器4个；2016年新增专利申请量5 197件，其中发明专利申请约占66%。区内拥有院士工作站、博士后科研工作和流动站38个，区域经评审的各类高层次人才1 542人次，其中院士19名，“千人计划”115名；海外归国人员超1 700名。约6万名从业人员中本科及以上学历者占比达75%以上。

依托中国科学院苏州纳米技术与纳米仿生研究所、苏州纳米城、生物纳米园、创意产业园、腾飞创新园、大学科技园等创新载体，以纳米技术为引领的战略性新兴产业加速布局、快速成长。目前，科教创新区聚集了南大光电、吉玛基因、华为、汉明科技、旭创科技、同程旅游网等超过3 200家技术先进、具有良好产业化前景的企业。其中，经认定的各级高新技术企业435个，省级认定软件企业409个，累计CMMI认定企业47个，国家认定的集成电路设计企业29个。

按照“低碳、智能、生态、人文”的建设标准，独墅湖科教创新区正全力打造绿色生态示范区，所有新建建筑按照绿色建筑标准设计实施，规划建设地下综合管廊近10千米，区域集中供热、供冷项目得到了较好的推广和应用；提倡绿色交通，以轨道交通建设为契机，不断完善公共交通系统，率先启动区域慢行系统规划建设，建成了公共自行车系统。公共配套日趋完善，以月亮湾商务区为代表的商业集聚区不断繁荣，人才公寓、学校、邻里中心、图书馆、体育馆、影剧院等一大批配套项目投入使用，为区域提供了和谐便利的人居环境，园林化、生态化、人文化城市形态初步形成。

② 湖畔论坛是由苏州独墅湖科教创新区管理委员会、苏州独墅湖高教区管理办公室、苏州独墅湖科教发展有限公司主办的高端学术文化交流平台，自2006年开办以来，围绕“学术百家”“文化聚焦”“商界纵横”“政坛风云”四大主题，每年举办10期。截至2016年第98期，已邀请主讲嘉宾148人，其中诺贝尔奖获得者4名，国内外院士专家8名，行业顶尖人物60多名，海外专家学者33名，共吸引听众3万余人。因其具有高端性、国际性、公益性等特点，深受广大听众的欢迎，也逐步成为苏州市的知名文化品牌。

学机构，它们能够健康成长，并共生共荣，而且又能与当地的产业和社会互动，促进整个区域的快速发展。很多地区也有很多这样的园区，但基本上是各自圈一块地独立运转。

共享，真正要实现共生，资源共享、互动共赢是非常重要的。“湖畔论坛”就是共享的一个重要平台，它邀请到国内外非常有名、有造诣、有价值的演讲者在这里跟大家分享他们的研究，或者他们对社会、对未来的看法。

我们庆贺湖畔论坛10周年、马上迎来它的第100期之际，应该对之更加期待。因为科教创新区这种共生的学术和社会互动环境已具雏形，湖畔论坛在继续成功举办的同时，还应将扮演另一个更加重要的角色：进一步促进整个区域的共享，以更多共享的话题滋养更广泛的研究合作，造就更多共生的佳话，从而造就更具深远社会影响的传奇。此时此刻，我们要思考怎么样更进一步挖掘，让共享、共生这样美好的概念，不仅仅是以湖畔论坛的形式来展现，而是以区内单位、学校、企业和社会的互动合作来发扬光大，这应该成为湖畔论坛庆贺100周年的主题。

（本文为笔者对“湖畔论坛”10周年庆典的寄语，2016年4月11日）

5.3 大数据重构教育生态

互联网以及即将到来的智能物和物联网会使世界万物互联，人类的生活和工作日益数字化，共享和共生将成为社会常态，这些技术和社会发展将引致大数据时代的到来，进而促使深度计算和人工智能的快速发展，这将会极大地改变个人的生活和工作行为，颠覆传统的商业模式，甚或革已有社会范式的命。

5.3.1 大数据给教育带来的影响

教育作为社会活动中的重要活动，不可避免地会受到大数据及其余波的直接影响，从目前可观察和预见的现象而言，这些影响至少体现在以下一些方面。

（1）对教育理念的影响。人类的学习行为因互联网和大数据的出现必然带来教育的变革。例如，传统的教育是为了防止人类无知或使人类摆脱无知，所以大学一直以来是以传输知识为己任。但在大数据和人工智能时代，简单的知识获取已日益容易，反倒是如何应对知识爆炸和似是而非的知识变得日益困难，所以教育似乎应该从重视知识传授转移到如何帮助人们提升终身学习的能力、整合知识以应对充满复杂性、模糊性、不确定性和快变性世界的能力。

（2）对个人学习行为的影响。互联和大数据时代无疑会使学习更加方便，随时随地廉价学习成为可能。但同时，碎片化信息和知识铺天盖地迎面而来，会造成人们的肤浅化，似乎什么都容易知道但很难或并非真知。此时，教育、教学如何变革，才能帮助学生提升意义构建能力、动态注意力、聚焦关键问题和整合知识的能力，而且这些能力的培养将成为教育领域非常关键的内容。另外，在技术和实践上，大数据和深度计算会使系统比我们自己更了解我们自己，于是系统会根据我们的需要主动为我们推送有意义和有价值的信息与知识，这也会大大提升我们的学习效率。

（3）对于教学管理的影响。因教育理念的调整，教学的组织和方式也需要调整，例如学生要改变其擅长的被动式的、应试的学习行为；老师也应从重视知识灌输转变为引导学生通过研究学会学习、提高素养和提升能力；教学评估也需从过去以考试成绩为中心过渡到过程评价。另外，由于网络、通信和数据技术的发展，我们可以对学生的学习和生活行为了如指掌（当然，如何利用这些数据和技术有很多伦理和法律问题需要深入研究），因此我们能够更全面和具体地了解学生学习与生活状况，知道哪些同学遇到了学习问题，哪些同学生活行为需要调整，哪些同学可能需要哪些方面的帮助。于是，教学管理可从两个方面来改进：一方面，可以针对学生个体需要，更方便进行个性化教育；另一方面，及时发现问题，对学习有困难的或行为需要调整的或需要帮助的学生有针对性地进行预警、采取措施或提供帮助。

5.3.2 大数据应用任重道远

目前公立高校在数据利用上最大的问题依然是信息孤岛的存在，尽管我们一轮一轮地加强高校信息化建设,但因科层式体系和各自为政的管理传统，很多高校信息孤岛现象严重。加上信息利用有赖于共享和协作，需要整体设计和突破各种各样的行政壁垒，因而只有巨额资金投入是远远不够的，还需要自上而下的整体系统设计和自下而上的仔细需求分析，这可能挑战着不少高校的管理能力。

另外，高校信息部门普遍在进行系统实施的时候，主要从行业公司所提供的既有系统中进行选型和实施，被行业公司所引领，缺乏自主研究推动，导致系统建成以后与实际工作需求不能完全匹配，实际系统运行效能降低。

与此同时，跨学科人才较少，缺乏理解高等教育和大数据技术的跨领域人才。高校大数据在建设的初期很大程度上依靠跨专业的人才来搭建数据的有效收集方法、规范利用模式、分析平台建设，这需要具有教育和信息技术视野的专业人才或拥有多方面才能的专家团队的有机合作。要提高高校大数据的收集、利用、开放、共享和分析等，需要专业经验丰富的专家准确地提出解决方案、合理实施项目。所以，在教育大数据起步阶段，跨专业人才或有机合作的专家团队十分重要。

此外，高校并非孤立系统，与社会有着广泛联系和密切合作。因此，高校大数据的运用需要走出学校才能得到更大的突破。高校大数据不应该只着眼于高校，而是社会大数据的一个子系统。在数据分析和研究时，要注意校内数据与政府、移动互联网企业等实现多方合作与互通。而且这种合作互通不仅仅是简单的数据交换，还应当包含分析结果的交互利用、服务与数据的交换。大数据是有价值的，这一点大家早有共识，那么在价值背后的数据和大数据服务就应当围绕价值产生互动，这样才能使高校大数据具有持续的活力，且健康地发展。

5.3.3 中国具有超越发展的先机

大数据分析技术刚刚兴起，中国并不落后于西方，而且中国人口更多，网络服务更发达，这更利于大数据技术的发展和利用。另外，西方对个人信息和数据的控制严于当下的中国，换句话说，中国更容易使用数据技术进行相关个人行为的研究和干预，也能更方便地进行群体行为的分析。因此，只要我们重视并积极行动，我觉得中国高校运用数据分析创新教育教学完全可以不落后于西方。事实上，我们有的高校已开发了很全面的学生学习行为分析和指导系统，我所在的西浦已开发数据挖掘系统，并利用数据分析学生和教学及管理过程，初步结果表明，该系统对学生学习行为的理解准确率已经很高。与西方高校比，我认为关键问题是我国急需根据世界发展趋势和新技术挑战调整我们的教育理念、变革我们的教学过程、强化我们的教育质量控制体系，对一流大学来说，应该在“双一流”的建设过程中真正重视教育。

5.3.4 学生数据分析模型

据了解，西交大已经开发了依据数据的学生数据分析模型，学校和学生都可以根据模型给学生画像，学生可以据此分析改进自己的学习，学校也可以据此改进教学管理。还有高校通过大数据分析进行工作决策优化，例如通过学生的食堂消费数据来调整贫困生生活补贴决策及协助贫困生生活补贴的发放，通过数据分析优化学校资源分配并提升决策效率等。

西浦已经实施了终身账号体系，每一位西浦学生，从收到录取通知书到毕业成为校友，都可以通过线上信息系统获取自助服务，与教学老师、四大导师、各服务部门、校外企业和校友建立联系。西浦针对学生在不同阶段的身份，为学生提供了不同内容的信息服务，这种服务是贯穿于学生一生的，西浦学生即使毕业了，也能介入系统，持续地收获和共享信息与价值，也能不断地与学校和校友巩固关系。

此外，西浦主动关注学生对校内数据、资源和服务的使用情况。定期综合统计校内资源使用过低的学生，由学生的成长顾问为学生主动提供支持。在西浦育人的过程中，我们发现很多学生善于利用学校的资源，而一些暂时成绩不理想的学生往往是没有合理利用学校资源。所以可以通过高校数据，将学生利用校内资源的情况进行分析，发现利用率极低的学生，帮助他们发现学校资源、挖掘学校资源、更好地获得价值。同时也通过监控学校资源使用情况，改进资源管理，调整采购策略和使用政策等。

5.3.5 着眼于未来，统筹规划

为了更好地利用大数据支持教育发展，需要重视未来的趋势和需求分析，统筹规划，稳步快速推进。就我们学校而言，主要做了以下几方面工作。

第一，西浦一直很重视根据世界发展趋势和需求提升教育理念，利用现代教育技术提升教育教学效果和质量，例如，所有教学管理全部基于网络进行，学生可以利用手机和移动终端参与到所有教学活动中，包括选课、阅读课件、小组活动、提交作业、师生互动等。甚至学校专门开发了利用手机进行课堂互动的软件，以提升部分大课教学的效果。西浦还专门建设了数字学习资源中心、数据挖掘系统等。

第二，西浦的 IT 和管理信息系统统一设计并统一建设，全校构建统一硬件基础设施平台和一站式服务体系，为全校师生员工的教学科研管理提供支持和服务，这样消除了信息孤岛，提高了设备效率，更重要的是有利于根据教育理念和教学管理进行整体设计与快速响应。

第三，西浦还专门整合利用各种信息，构建学生学习和生活分析模型，挖掘共性问题，提供整体方案。还可以分析学生个体特性，包括心理、行为、学习、自我管理等方面问题，以利于有针对性地预警、疏通、帮助，及时化解问题，更重要的是可以有效提升教育的个性化服务功能。与此同时，还可基于此改进教育质量，提升学校管理。例如，西浦图书馆的刷卡制度，使学校可以获得学生进出图书的次数和每次停留的时间，再结合学生的图书借阅记录和电子资源使用记录，就能够较好地评估图书馆资源和服务的使用率，了解学生学习行为特点并进行对应的服务和资源升级，提升学生满意度，以及通过数据识别学习活动较少的学生，从而与学生事务部门联动。再如，在市场与品牌工作方面，学校也开始采用数据和技术驱动的方法，致力于招生质量提高和品牌提升，同时有效降低市场费用，甄别有效和精准的沟通渠道。

第四，西浦的大数据建设有更长远的视角、能满足可持续的发展建设。在操作上具体体现在西浦的大数据建设的系统性和可扩展性，在建设的初期就为以后不断的变化做好了准备。我们的系统具有长远的规划，按照分期迭代的模式进行开发，并且预留了数据接口，避免信息孤岛的状况发生。所以，西浦的大数据建设是着眼于未来的开放式的系统。

第五，保护学生隐私，是最高的数据安全要求。从社会伦理的角度，设计了完善的学生隐私保护体系。从系统建设之初，就通过严格的权限管理、数据脱敏、技术防护、保密协议等，保护学生隐私。每一个相关管理人员或者服务人员只能看到他职责权限以内的学生信息，无法看到全部信息。即使是校长也需要通过多名学校高层的审核和征得学生同意才能看到一定范围内的相关信息，并且还是有时间限制和监督限制的。

（本文载于工信部《中国信息化周报》，2018 年 3 月 26 日）

5.4 给母亲的几面“镜子”

三八妇女节来临，突然脑际浮现出几则关于母亲的故事，写出来给我们操尽心的母亲作为镜子，在自己的节日里，有空照照。

5.4.1 “母亲控”

最近出国访问，与一位华裔女校长聊文化差异与孩子的成长，她说她女儿在美国留学，和一位中国女孩商议合租宿舍，结果在寻找房子的过程中，无论大小、位置、价格甚或室内布置，事无巨细，中国女孩似乎总有一句口头禅——“问问我妈”，似乎她生活中任何事情都要请示她妈才能决定！后来校长女儿实在等不住了，申请了学校住房，找到了新室友，但此时这个中国女孩又跑过来想合住。除了事事问她妈，这个女孩，不，也许是她妈，还关心很多舍友家里的事情，如问这位校长女儿的家庭背景、收入状况、社会地位等，似乎一定要找到让其有面子的或让别人羡慕的室友！结果这位校长女儿不禁问她妈，是不是你一直对我关心不够？我长这么大，几乎没有太多的事情你帮我出过主意啊，为什么人家母亲对女儿却事事关心？！

5.4.2 “强势母亲”

一女同学因恋爱特别是男友骚扰，致其母亲一直与学校联系，其实学校负责学生的老师、领导一直从多方面了解情况，沟通辅导，帮助解决，但母亲总是嫌对男生处理不到位，结果闯到学校办公楼，要与校长理论。我们分管校领导与其面谈后给我反馈情况，说他的第一感受是，该母亲过于强势，其女儿唯唯诺诺、没有主见，似乎是她母亲羽翼下一只受伤的小鸟！不难理解，这位女同学目前遇到的问题可能就是其与强势母亲长期共同生活演化的必然结果。在研究一些遇到问题或面临挑战的学生案例时容易发现，家长过于强势，孩子就懦弱和有极强的父母依赖症，时间久了，孩子遇到问题连想都不想了，何谈独立思考和处事能力？！另外，生活在沟通不畅的家庭里，孩子也会内向甚或孤僻，在走向社会后，自然缺乏集体生活必要的能力！

5.4.3 “忘我的母亲”

我有幸被邀请加入一些家长群，而且我的微信群里也加了不少家长朋友，目的是了解情况，通过交流分享我们的教育理念，以便更好地实现我们的教育目标。尽管我们在开学典礼时已经劝告家长，应视孩子为成人，把孩子推向前台，然后逐渐“远离”他们，给他们留有自我锻炼和发展的空间，让他们在学校资源的支持及校园环境的熏陶下、在老师的指导下，通过自我学习和体验快速成长！但我在微信群讨论中以及与家长的沟通中，总是会发现不少家长特别是母亲冲得太前，似乎一天没有别的事情，只有孩子，孩子就是他们的一切。例如，一天一位母亲突然联系我，说她与孩子失联了，告诉我她通过学生宿舍、有关导师和辅导员等渠道都没有联系到孩子，她像热锅上的蚂蚁，甚是焦虑，坐卧不安，询问我还有什么渠道可以联系。我也担心学生出什么事情，进一步询问具体情况是什么，听完后让我哭笑不得。原来这位母亲须臾不可无孩子的信息，例如每顿饭孩子一定要用视频或照片发给妈妈，结果这一天中午学生没有上传吃了什么饭，母亲就坐不住了，全世界地找小孩。过了一会儿，她发微信给我，说席校长，谢天谢地，找到了，她在图书馆学习呢。我无奈地给她说，你这样无微不至地关心和遥控，孩子永远也长不大。她说，我知道，就是做不到。我说，看来是你没有长大，她也承认自己的行为似乎已经成为一种病态。最后她对我说，我慢慢调整和改变吧。这种以孩子为中心的忘我母子关系，使她们错过了自身应该拥有的丰富多彩的生活，因为每代人都应该有自己的人生。更糟糕的是，这种忘我，往往还会事与愿违，极大地压缩了孩子的成长空间，长远来说，必然影响孩子独立打拼的精神和闯荡世界的能力！

人常说“可怜”天下父母心，父母为了子女的成长不惜一切，甚至可以牺牲自己！但是，如果努力的方向和方式错了，我们付出得越多、越用心、越努力，则会越远离我们的目标——孩子的健康成长，结果可能是南辕北辙、两败俱伤……

5.5 如何做院长

2018年10月29日上午，作者专程前往位于苏州的西交利物浦大学访谈了著名管理学家和教育家席酉民校长，访谈主题是关于高校二级学院院长的角色定位及其职能履行等相关问题。席酉民校长曾担任过西安交通大学管理学院院长、城市学院院长，党委常委和副校长。现任西交利物浦大学执行校长、英国利物浦大学副校长、陕西MBA（工商管理硕士）学院常务副院长。作为知名学者，席校长1987年提出“和谐理论”，后来进一步发展为“和谐管理理论”，该理论在中国管理学术界和企业界均产生了较大影响。作为教育家，席校长基于多年院校管理经验，尤其是执掌西浦的成功经验，创新性地提出了许多先进的教育理念、教育思想。下面是通过访谈笔记和录音整理的访谈内容。

曹希绅：非常感谢席校长百忙之中接受我的访谈！我就直奔主题，向席校长请教几个问题：第一个就是作为院长应该如何把握自身的角色定位？院长常会面临哪些角色冲突？如何解决这些冲突？

席校长：你提纲中所列出的几个院长角色，有些比较清晰，有些可能比较模糊。例如，院长作为领导者、管理者角色，肯定都会有，而执行者角色与管理者角色似乎是相同的。领导者角色和管理者角色实际上也可以看作一枚硬币的两个侧面，只是它们强调的侧重点不同。学科带头人角色比较明确，但作为院长，可以是学科带头人，也可以不是，如国外有的管理学院院长本身是企业家，只要他能够为学院的学科建设、人才培养和学院正常运行准确定位、明晰战略，提供足够的资源就可以。教育家角色非常重要，但现在常是缺失的，在院长中，少数算是教育家，大部分达不到教育家的程度，校长也是一样。师生服务者角色这个概念比较模糊，领导者、管理者、教育家在一定意义上也都是师生的服务者，都包含了师生服务者的角色内涵。社会活动家角色对于院长来说是需要的，尤其是经管学院、商学院的院长。一方面是因为管理学科的属性，院长更多需要同社会、企业打交道，另一方面是因为院长需要通过与社会各界的广泛交往而整合学院发展的资源。其实，社会活动家角色也是领导者角色所内含的，作为领导者就要求具有一定的社会活动能力，扮演一定的社会活动家角色。

刚才谈到教育家角色，其实从高校性质和学校、学院使命来看，无论校长还是院长，都应该成为教育家，都应该将自己塑造成教育家。但这些年来，许多人对此并不重视，我们今天有很多教学很好的老师或领导，但却缺乏教育家这样的角色。什么是教育家，作为教育家，就需要对社会未来、对人的成长规律有充分的理解，就应该充分了解哪些因素影响未来社会发展、影响人类生存，并有一种强烈的社会使命感、责任感去引领高等教育的发展，这是非常重要的。

总之，归纳一下，学科带头人、领导者、管理者、教育家四个角色是学院发展比较重要的角色，而在这四个角色中，学科带头人、领导者、教育家三个角色尤其关键，因为今天的院长更应该是一个把握大方向、选择学院发展道路的领导者角色，而不是普通的管理者角色。学科带头人角色，院长可兼备，也可以不是，因为有很多学者教授可以帮院长扮演好这一角色。而教育家角色是必需的，因为你是管理高等教育的领导者。所以最后剩下院长最关键的两个角色：一是领导者，一是教育家。也就是说，院长的角色，最关键的是领导者和教育家双重角色，我也呼吁更多的校长、院长能够成为教育家。

至于你提到的院长角色冲突问题，我想本身没有冲突，只是院长们在角色扮演能力、履职能力上有强有弱。例如，有些院长缺乏领导者素质，缺乏教育家情怀和修养，而把自己变成了普通管理者，或者说，他没有把握学院发展方向、选择学院正确发展道路的能力，也没有很强的整合外部和内部资源的能力。

那么，既然院长角色不存在冲突，也就没有解决冲突的问题，而只存在一个如何调适的问题。

曹希绅：席校长说得很有道理。下面请您谈谈院长应具备哪些特质。

席校长：上面谈了院长的角色定位，实际上也就已经回应了关于院长成功特质的问题。也就是说，作为院长需要具备领导者的素质和能力，需要具备教育家的情怀、素质和能力。作为院长，如果不能够把握未来社会发展方向，不能够谋划全局，不懂得未来社会发展需要什么样的人才，不懂得人才的成长规律，那就难以胜任院长角色。

曹希绅：关于学院学科建设，特别是人才培养与科研的关系，请席校长谈谈您的看法。

席校长：在这个问题上，有些人喜欢把学科建设与人才培养割裂开来，把育人和科研完全分开。对于学科来说，它必定是要关注未来社会、经济、科技以及人的发展的，教育也一样，它也必须关注未来社会的需要、关注人的发展。所以我认为，从深层次上看，两者是统一的。它们都要面临未来的各种挑战，它们在目标诉求上、结构上有很大的一致性。

曹希绅：关于学院制度建设和文化建设，请席校长谈谈您的看法。

席校长：虽然制度建设和文化建设都是组织的重要变量，但它们实质上又是一回事。组织文化形成相对漫长，而制度、政策的调整作用相对比较直接，而当制度实施和延续一定时间，就会成为一种习惯，也就转化为一种文化了。

可以说，学院许多习惯或者说文化都是过去制度的结果。当然可能有些文化已经落后了，但有些还仍然具有积极作用。总之，制度和文化是可以相互转化的，文化会影响制度，并通过制度来落实，而制度又通过实施和形成习惯最终转化为文化。

作为学院应该明确一个时期的愿景、目标以及成长计划，然后通过制度化加以落实，最终就会演变成学院的文化而巩固起来。当前的文化就是过去制度的结果，其中对于已经落后的文化还需要进行变革、更新，而对于仍有积极作用的就应该传承。

曹希绅：对于院长的工作考核，您有哪些观点？

席校长：我不太赞成用一些简单的指标去考核院长。虽然设置一些显性的、量化的指标比较简单，但设置的这些指标如果不科学，就很容易产生误导。

就对院长考核来说，我认为明确学院的使命是什么、愿景是什么是最重要的。因为只有准确定位，才可能有长远发展空间和相对竞争力，也会为组织和制度建设形成基准。例如，看看你的计划体系、组织体系、人才队伍等是不是支撑你的学院使命和愿景，如果这些不能支撑，那就需要努力去创造这些条件。

其实有些考核指标可能会反映学院的短期成功，但从长远发展来看可能是有害的或失败的。学院发展的关键是对未来的战略设计，是对学院未来发展的理念设计，是对学院发展方向的深刻把握。作为院长，主要应该考虑学院学科发展、人才培养的基本定位、布局以及组织架构、制度、人才队伍、学院文化等重大问题，而不是简单的短期的所谓绩效。

曹希绅：最后再请席校长谈谈教学改革问题。

席校长：我想主要强调三点：一是作为院长需要考虑未来社会需要什么样的人。这是院长首先需要明确的和做出判断的，这包括未来人才应该具备的能力、知识、素质结构等。二是要考虑如何实现这样的培养目标。或者说，应该采用什么样的方法、训练能够培养这样的人。我们过去的、传统的培养方式是强调教知识，采用灌输式，现在看已经落后了，这就需要进行改革和创新。三是要由教学生学知识变为帮助人成长。为此教师和学校管理者角色的转变非常重要，这也是迫在眉睫的需要。要真正帮助学生全面提升应对未来社会的素质和能力。特别是像管理能力，不是教出来的，而是帮学生创造环境和指导他们自我塑造从而形成的。

曹希绅：今天席校长在百忙之中接受我的访谈，尽管时间有限，却受益匪浅，后面有什么问题我再向席校长请教。非常感谢！

5.6 学生成长与批判性思维

在谈学生的成长与批判（审辨）式思维前，有三个故事我想与大家分享一下。

故事① 有一个家长给我写信，说他的孩子花了一天的时间，最后发现老师出的作业错了。他说："你们学校的老师怎么这么不负责？"我回答他：谁告诉你老师说的就是对的？老师就不可以犯错误吗？在西浦，学生要对老师们讲的东西保持怀疑，甚至挑战，通过怀疑然后去证实老师讲的东西正确与否。在这个过程中，学生得到的东西远远多于他通过听课、考试、得分的被动式学习所获得的东西。当然啦，老师如何认真设计，让学生在这个过程中受益最大也是一个需要不断探讨的话题。自然，老师也最好不要犯低级错误，除非是为了训练学生而有意识设计的。

故事② 我们跟国家教育行政学院联合成立了一个领导力与教育前沿院（ILEAD），目的是想通过我们的教育探索，去影响更多的教育机构和教育工作者。数年前为了比较中国教育对学生成长的影响，我们曾做过一个研究，挑选了50名走出国门的研究生，这其中一半是"985""211"院校毕业的学生，另一半是西浦出去的学生。我们用八个维度来研究比对这些学生在国际化环境下进行研究、学习、工作的情况。最后，在独立精神、信息获取、解决问题、主动精神、表达和沟通能力、批判性思维等方面，西浦的学生几乎完胜"985""211"的学生，特别是批判性思维，很多"985"和"211"的学生，在大学期间甚至从未听过这个词。

故事③ 教育在教什么？我曾经去过英国最好的私立学校，有一件事让我印象特别深。当我和那位校长走过大厅的时候，一个房间里突然出来一个很小的孩子，看起来三四岁。看到我们俩过来，那个小孩没有急于离开，而是把一扇很沉重的大门费力拉开，让我们俩先走过去。当时我很震撼，想想在这种情况下，国内的小孩会怎么行动？据我的观察，现在我们小孩子的教育都是以自我为中心，似乎所有人都为小孩，孩子们若有不顺，则永远感觉到爸爸妈妈在负“我”，别人在负“我”，社会在负“我”。于是，我们不难想象大部分孩子在这种情况下的行为了。

我当时好奇地问：你们怎样安排学生的培养方案？那位校长回答说，他们的教育主要着力于三个方面：第一，什么是人；第二，什么是社会；第三，什么是世界。然后要让学生知道，怎样为人，人怎样与群体、社会和世界相处，从幼儿园开始，课程就是这样设计的。他说这几年又加了IT技术这门课，因为小孩子从小接触智能手机等，他们会告诉孩子，IT如何影响人及其与社会相处，如何影响人和世界的关系。中国的教育是内容导向的被动式教学，不管哪个年级，主要关注的是这个时间段应该学习的知识，而且是用比较被动的方式教给学生。所以，教育到底应该从哪儿开始？这不仅仅是一个技术问题，更是一个理念问题，是一个如何让人真正成为人的过程。

5.6.1 为什么需要批判性思维?

中国社会人们善于跟风，什么东西火，人们就一窝蜂涌上去。这不是批判性思维，真正的批判性思维不是跟风，而是独立的观察和思考。

现在大家谈未来很多。因为很难说清楚，恰恰说明未来很丰富，不同的人有不同的理解和判断。教育永远是一个面向未来的行业，但是我们根本不知道10年后的社会是什么样子的，我们怎么开展教育？所以，教育可能永远是一个遗憾的、延迟的行业！为了少点遗憾，我们需要尽可能地朝未来看。

我们生存于一个复杂的、不确定的、日益互联的世界，即使特朗普在搞单边主义，纵然一些反全球化势力抬头，都永远也无法阻挡这个世界整合的潮流。链接革命、共生、共享、颠覆、全球竞合等，是这个世界的一系列热词。我们每个人每天被迎面扑来的信息所包围，我们如何应对这个充满了似是而非的信息和知识的世界？我们怎么样在这个世界里更富有意义和价值地生存？

随着技术的快速进步，这个世界还涌现出了很多新的推动力，像极端的长寿，智能机器和系统的兴起，超级结构组织，等等，这些推动力让世界处在快速的变化过程中。那么应对未来日益复杂多变的世界我们需要什么样的技能？澳大利亚有个研究，在统计了几百万个职业后发现素养和能力变得越来越重要，如图5.1所示。这其中，增长最快的是数字素养、批判性思维、创造能力和解决问题的能力。

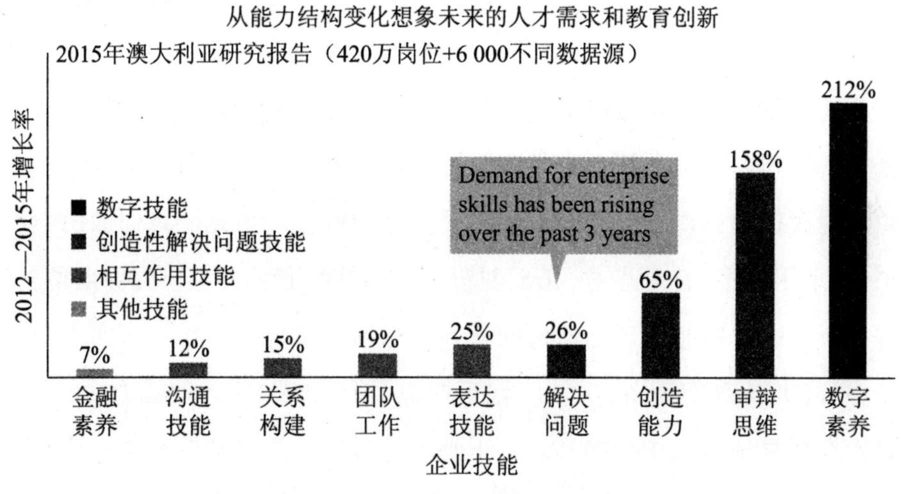

图5.1　市场对能力和素养的变化

值得注意的是，我们的教育对学生这些能力和素养恰恰训练得较少。例如，在传统的大学里，一门课等于一本教材，老师把其打碎成多少个知识点，一堂课讲几个知识点，期末再划重点，然后考重点，考完重点得高分，得完高分忘重点，这就是我们的学习。很可惜，学生们在人生中最重要的阶段得到的只有一堆高分和证书，而素养、能力与知识体系的提升有限，学术造诣和整体人的提升远不能适应社会的需要。

Whiplash: How to Survive Our Faster Future 这本书最近很火，也很有意思。从这本书中，我们可以知道未来的教育应该帮学生训练什么东西。书中提到未来社会九大生存原则：涌现优于权威；拉力优于推理；指南针优于地图；风险优于安全；违抗优于服从；实践优于理论；多样性优于能力；韧性优于力量；系统优于个体。

关于未来社会，虽很难准确预见，但一系列趋势不可避免，如现在谈的是互联网，下一步物联网、人工智能、机器人一定会进入我们的生活，会迫使我们转变已经习惯了的生活和工作范式，因而也有了上述新的生存法则。从中我们不难体会到，21 世纪更需要重视独立思考和审辨式思维，如果我们没有一种审辨式的自我判断，人类的生活的空间会越来越小，而不是越来越大，因为很多人信奉“宁可信其有不可信其无”，最后会被网上很多似是而非的东西捆住了手脚、压缩了生存空间，甚至是天天都在犯错，这不应是人类想要过的生活。

西浦把学生的成长放在第一位！那么什么是学生的成长？成长当然要获取已有的知识，但更要让学生学会学习，学会处理人际关系，学会站在世界的角度看我们自己，学会理解自己之于社会的价值。为此，我们鼓励学生学会独立、敢于负责、善于思考、长于创新、勇于实践。我们提倡研究导向型教学，以保护学生的好奇心，训练他们的批判性思维，孕育他们整合东西方智慧的复杂心智，培养他们创造性行为，最后帮他们形成终身学习的能力。应该说，教育贵在帮学生形成积极的心态、正确的行为方式、批判性思维，这也是大学或 university 的根本使命。

5.6.2 要学会积极的批判性思维

在教育领域，我们总是抱怨学生们太听话，习惯于被动地听老师讲、学知识和记知识，缺乏批判性思维（critical thinking）；但社会上特别是在网络化的虚拟社会里，则充斥着各种批评，甚至缺乏深入分析的批判或直接的谩骂。例如，只要是政府、富人或大家不太待见的人，无论说什么，都会招致一片骂声，这种比较典型的愤青现象已经在年龄上纵向拓展，传染至老年和少年儿童，出现了中愤青、老愤青、小愤青等。

那么，愤青是否等于批判？批判是否等于否定一切？什么才是真正的批判性思维？

愤青（angry young men），是“愤怒青年”的简称。从广义上讲，“愤青”泛指对某些社会现象和政治、经济、科技、教育等制度怀有不满情绪的愤怒青年。可以说，“愤青”不限于时代和国别，古今中外均有。从狭义上讲，“愤青”是指对社会、政府、国家的未来失去希望，以激进的言辞表达想法的人士。一般来讲，狭义上的“愤青”，因其不是消极逃避，就是盲目乐观，并不被一般社会大众所认同。

愤青常呈现为消极的态度、未加理性分析的否定，不等于批判，批判的眼光不应是简单否定和以负面的眼光看待一切。批判的目的是扬弃，是同时具有否定和肯定双重意义的辨证概念。字面上批判有多层含义，比如批示审断（断案）、评论（对是非的判断）、批驳否定（对被认为是错误的思想或言行的不满）等。也许是因为“文化大革命”中的大批判使很多过来人记忆犹新，“批判”一词在中国社会里过分狭窄地落在了批驳否定上。安静在其博客中撰文指出，“Critical thinking 的中文流行翻译是‘批判性思维’，但我觉得并不很贴切。Critical 一词的希腊词源是动词 krinō，意思是‘挑选、决定和判断’，krites 是观察家、法官、仲裁人之意，kritikos 是指有观察、思考和决定能力的人。所以，英文中 critical 也有几个意思，评论、批判、挑剔、选择标准苛刻、审慎的、严谨的、经得住校勘的、重要的、不可缺少等。而中文的‘批判’听上去实在颇多贬义，就像不是好态度似的。所以有人竟写文章说我们要从‘批判性思维’进入到‘建设性思维’，实际上这个词的英文原意跟破坏和捣乱——所谓建设的反面简直毫无联系。”①

① http://blog.sina.com.cn/s/blog_53fd0d000100066u.html.

要正确对待愤青、批判性思维等社会现象，倡导积极健康的生活方式，关键在于对“批判”一词有全面理解。从语源上说，该词隐含有“基于标准的有辨识能力的判断”。批判性思维甚至可以追溯到杜威的“反省性思维”：“能动、持续和细致地思考任何信念或被假定的知识形式，洞悉支持它的理由以及它所进一步指向的结论”。也有人认为，“批判性思维”是以逻辑方法作为基础，结合人们日常思维的实际和心理倾向发展出的一系列批判性思维技巧，可以追溯到苏格拉底。

无论源自何处，现在关于批判性思维的定义有很多，比如说识别重要的议题、问题；分析解释相关问题的质量、评估假设、可能的分析视角和方案；还有形成思维习惯，对议题、想法、产品或者事件进行综合性的探究……总之，批判性思维应该是一种思维技能，既能体现人的思维水平甚至人格或气质，在知识和信息爆炸时代，也凸显为一种现代生存的思维必需和人文精神。通俗讲，批判性思维就是不要简单地接受，一定要带着批判的眼光分析，然后确认你所得到的东西的真假或优劣。从这个意义上讲，倡导批判性思维，不应该与积极或消极、正面或负面的态度挂起钩来，这里强调的“积极”二字似乎是多余的。之所以在批判性思维前冠以“积极”，目的是强调它，因为批判被广泛地误读为批驳否定的消极观有必要澄清和纠正，社会转型时期比较广泛的愤青式的消极或负面思维需要调整和转变。特别是在“大众创业、万众创新”的时代，在我们反思应试教育弊端、提升全民族创新精神的关键阶段，批判性思维的重塑和强化将会成为中国社会发展的重要动力源泉之一，也应成为教育特别是高等教育的育人目标之一，因此既需要积极提倡和培养批判性思维，更需正确理解和运用批判性思维。

教育要教会人批判性思维，要鼓励人们敢于挑战已有知识甚至权威，从而获得真知或站得更高。如上所述，批判性思维并不必负面（negative）看待一切，简单否定一切，而是积极或正面（positive）地看待世界，在批判的基础上扬弃。仔细观察不难发现，凡积极阳光的人，大部分活得比较轻松和开心，而常消极负面的人大都活得很累和不幸福。如果我们将积极心理、阳光心态与批判性思维结合起来，后者强大的思维技能则会帮我们活得更明白和充实、有能力肩负更大的责任和面对更严峻的挑战！

积极的批判性思维有许多优点，如心态上充满希望，视野上容易发现机会，即使面对问题和危机，也不是简单逃避，而是设法获得更积极的结果。但无理性的积极也存在诸多思维陷阱，如忽视困难和深度风险，过分乐观和期待有时会使自己力不从心。消极或负面的批判性思维，遇到挫折时可能会被负面情绪打败，会责怪自己、环境，甚至最后选择退缩、放弃或报复，在批判过程中会强化批驳否定等。负面的批判性思维有时候也可能会有积极意义，如在商业、人际关系、艺术等方面，不会轻视眼前问题，可能会比只会正面思考的人更有深度，在特定情况下也许更能看清现实。

在批判性思维前加上“积极”，一是呼吁不能简单将批判思维简化为否定和负面，而是回归其扬弃的本质；二是主张在扬弃的过程中持有积极和阳光的心态，不做陷入消极和负面的愤青，但要注意坚守客观和理性的原则，不盲目乐观；三是明晰批判性思维需要系统观，只有在系统透视本质的基础上，才可能恰当地去伪存真、取其精华、去其糟粕。“积极”更多强调心理和态度，批判强调的是扬弃两种思维模式。现实中，我们要阳光地、灵活地切换扬弃两种“思考模式”，使其张弛有度，当信息和知识迎面扑来时，拥有一个犀利的思维工具，会为我们客观和理性的生活保驾护航。

5.6.3 怎样提升批判性思维

怎样提升批判性思维？未来社会日益需要整合性的知识体系，更强调能力、素养、智慧，但这些无法靠课堂简单来讲授。能力需要训练、素养需要熏陶、智慧需要感悟。有人曾对我说，既然智慧靠顿悟，那学校是难以帮学生的。我说非也。研究顿悟的产生机理，不难发现，首先是要有问题意识，当一个人有好奇心和问题意识，并保持探究精神，便会长期关注这个问题，就会不断有意识和下意识地收集与之相关的信息，有一天，突然因某种信息或刺激，如获得新信息、遇到一件事，甚或做梦或摔一跤，使得关于这个问题的知识网络中有关节点打通，眼睛一亮，形成顿悟，这就是智慧。因此，如果我们能唤起学生好奇心，强化他们问题意识，鼓励他们善于观察和提问，并不断刨根究底，又能长期坚守，他们一定会比别人更有智慧。

西浦有意识放手，让学生自己去组织很多活动和做很多事，正是为了给他们机会，整合知识、训练能力、增加智慧。我们的课堂时数也比其他的学校少 1/3，很多家长说，我们交了那么多钱，为什么课堂时数反而比其他学校少？我告诉他们，如果认为上大学就是上课，那就完全错了，上大学是帮学生学习和做人的过程，课堂不再是教几个知识点，而是引导学生学会研究、学习和成长。

怎么帮学生进行思维的训练，全世界很多地方做了很多的探索。如翻转课堂、项目化学习、基于问题的学习，还有研究导向型学习等。

传统的以传授知识为导向的教育常把学生比作海绵，尽量让其吸收更多的知识。但现在的状况是“知识”（经常是似是而非）、信息太多且容易获得，怎么办？这个时代很容易让学生变成一个气球，什么都懂，其实一戳就破。因此，我们必须改变教育理念。在学生入学的时候，我给学生、家长、老师和各界的人说，大学不是学知识的地方，大学是一个通过学知识帮学生成长的地方，学知识是个手段，成长才是目标。

我们课堂时数虽少，但相关活动很多，如辅导课、项目、团队活动、实习、社会调研、研究、社团等。例如，全校体育运动会，由学生体育社团和老师俱乐部自己组织；各种国际赛事也由学生自我组织，学校支持。我们的观念是参赛结果不重要，重要的是通过这个过程学生得到成长。西浦也不会去为了某个学生获奖而让她 / 他停课，我们的学生要参赛都要请假甚至按旷课处理，规则就是规则，不能因为你可能会给学校带来某个奖项而破坏学校正常的教育秩序。这样的育人理念和国际化的学习环境，就有可能把学生变成有造诣的人，即具有知识的宽度、深度、高度的人。其实，在西浦，学生是学习的主角，学校是学生学习的地方；老师在周围，是指导者和帮助者；学校要努力为学生提供一个资源平台，各方帮学生在这个平台上得到充分的学习和健康成长。为实现这样的教育理念，我们必须努力改变学生的学习行为、老师的教学方式和学校构筑资源的思维模式。

教育经常讲要塑造人，也有很多理论。我比较欣赏构建主义理论，其核心思想是学习是学生观念和行为模式的永久改变，学生本身具有自我导向能力，老师要视自己为资源和帮助者，指导学生释放潜能；学习虽发生在课堂上，但真正的收获是学生应用所学东西解决问题，并在其中得到成长，所以老师和学校要尽可能为学生创造这样的学习环境和机会；因学习发生在一个过程中，所以学习的考核也应是过程评价，而不是一两次考试。

图 5.2 中六角星区域是非正式学习，传统教育一般重视正式学习，即正式上课及教学监控，但很少认真研究、观察很支持学生的非正式学习。然而，在学校里，正式学习的时间非常有限，学生把大量时间和精力花在了非正式学习上，特别是大学。因此，如何通过正式学习去引导学生充分利用和放大非正式学习的价值？对此，教育应做何种改变？都是很值得当代教育工作者认真思考和研究的问题。

图 5.2　如何形成正式学习与非正式学习的良性互动？

西浦的做法就是以学生健康成长为目标，以兴趣为导向，以学习为中心，帮学生理解自己和世界，帮学生释放兴趣、树立理想、形成目标，再给学生创造机会、提供资源和条件，然后造就他们追梦的翅膀，并指导和帮助他们学习成长。为此，西浦全面提倡研究导向型的教育，就是为这种教育理念的实现，特别是为批判性思维的训练提供一种途径。这里研究导向有三个重点：第一，学习要从记忆和理解知识转变为帮学生学会研究型的学习和生活方式；第二，老师从教书转为领导学生通过研究进行学习和成长；第三，师生的关注点要从知识点转变为问题和现象，以鲜活的问题和有趣的现象驱动研究与学习。通过这样的学习，学生们不仅学会了研究问题，还学会了收集信息、整合和分析信息，学会了解决问题，并在解决问题的过程中提升了合作、表达、执行、领导等各方面的能力；通过这样的教育，我们希望帮学生保护和滋养好奇心，形成批判性思维习惯，养成创造性行为模式，孕育他们面对未来世界的复杂心智，造就他们强大的终身学习能力。

（本文根据笔者在南京教育论坛上的发言整理，2018 年）

5.7　新时代全面振兴本科教育的高校行动框架 

新世纪以来，在互联网和人工智能等颠覆性技术的推动下，世界范围内新一轮科技革命和产业变革扑面而来，并正在重构人类的生活、学习和思维方式，颠覆现有产业的形态、分工和组织方式，甚至改变人与世界的关系。这些变化必然会对高等教育带来根本性的影响，全球的高等教育体系，正处于新一轮根本性改革的起点。我国的高等教育体系在过去 40 年一直把向西方学习作为谋求自身发展的重要策略，但在新一轮根本性变革的关键节点，中国的大学有着变轨超车的历史性机遇，如果适时地、正确地抓住了这个机会，就有可能成为引领下一轮全球高教变革的核心力量，并有助于全面提升国家的竞争力和创新能力。

党中央、国务院审时度势，党的十八大以来提出全面深化教育改革的重要战略，在十九大报告中强调把立德树人作为教育的核心使命，在2018年9月召开的具有历史意义的全国教育大会上，习近平总书记提出中国教育“新三步走”战略，改革开放40年来首次召开的新时代全国高等学校本科教育工作会议，明确本科教育在高等教育中的基础地位并提出全面振兴本科教育的战略。至此，国家层面对本科教育的新判断、新定位和新战略已经绘就，要真正振兴本科教育，接下来的重中之重就是高校层面的行动。基于西浦12年融合中西方教育精华、面向未来社会对本科教育的改革探索，这里试图阐述全面振兴本科教育的高校行动框架，以期对高校贯彻落实国家战略提供借鉴。

基于理论分析和实践总结，我们认为高校振兴本科教育，要把握好新时代本科教育的基本理念、核心目标、组织机制和支撑平台四个方面。

5.7.1 把以学生为中心作为新时代本科教育的基本理念

以学生为中心尽管已经成为办学者的共识，但如何把这一理念落实到高校的办学实践中依然挑战重重。而要落实好这一理念，需要在深刻理解以学生为中心的要义的基础上，把握好三个方面。

以学生为中心，是针对自工业革命以来盛行的教师主导、统一学习和知识导向的教育模式提出的，这一理念提倡学生主导、个性化和情境建构式的教育模式，其核心目标是学生的健康成长和全面发展。

首先，以学生为中心，要明确教育的目标是促进学生健康成长而不是简单的传授知识。我国乃至全世界的高等教育体系，十分注重知识传授，大学里的学生认为到大学学习知识天经地义，老师则把教授知识作为自己的当然使命，如果放弃教知识便不知所措。这种身处教育一线的学生和老师的观念与行为惯性，是过去几十年来推广素质教育的一大挑战，也是接下来落实以学生为中心必须清除的拦路石。

西浦从学生一入学就被告知，上大学的目的不是学知识，健康成长才是基本目标。学校认为，学生的健康成长包括五个方面，除了学习科学技术知识外，更重要的是学会学习，获得终身学习的能力、处理人际关系的能力、跨文化领导力，以及认识到自身对于社会的价值，在当今世界，还应注意塑造学生国际化的视野。为了实现这一目标，西浦特别重视帮助学生实现三个维度几个方面的转变，包括从孩子到年轻的成年人再到具有国际竞争力的世界公民的转变；从被动学习到主动学习再到研究导向型学习的转变；从盲目学习到兴趣导向再到人生规划的转变。这些转变，就是保障学生在大学健康成长的主要抓手。

其次，以学生为中心倡导从学生的自身兴趣和需求出发提供个性化的学习方案。随着互联网时代人们生活和学习方式的改变，大学将不再是学生接受高深知识的唯一场所，未来的教育，是根据学习者的需求，由若干不同的学习服务提供者形成一个完整的教育生态，大学要想在这个生态中立于不败之地，必须从学生的需求出发，找到自身给学生学习和成长的价值，给学生一个乐于上大学的理由。

在过去 12 年，西浦积极探索如何充分激发学生的兴趣并确保学生在学习中追随自己的兴趣。例如学校按照大类招生，在录取时设法在现有高考制度下尽量让学生按第一自愿入学，目前第一自愿入学率已超过 90%。与此同时，在大学期间允许学生在全校范围内重新选专业，每年大约有 50% 的学生会在大一结束前经过一年的重新认识选择不同于高考志愿的专业，有很多文科的学生选择理科专业，也有理科专业的学生选择了文科，帮学生发现并追随自己的兴趣，可以在很大程度上激发学生的潜能，调动他们的积极性。

激发学生的兴趣，还可以通过教学改革来实现。西浦倡导研究导向型学习和教学，提出从学生身边感兴趣的实际问题和现象出发改进课程教学，通过同伴合作，大量搜索相关资料和专业知识，形成解决问题的方案，这一学习过程的出发点是学生自己感兴趣的话题，因此学生的主动性大大提高，自主学习不再需要学校督促和强制要求。西浦不要求学生上自习，但是据统计学生的自学时间平均三倍于课堂学习时间，有很多学生甚至要通宵学习，还有把帐篷搭在实验室和自习室的景观。

学生的兴趣，需要和他们的人生规划联系在一起。这需要学校给予学生选择空间，不是一味地学专业课程考高分。西浦不仅给学生提供大学四年的职业生涯规划指导，并从大三开始给每一位学生配备一位社会和产业界成功人士作为校外导师，指导其职业规划。此外，在学生明确其人生目标后，西浦允许并全方位支持学生追求自身的独特目标，而不是按照培养科学家的目标要求所有人只注重大纲要求和课堂学习。例如，西浦不要求老师考勤，学生来不来上课自己决定，大学除了有极其严苛的质量保障体系确保每一位学生都无法在“天天打游戏、睡大觉、醉生梦死”的状态下拿到学位，同时在满足学校学位的基本要求的基础上，也鼓励那些以从事科学研究为目标的同学刻苦学习专业知识拿高分，还支持以创业为目标的学生在学校里进行更多的创业实践。

最后，以学生为中心要坚持以学习为中心，这是针对以教学为中心而提出的。工业革命以来的高等教育体系，其课堂制模式以教师和教授为核心，学习者要服从于教授者的安排。以学生为中心需要打破这一传统，把办学的注意力放在学生的学习和成长上，教学的安排需要服务于学生的学习需求。

西浦从建校伊始就把学生的学习体验作为教学安排的核心，通过建立体系来确保所有的实践工作都有助于学习体验的提升。例如，通过全校范围内的学习分析项目，帮助学生、老师和管理者理解学生到底是如何学习的，什么样的行为和体系能够更好地支持学生的学习。再如所有的课程大纲中，最为重要的一点是要非常清楚这门课学生的学习目标，并且要讲清楚所有的教学安排如何支持这些学习目标的达成，以及在考核安排中，要全面反映学生学习目标的达成程度，并且提倡过程性考核，给学生的学习提供过程性反馈，而不是在学生一门课学习行为结束后通过一次期末考试给出一个对学生学习没有任何意义的分数。

5.7.2　让立德树人这一核心目标扎根本科教育一线实践

立德树人不仅是新时代我国高等教育的核心职能和使命，更是所有的高校教育者自身工作中应该瞄准的首要目标。因此，如何才能让立德树人成为所有教职员工的工作目标,就成为高校是否能有效履行自身职能的关键所在。

首先，高校需要制定清晰明确的育人目标体系，特别是建立从学校层面到学院、系、专业直到课程层面的育人目标逐级细化的体系，最重要的是让每一位教职工都清楚地知道自己的工作贡献于学生成长中的哪些方面。例如，在课堂教学中，传统的教育过于注重知识体系的重要性，一门课一本教材，几十个知识点就是目标，老师一学期的任务就是把这几十个知识点尽可能清楚地讲授给学生,除此之外没有其他的目标。这与立德树人的使命是不相符的，因为“德”的要素很少体现在课程学习过程中。

西方的教育体系非常重视学习目标，每门课的教学大纲最重要的就是清楚地阐述这门课的学习目标，不过在西方大学课程的大纲中，核心的学习目标也是知识和技能。西浦整合其中的优秀经验，在课程的学习目标中更多地体现未来社会的人才需要的能力和素质。例如西浦倡导的研究导向型教学，其核心目标是提升学生解决问题的能力、合作与沟通能力、批判性思维以及洞察社会的能力，而知识学习只是实现这些目标的过程和手段，并不是目的。再如西浦正在筹建的太仓教育实验基地，提出要把人工智能时代行业精英需要的更高层级的素养体系、专业基础、行业知识、领导力和创业家精神等作为核心学习目标，并把这些目标落实到具体的课程及其训练过程中。

其次，高校需要系统探索能支持学生能力和素养提升的教育策略。学生能力和素养提升的重要性不言而喻，但是什么样的大学活动才能帮助学生提升这些方面，目前并没有很成熟的实践。国家提出“课程思政”的方案试图以课程教学提升学生素养，值得关注，但对思政与素养和能力体系的关系及其相互提升的逻辑似乎仍需探究和实验。

西浦试图通过整合课内和课外的活动，来培养学生的能力和素养。例如，对于课内，全校倡导开展研究导向型教学，通过从学生身边的实际问题和现象出发，保护学生的好奇心和探究精神；培养学生理解和洞察社会的能力，提升学生兴趣；基于问题的知识搜索与整合分析，培养学生在信息爆炸时代学会自主搜索对自己有用的信息的能力以及独立做出判断的批判思维能力；通过同伴合作提升沟通与合作能力；通过提出问题解决方案培养学生评估方案的能力；通过解决问题，训练其合作精神、执行力和领导力。这是研究导向型教学对于学生的“德、智、能”的提升。近年来，西浦已经在内部一批教师的共同努力下，形成了一个系统的研究导向型教学实施方案，并通过上百场活动，把这一方案传递给国内近300所高校的4 000多位老师，很多学校已经开始系统地在课堂中实施研究导向型教学。

西浦非常重视课外活动对学生能力和素养的培养，学生事务部门的基本理念是：学生自治，学校引导与服务。通过给予学生自己管理大学生活的机会，提升学生的能力。学校的职能，一方面是引导，即引导学生有序管理好相关活动，提升学生的相关能力，另一方面是做好服务工作，提供资源支持。例如西浦负责社团管理的社团联合会，成员都由学生组成，全面负责社团成立的审核、社团的监督以及考评，老师的职责是在学生希望成立社团但是定位不清或者思路不明确的时候，和学生一起讨论应该如何定位社团功能，如何规划社团活动，社团活动需要场地和资金等如何帮助协调，等等，更多的是咨询者、引导者和服务者的角色。西浦目前共有超过150个社团，大部分学生有社团活动经历，这些经历是学生提升沟通能力、领导力和解决问题能力的重要途径。

最后，西浦为了培养学生的创新创业能力，专门成立了国际创新港整合社会资源，给学生提供一个可以试验自身想法的平台。创新港和企业合作建立创新工场，鼓励学生随时带着自己的想法到创新工场去尝试和试验，同时通过聘请有真实创业经历的社会人士担任创业导师，指导学生更好地实施创业项目。此外，还举办各类校内外的创业比赛，通过真实的项目来激发学生的创业精神，培养学生的创业能力。

5.7.3 建立全员参与全过程支持学生健康成长的组织机制

立德树人，需要高校不同部门的通力合作，课内课外的有机整合。但当前的大学层级体系一方面很难对学生的需求进行灵活快速的反应，另一方面也很难通过跨部门的合作形成解决方案。因此，全员参与和全过程支持学生健康成长的组织机制要落地，首要需要改变当前大学层级化的组织机制，建立一种鼓励跨部门合作的网络化扁平化大学组织架构。

西浦把探索和建立符合知识组织运行的网络架构作为自身的四大使命之一。通过几年的探索，已经初步建立了一个扁平化的网络式运行体系。这个体系的核心特征是：对学生需求的快速灵活反应，根据需要一线跨部门合作团队的便捷形成，以支持和服务为导向的行政体系。

对学生需求的快速灵活反应，是提供个性化学习服务的前提。例如，西浦每个系都有师生联络委员会，由学生代表和教师代表组成，定期开会，核心议题是反映学生在课程学习中遇到的问题和需要老师与学校注意的事项，系里需要认真对待学生提出的每一个议题并逐一回应。这一委员会能保证学生在学习中的需求及时地得到满足。和这一委员会相对应的还有西浦的学术导师设置。从大一开始每位西浦学生都有一个学术导师，负责解答和解惑学生在学习中的任何问题，以确保学生的问题可以及时得到解决。

对于学习之外的生活，西浦则通过一站式服务中心来为学生提供便捷的帮助。学生在校园生活中的任何事项和问题都可以到一站式服务中心去咨询解决，一站式服务中心作为全校服务学生的前台，必须接受学生的所有请求，不会推诿或指派学生到其他部门寻求解决方案，确保学校能第一时间接收到学生的诉求。和一站式服务中心对应的是学校为学生还配备了成长顾问，负责支持学生处理成长中的问题，学生们有任何困惑可以找到成长顾问咨询或寻求帮助。

快速形成一线跨部门合作团队，是一所学校给学生提供个性化学习的核心能力。在传统的部门化行政体系中，不同部门之间的协调合作往往很难，例如教务处和学生处的合作，通过正式的程序非常复杂，但学生学习的需求，多数情况下需要这些部门之间快速形成合作关系，提供解决方案。西浦为了提升这一核心能力，大大强化基层一线教职员工的权力，赋予他们在遇到学生特定需求时，自主寻求其他部门相关员工组成临时团队提供解决方案的权力。同时，学校通过明确愿景和使命、年度目标等途径提升每位员工对于自身职责的理解，从而帮助他们能够在面对真实的学生需求时自主地做出决策，以及有空间和权力进行自组织。

以支持和服务为导向的行政体系，是为学生提供个性化学习的文化和制度基础。在以权力和资源配置为导向的层级化体系中，大学行政部门没有心思也没有责任去服务学生，更多的是资源分配和行政协调。因此，以学生为中心的大学，需要改变以权力和资源配置为导向的层级化体系为以支持和服务为导向的平台。

西浦网络化组织结构的突出特征首先是各研究中心、系与四大服务中心构成的服务支持平台之间没有直接的行政管理关系，行政权力和学术权力界限清晰、良性互动。首先，服务支持平台运用行政权力保证各种服务友好和高效；学术体系利用其学术权力按科学规律组织其活动。其次，为保障研究者的学术自由，支持研究者之间的互动、师生互动、不同专业间学生的互动，学校创造机会和搭建平台。最后，学校领导规划学术资源分配方向，由教授和专家组成委员会共同决定资源配置，行政权力不插手学术资源配置过程，但通过服务以确保资源及时到位和使用。

在西浦，行政权力和学术权力各负其责，涉及学术判断和发展的事务，如学科建设、学术评价、学术发展、教师学术水平判断和升迁、学生升级及学术违纪处罚、具体的教学管理等事务均由专门的学术组织或委员会处理，如师生认为有不公之处，可以向行政权力申诉，行政负有监督责任。如果学术权力决策所依据的事实成立和程序合法，行政权力会全力支持学术权力的判断和独立性，不会直接干预学术事务。另外，学校所有职能部门不再是任何权力部门，对学校发展来说，他们的主要职责是提供服务和支持。

5.7.4 构建基于信息化的学习支持平台和大学管理平台

信息化是有效便捷地实施上述教育策略、支持全校师生学术活动的工具，甚至有些时候信息化能够变不可能为可能。特别是在以学生和学习为中心的理念中，信息化可以帮助大学更准确地了解学生和他们的学习，从而能够更好地提供有针对性的方案。同时，信息化也是建立扁平化网络式大学组织机制的基础设施。

西浦通过自主开发和维护在线学习平台，在很大程度上帮助学生的自主学习和老师的教学活动，以及全校的教学质量保障体系的运转。例如，西浦的研究导向型教学提倡过程性考核，但过程性考核往往会遇到过程难以监控的问题。西浦规定学生所有的作业都需要通过在线系统提交，并在提交后，系统自动查重系统会对所有的作业进行查重,这样就确保学生作业的原创性。老师的评分也是在线完成的，并且学生的作业在老师评阅后，还要经过同系里另外一位老师、利物浦大学相同或类似专业的一位老师以及非西浦和利物浦大学的第三所学校相同或类似专业的一位老师的审查，这三轮审查重点考察这门课程的考评是否具有国际相应水平，负责老师的评分是否公正，给分是否合理，这些质量保障体系能够确保学生每一分都经得起查验，而这一流程全部是在线完成的，信息化在很大程度上让这种考评体系成为可能。

又如，西浦的研究导向型教学倡导团队合作，在线学习平台可以自动对学生进行随机分组，然后在线形成小组的空间，学生可以进行在线讨论、在线提交小组成果，也可以在随机分配小组之间互评成绩，等等，这些功能大大增强了学生在课程学习中进行互动的可能性。此外，还有老师和学生上传视频、在线视频讨论、学习资料分享等功能，很好地支持了研究导向型教学的各个环节。

再如，学校在在线学习平台上还开发了学生自动分析自己学习行为和学习轨迹的功能，这样学生随时都可以在系统里查看特定时间段自己的学习情况，从而帮助学生更好地了解自己的学习特征。这一功能还支持老师随时查看全班学生的学习情况，并基于数据分析给老师提出建议，例如学生在线学习时间是否会对最终学习成绩有影响，哪些学习行为对学生学习成果有重要影响等问题，只要老师发送一个请求，系统就自动给出答案，能够实质性帮助老师了解学生学习的情况以及自身教学的有效性，并通过自我反思以及师生互动不断提升教学效果。

（感谢张晓军博士在本文形成中的贡献）

5.8 敢于成为领导者：新时代中外合作办学的使命

近年来，全球化、构建人类命运共同体的概念被频繁提及、不断深化，一方面是全球经济社会发展的必然趋势，另一方面也是以习近平同志为核心的党中央对全球人类共命运的深入思考。在这种大背景下，中国如何通过深化改革提升自身、在复杂多变的世界格局中发挥大国作用，便成为各级领导人必须思考的重大问题。

习近平总书记选用了“中国梦”来破题。他说：“何为中国梦？我以为实现中华民族的伟大复兴就是中华民族近代最伟大的中国梦。”并以此构建了中国改革发展的“两个百年”的战略目标，即中国共产党成立一百年时，实现全面建成小康社会；中华人民共和国成立一百年时，建成富强、民主、文明、和谐的社会主义现代化国家。为了实现这个目标，习近平总书记又接连提出了“一带一路”的倡议，“新时代中国特色社会主义思想”“现代化绿色社会”等一系列具有战略意义的举措及理念。在这种大格局和背景下，肩负着人才培养、研究、社会服务和新文化引领重任的高教领域的一分子，在新时代中国的发展中，如何扮演好自己的角色？习近平总书记指出，“教育是对中华民族伟大复兴具有决定性意义的事业”。他在参加全国人大广东代表团审议时强调：“发展是第一要务，人才是第一资源，创新是第一动力。”在这种大格局和背景下，肩负人才和创新重任的高教，必须回答：如何促进中国的崛起和大国作用的发挥？高教自身如何成为国际玩家和世界教育事业的领导者？

“教育决定着人类的今天，也决定着人类的未来。人类社会需要通过教育不断培养社会需要的人才，需要通过教育来传授已知、更新旧知、开掘新知、探索未知，从而使人们能够更好认识世界和改造世界、更好创造人类的美好未来。”（习近平，《人民日报》2013 年 4 月 22 日）现在，全球化和教育本身特征带来了教育国际化的必然需求，在目前这个充满了不确定性、模糊性、复杂性和多变性的互联互通的世界大环境下，高等教育变革势在必行，我们迫切需要抓住这个与世界一流大学站在同一起跑线上进行未来教育探索的千载难逢的机会，以国际化助推中国教育改革与发展，以融合创新引领新时代的教育。

改革开放以来，中国高等教育迅速从精英教育发展到大众化教育并快速转向普及教育，但其教育理念、教学方法、管理体系等方面未能及时跟上转型和时代的发展，面临严重的挑战，变革迫在眉睫。国际化虽给予了我们汲取国际高等教育先进理念和做法的机会，但我们应该清醒，在全球重塑教育的今天，即使世界最先进的教育也需变革，正如哈佛商学院 Christensen 教授 2014 年所指出的，“如果不变革，未来十五年内，一半美国大学都会面临破产”。因此，我们应抓住全球反思教育、重塑教学、再定义大学之机，利用中国人擅长的整体思维和包容精神，站在中西方教育发展的经验基础上，大胆融合创新，探索未来教育模式，敢于和争取引领新时代的教育！

就中国高等教育而言，目前面临六方面的挑战：第一，从精英教育转型到大众化教育，大学的各项功能定位和管理理念如何随之调整？第二，从计划经济过渡到市场机制，大学治理体制和资源配置方式怎样改变？第三，从传统的官僚机械组织转变成为网络化环境下的知识组织，大学的管理体系和组织方式如何转型？第四，大学功能从原来的知识传播转向更为贴合时代的全新功能的建立，育人模式和教育流程怎样变革？第五，大学的书斋式教育正在转向更为实用主义的教育，大学人文精神与创新文化如何形成？第六，大学的教育环境从相对封闭到日益开放和国际化，如何构建多元化文化共处和国际化的校园环境？

时代的发展在挑战高等教育的同时也赋予其改革的最好机会。西浦应运诞生于这个快速发展的时代，决心抓住机遇，结合东西方最优教育实践，取其精华去其糟粕，顺应未来趋势，直面各种挑战，不满足于在中国土地上建设一所高水平的国际化大学，而是大胆创新，希望为未来的教育提供一种方案。探索至今12年，我们在五个方面做出了卓有成效的努力：第一，在知识爆炸、网络化扩散和学知识日益便捷的年代，在教育理念上我们从教授知识转变为通过学习引导学生健康成长，帮助学生以兴趣为导向，以学习为中心，学会学习；第二，为达到上述目的，我们全方位帮助学生实现三个维度九个方面的转变：从孩子到年轻成人再到世界公民，从被动学习到主动学习再到研究导向型学习，从盲目学习到兴趣导向再到人生规划；第三，我们倡导学生研究型学习，教师研究型教学，教职人员研究型工作，三者互相影响和促进，以实现持续创新的有效机制；第四，在教学模式上，我们既吸纳了美式教育的灵活性，又采用了英式教育严格的质量监控体系，再融入中国和苏联教育重基础的优点，综合打造出西浦国际化教育新模式；第五，在以上种种理念和模式的指导下，最终实现校内外良性互动与合作，塑造出优良的“自然、知识和社会三级生态系统”共生的大学发展模式和教育环境。

在全方位的创新性探索下，第一个10年可以说已经形成了西浦发展的1.0版本：在教育上已经初步形成了创新型的国际化专业精英培养模式，在大学运行上已形成了一种网络化、平台式的大学组织管理体系，在大学与社会互动和服务上，初步形成了开放式的校园和大学与社会互动的机制以及共生共享的生态体系，在对教育变革的影响上，已经建设了辐射和影响全国的教育领导力与前沿研究与培训基地。然而，我们清醒地认识到，在未来社会，特别是面对人工智能和机器人革命，西浦需要在现有的“国际化专业精英育人体系”继续深化和完善的基础上，探索能够在智能时代人机互动基础上驾驭未来新行业的高度复合型人才的“国际化行业精英育人体系”。所谓行业精英，他们既要有专业知识，又要有行业知识，还要有整合能力、创业家精神以及管理和驾驭（跨文化领导）能力。所以，进入第二个10年，西浦将开启其发展的2.0版本，即在进一步强化其国际化特色以及深化其教育、研究、社会服务和大学管理探索等基本功能的基础上，在战略上将有重大新布局：首先，要继续深化和完善已初步建立的“国际化专业精英培养模式”，并针对网络化、人工智能和机器人的挑战，探索培养面向未来的行业精英和业界领袖的“融合式教育模式”。其次，在完善网络化平台式大学组织管体系的基础上，通过“西浦创业家学院”的建设，探索新时代大学的新概念及其校园新形态。再次，在现有的开放、互动、共享的大学与社会互动及服务机制上，通过与产业和金融的联盟合作，在有关地方政府的支持下，通过市场机制，开展几场大的社会实验，以回应未来社会几大发展难题。与此同时，基于这些实验形成分布在不同地域各有主题的开放式终身学习、创新、创业服务中心，为未来大学和高等教育探路。最后，将进一步充实和扩大已经波及全国的教育研究与传播基地，使之延伸至国际、基础教育和高等教育更多的方面，以更深远地实现西浦通过自身探索影响中国和世界教育发展的使命。

值得强调和进一步解释的是，西浦已经开启的“融合式教育模式”的探索，旨在适应信息爆炸、知识获取日益便捷性的环境，应对未来社会人工智能和机器人逐步取代大量职位、改造提升许多传统行业、创造众多全新行业的挑战，顺应职业日益碎片化或短期化、休闲时间增多和生活新需求多样化及高端化的趋势，抓住老龄化、物联网、机器人、全球化、中国经济社会转型的机遇，满足未来人才在素养和能力上的独特需求（如知识融合、创新创业、综合能力、智能智慧、变革管理、国际视野、跨文化领导力等）。西浦的融合式教育（SE）以三种方式运行，其一是工业企业定制化教育（SE-IETE），目的是扩展专业性精英教育的行业素养和综合能力；其二是建设西浦创业家学院（SE-EC），以全新的模式和校园环境培养国际化高端行业精英，并孕育未来的业界领袖（从行业精英中冒出来）；其三是与地方政府和产金联盟合作，营造利于融合型精英培养和创业的“终身学习、创新与创业社区（SE-IEC）”。目前，国际上还没有这种系统化的模式，虽然不乏个别环节的尝试，比方说加强学生的行业实习，“三明治式”短期休学实践等，但仍旧是碎片化的。西浦试图在已有的国际化专业精英教育体系的基础上，同时开发出这种国际化行业精英的融合式教育培养模式，并通过“学校驱动、政府支持、产金联盟、市场运行”机制，针对未来社会几大战略议题，通过合作建设“创新与创业社区”“国际共同市场区”“现代化绿色社会试验区”等，开展几场社会实验，打造一系列有主题的开放式终身学习和创新创业中心。如果能够成功地实现这个目标，在未来教育领域，西浦就会成为一个领导者，我们有这种自信。

总体来说，西浦的尝试是新时代全球化和网络化背景下中国高教改革的一个典型缩影，它的诞生、发展、探索无一不显示出中国对于当今全球化发展的勇气与信心，国家的快速崛起给予了高等教育工作者大力改革创新的基础和实力，充满想象空间的未来社会赋予了教育工作者创造的空间，西浦及其更多的中外合作大学、有使命感的教育工作者和机构，应肩负起未来教育探索的使命，怀揣梦想，大胆前行。

（本文为江苏省教育厅党组“习近平教育思想与江苏教育现代化”系列学习座谈会材料，2018年）

第6部分

为人为教

在网络技术颠覆一切的时代，传统的大学教育系统面临一场巨大的挑战，由于治理结构都已固化，阻力很大，老牌大学实践探索的步子迈得都很小。而西交利物浦大学则如同一张白纸，可以在上面绘制一个新的世界。从某种意义上说，作为西交利物浦大学的校长，席西民是无比幸运的，因为他有机会“点亮”未来教育的灯塔。

6.1 席酉民：“点亮”未来教育的灯塔

本刊记者 / 马川 钟一

见到席酉民是一件很难的事情，他大多数时间都在飞机上度过，下了飞机，马不停蹄地奔赴各种论坛发表演讲，他的演讲涉及的领域也极为广泛，管理学、教育理念、企业家精神，也包括人生的态度。与其他学者风格不同的是，他更接地气，更具实战意义。

“一个人背着包，满世界跑。”平时出差，席酉民总是一个人独来独往，不愿意麻烦他人，也不喜欢前呼后拥，相比之下，席酉民更喜欢自由自在。2018 年春节，他回长安老家依然喜欢与老乡和过去的“乡党”“谝闲传”，如同一个普通的农民一样，和大家讨论粮食的收成、蔬菜的价格和日常的生活。从某种意义上来说，他可能是国内活得最为洒脱的大学校长，“我的价值观是对社会产生尽可能大的积极影响，写文章也好做演讲也好，都会产生影响。去做演讲会很辛苦，但还是会跑一趟，主要也是实践这种理想吧。”

席酉民的确是一个理想主义者，“我们的人生的价值是什么？价值是你对这个世界的影响，你对这个世界的影响力波及越广、越深，你的生存的意义也就越大。”“不同的人有不同的追求，有的人选中仕途，有的人喜欢做生意，我的价值观有所不同，我认为，作为一个人，存在的最大意义是对世界的积极影响力。那么，你就会寻求能够帮你实现积极影响力的道路。”席酉民说，当初选择并不被看好的西浦，就是基于这种价值观的判断。

在讲述席酉民的职业生涯时，似乎总绕不开他的多重身份：大学校长、企业家、管理学家，现在又增加了一个教育家，这些身份都在他身上留下了深刻的印记。在席酉民看来，这几者并不冲突，而是一个有机的整体，“教育和管理有某种天然的联系。因为管理是想要提升人们生存的效率和质量，而教育恰恰是提供这种素质和能力，帮助人拥有这样一种幸福生活和成功事业的管理能力与素养。而企业家精神更是让这两者放大的东西。企业家精神就是通过创新突破去形成一种新的价值创造。”

或许正是因为席酉民身上的天然属性——他并非一个纯粹的体制中人，也不是一个彻底的反叛者。所以，当西交利物浦大学这个中外合作办学项目，需要找一个中间人时，席酉民无疑是不二人选。更为重要的是，他对未来教育的理念与办学构想，无不让听者为之鼓舞与激动。

“我们的目的是什么呢，要在中国土地上办一所国际化大学，为全球教育重塑，特别是人工智能和机器人时代的世界教育提供一种方案。这种方案在教育、大学概念、校园形态、教育管理以及社会互动等方面形成一套完整体系，为未来的教育至少提供一个西浦的方案。”席酉民说，他希望西浦成为未来世界的一所国际化大学。

6.1.1 逆俗生存

假如席酉民要做一份求职简历的话，那将是一张超级华丽的履历表。27岁获得西安交大系统工程（管理）硕士学位，30岁成为中国第一个管理工程博士，31岁破格晋升为副教授，35岁破格晋升为教授，并享受国务院特殊津贴，36岁又成为中国管理工程领域最年轻的博士生导师，遍访美英加澳等五大洲名校，40岁出任西安交大副校长……

即便如此，他没有选择在世俗眼光的成功道路上狂奔。

“因为我的人生愿景逐步明确，知道什么是成功、我需要什么生活，这样面对各种机会或诱惑时，我清楚什么是自己追求的，哪些是应该毫不犹豫放弃的。然而，真正要摆脱诱惑，按自己想要的方式工作和生活，任何人都需要修炼。小隐隐于林，大隐隐于市。真正的人生需要在杂芜多变的世界里修炼。我自认为经过修炼，我不仅知道要做什么，而且可以做到，只是要争取做得更好。”在一篇文章中，席酉民如此解释。

谈及自己为何一直没能当选为院士，席酉民说：“对于院士的头衔，我已做到平静对待，因为我知道我的人生愿景是以自己的研究和人生对更多人和社会产生积极影响，当选院士虽然有助于这个愿景的实现，不能当选并不影响自己愿景的实现，因此不会为此费心劳神，扭曲自己，因为清楚这是少数人的游戏，所以早已放弃了申请的愿望。其实，对于各种名利，我已泰然处之，评上不会飘飘然，评不上也不会茫然沮丧，对那些自己不认同的，也不屑关注。”

而两次拒绝升迁的机会则是出于一种清醒的认识。

2000年，他有机会在陕西一所知名高校担任校长，他拒绝了，6年后，他又有机会去另外一所规模更大、知名度更高的高校担任校长，更具吸引力的是，这个职务在行政级别上属于副部级，在很多人看来，这是一个通往仕途的康庄之路，但席酉民仍然毫不犹豫地拒绝了。

“很多人不能理解，其实这种选择是基于我自己对这个世界的理解，这个机会和我自己的期待能不能保持一致。如果不一致，我宁愿不做，我还有更多的事情可以去做。”在他看来，两所大学的问题类似，充满了传统公立大学的弊病和桎梏，而且受地理位置、周边环境的制约，自身发展缺乏活力，从战略上讲很难扭转其颓势。“我这个人做事时首先有一个战略性的分析，假如我去，的确可以止住它现在的颓势，我相信我自己有这个能力，但是我无法挽救它衰败的命运。”在教育系统工作多年，席酉民很清楚这里面存在的问题，以及试图通过改革应对面临的挑战。

“你后悔当初做出的决定吗？”记者问。

“这条道路世俗认为是很荣耀很辉煌的，但它无法成就你本身价值观的实现，所以不存在后悔，没有后悔，从来不后悔也没有羡慕过别人，特别是近七八年更不羡慕了，因为我有了更大的空间。”如同一个信徒，席酉民对某种价值观的万分笃定令他能永远保持初心。

两年后，他毅然选择了挑起领导幼小西交利物浦大学发展的重任。这是一个可以完全施展他理想与才华的地方。“西浦这个学校当时虽然很小，但是它又是很独特的。国际化的办学方式，拥有国际化的资源和平台，更重要的是，当网络技术颠覆教学方式和传统的教育体系时，全世界都在反思教育、重塑教学、再定义大学，西浦应运而生，就有可能让我们在这个巨变的时代里，站在和世界一流大学同样的起跑线上，做出一个完全不一样的学校来。”

6.1.2 我的大学我做主

开放式校园、英式的长廊阶梯，与一群悠闲散步的灰天鹅——这里的确不像中国的大学。

位于中国经济最富活力的长三角地区，坐班车去苏州市中心需 30 ～ 45 分钟。对学校那些来自海外的老师而言，这是个好去处——便于体会和研究中国正在蓬勃发展的经济，而且，与长三角几个更核心的城市相比，这个被誉为“江南水乡”的城市空气质量良好。

自 2008 年走马上任以来，陕西人席酉民早已习惯了苏州的温婉与柔美。“刚来时，教师不过 100 人，学生几百人，大部分人都不看好这个学校，政府也持怀疑态度。到底做到什么程度都不清楚。”在此之前，席酉民在西安交大做了 10 年的副校长。

2001 年，中国加入 WTO，对外承诺开放教育市场，很快《中华人民共和国中外合作办学条例》出台，条例“鼓励在高等教育、职业教育领域开展中外合作办学”。“英国利物浦大学想搞国际化，西安交大希望通过苏州的地理条件，搞一场国际化的教育探索。而苏州也希望西安交大以分校或中外合作办学促进工业园区的发展。”三方都有需求点，于是一拍即合。

西交利物浦大学的校长应该是英方推荐，董事会聘任，所以在席酉民来之前，作为西安交大方负责筹办和领导西交利物浦发展的校领导，董事会会议席位上他习惯坐在西安交大一侧，2008 年 8 月得到正式任命后，大家开玩笑地说，你现在应该坐到会议桌的另一侧，成为英国利物浦的董事。对这一改变，席酉民说：“首先是要得到利物浦的认可和信任，因为按合同这个岗位是利物浦大学提名和推荐的。我的情况非常特殊，相当于利物浦大学把他的合作伙伴方的人请过来，做他们的董事会的成员和执行领导，这在中外合作中比较少见。”在当时的中国，虽然已经有了很多中外合作型的高等教育项目，但具有独立法人资格、独立校园、强强合作、以理工管起步的中外合作大学，西交利物浦算是第一个。

中外合作开办大学在中国是一个新生事物，完全没有先例可循，但作为一个管理学专家，席酉民充分发挥了他在管理方面的才能，提出了“双重理性”与和谐领导的概念。

“所谓‘双重理性’，一种是全球普遍接受的一些基本的规则和逻辑，如果你没有这些东西，你在国际上是难以通行的。但在中国情境下，简单按照这些规则常常也是行不通的；因此还有一种情景理性，即你所在国的具体情况，如在中国，你必须适合中国的法律、制度、文化和社会习惯，然而不应是简单顺从，要做长久的事业，必须有道德底线和原则。只有善于这两者并用的人，才可能在中国目前这种还不成熟甚或局部扭曲的社会运行环境下，做成一份有长远未来的事业。”

简单来说，在全球化的时代，要做一份大的事业，就要既符合中国的情境，也要顺从国际的规则。“更高层面上，我总结提出了‘和谐领导’，长期来讲，你先得有清晰的愿景和使命，短期来说，你得有核心的目标和关键任务，然后下来是用‘双重理性’行动，然后再是围绕目标‘耦合’和调整，以有效践行使命，逼近愿景。这是‘和谐领导’的几个方面，其实是一个围绕愿景、使命和目标的双重理性耦合的动态优化过程。所以，愿景、使命、和谐主题（阶段目标）加上双重理性再加上动态优化，这对人生也好，对家庭也好，对办学和国家来讲，都是通用的，所以我们讲‘和谐领导’一定是一种未来普世的领导模式。”

席酉民介绍了作为一个校长接触到的英国大学管理制度的核心——“组织治理体系”。它的优点是责任权力界定非常清楚。例如，董事会重点做的几件事情，首先是战略分析，第二是高管团队的任命，第三是财务的预算。在内部组织管理上，其长期积累形成的官僚层级运行体系虽责权利界限清楚，但僵化、保守，不利合作和创新，反应速度和效率很低。西浦学习了该体系长期重视程序规范的优点，继承了董事会治理体系，但注意突破其局限，创造性地构建了网络化组织运行体系，增强了组织的柔性、快速反应能力以及创新机制。

“在我们这里，只要战略上有价值、风险可控就可以开始行动。比如我们现在在做的好几件事情，如果按照西方或英式观念，需要三五年酝酿，但我们大胆推动，可能一年就干起来了。例如，我们 2006 年筹办那会儿，我还没到西浦，那时候我是西安交大的董事，代表西安交大来领导这个学校，在得到教育部的口头批准后，董事会开会研究要不要当年招生，我当时坚决主张当年招生，利物浦坚决反对，后来在我的逼迫下西浦当年就招了首批学生。即 2006 年 5 月底教育部批复，6 月份高考，7 月份招生，经过努力当年招了 160 多个人，到了 9 月份，我们再开董事会的时候，英国人认为招生非常成功，说：‘席教授你是对的。’”

在席酉民看来，英国的体系和习惯有很多值得学习的地方，但在中国办学，我们必须关注中国国情，有些是有用的，而有些很多时候是无用的，甚至是需要回避的。“比如说制度体系、质量控制体系是有用的，但是在中国情境下，谁能捕捉住机会则更为重要。”

6.1.3 绘制一个新世界

在西浦，学生和校长的沟通可以通过学校发达的邮件系统，在那个系统里，学生可以找到任何教师的工作信箱，给他们发信——这些信，可能是发给某个教师，对他的讲课方式提出改进建议，也可能发给某个领导，表示对学校某项政策的不赞同。除此之外，微信、一站式服务中心、师生联络委员会、各种委员会中的学生代表等形成了全校非常有效的沟通网络。

“席校长，学校能不能给我们提供专项资金，让我们去参加校外的一个极限飞盘比赛？”席酉民带记者参观校园时，被一名学生拦下。席酉民则耐心地询问了事情的原委，最后说：“你们参赛是好事，获得荣誉更好，但学校不会因为可能的荣誉去影响学校正常的学习。学校鼓励学生参与各种活动的目的是整合你们所学知识、提升你们的各种能力，如果你们的参赛费用不足时，你们应该靠自己的能力和智慧筹集资金，如尝试找赞助商，这样对你们也是一种锻炼和提高。”在席酉民看来，学校并不能为了某份荣誉而失去原则甚或破坏正常学习秩序，而应鼓励学生主动解决问题，通过自己的努力达成目的，对学生成长和日后实现个人价值更有意义。

“过去，学校一直是教知识的地方，我现在经常告诉学生和家长大学不是简单教知识的地方，而是帮学生成长的地方。学知识只是一个过程，在这个过程中你如果没有收获成长就是失败的。”西浦以学生为中心，将学生成长真正放在学校各种事务关注的中心。这是西浦教育最为核心的部分。

“过去 10 年，可以说是西浦教育实践的 1.0 时代，我们整合美国教育的灵活性、英国教育质量控制体系和中国教育重基础的特点形成了我们自己的国际化教育体系，探索出了一种非常独特的基于网络的大学运行体系和组织架构，构建了一种大学和社会的互动关系，创建了一种开放式校园和社会共生的互动机制。作为教育的实践和传播者，我们成立了领导力与教育前沿院来专门传播西浦的影响力。”席酉民介绍西浦教育探索 1.0 时代所做的事情。

“你担心这些先进的教育理念被其他大学复制吗？”记者问。

“不仅不担心，而且还积极主动通过各种方式传播。那么，别人学了以后你怎么领先？你必须再创新，这就是所谓的企业家精神，就是持续地创新。我们十分清醒，10 年以后，如果我们止步于此，西浦目前在教育方面的这种优势就会减弱，发展空间也会相对变小，我们之所以根本不在乎，就在于我们已经更大胆地启动了另一轮创新。”席酉民回答。

席酉民说，现在，西浦教育实践已经进入 2.0 版本时代，思考和构建人工智能与机器人时代之后的教育方案。在他的构想里，除了国际化的专业精英教育，还要探索国际化的行业精英教育，称之为“融合式教育”，按照这个新概念，将投入数十亿在太仓建设一个全新的教育基地，尝试未来的新大学。到那时，会形成真正的开放校园，终身学习，大学和社会、企业的高度融合，不再是简单地利用大学去加强和企业、社会的合作。另外，未来的社会日益老龄化和社群化，社会治理以及绿色可持续发展问题凸显，大学如何利用自己的知识生态和国际资源网络促进社会进步和文明？为此，西浦将和国家开发银行联合成立“新时代发展研究院”，在有关政府的支持下，做几个落地的社会实验，如支持人类命运共同体探索的“国际共同市场区”实验、支持创新生态探索的“国际创新生态港”实验、支持未来社会治理探索的“现代化绿色社会”实验等。

“比如，除将苏州工业园区作为创新生态和现代化社会治理样本外，我们在西安正在筹划建设一个实验区，具体做法是新时代发展研究院及其战略合作伙伴‘国际企业与金融联盟’通过市场机制，在高新区将建设‘汇湖国际创新生态港’。”席酉民希望，未来 10 年，西浦将在继续深化专业精英教育模式的基础上，大胆探索行业精英教育和大学新概念，还将通过大学的研究和资源网络，发挥一种“酵素”作用，去撬动社会资源，通过市场机制进行几场大的社会实验。

尽管在不少人看来，席西民的教育理念与构想有点像“痴人说梦”，充满了理想主义色彩，但在席酉民看来，他从事的是一项伟大的事业。在一个网络技术和人工智能颠覆一切的时代，传统的大学教育系统面临一场巨大的挑战，“哈佛大学 Christensen 教授（2014）就说，未来 15 年以内，如果美国大学不变革，有一半会面临破产。”然而，老牌大学实践探索的步子迈得都很小，因为治理结构都已经固化，阻力很大，而西浦则如同一张白纸，可以在上面绘制一个新的世界，而且西浦 10 年经营，已初步令世界惊奇。从某种意义上说，作为西交利物浦大学的校长，席酉民是无比幸运的，因为他有机会点亮未来教育的灯塔。

6.2 “我要建一所未来世界的国际化大学”——对话席酉民

时代人物：您在学术上的成就是比较大的，但目前还没有进入国家院士行列，这是怎么一回事？

席酉民：院士之前我也申请过两次，而且也都入围。尽管学校鼓励，还有院士推荐和督促，但我后来决意放弃申请，有多重原因。院士制度本身是个好东西，是对一个人最终的学术成就和成果的认可，但是现在的申请制度，会导致很多人为了追求院士这样一个名头，扭曲自己以满足院士评选的那些规则。再加上十八大之前很多不正之风，所以申评院士本身变成了一个工程，甚至演化为一个单位甚或行业的整体行动，这就和我个人的追求和原则不一致了。

时代人物：您对这类评选制度有什么看法？

席酉民：在中国，当社会不够成熟的时候，它的很多好东西都存在一个循环。一个东西开始很好，然后逐渐变热变火，再变坏变烂，烂透之后才会重新开启一个循环，逐步改善起来。这里可以对照的有中国的博士制度，最早的时候考博士很难，我是中国管理工程的第一个博士，当时都不知道怎么样去答辩，我那个答辩就有上百人参加，发到全国几十个专家进行评审。随后，念博士慢慢开始变热，而且越来越热，后来就开始烂，烂博士就多得不得了，烂完以后就开始回归，慢慢又变得严格。教授评选也是，从热到烂再到最后慢慢走向回归。我想，院士制度同样如此。当然，按理说能够评选上的都很有水平，但有不少带有包装的特点。那么院士制度的回归是什么时候，我觉得现在还不是一个回归的阶段，也许还要过一阵子。我这一辈子可能已和院士无缘了。

时代人物：您觉得如何改变这种状况？

席西民：我本人比较喜欢诺贝尔奖的评选方式。中国还有一个奖叫作复旦管理奖，初轮采用的是提名制，但后边还要申请、答辩等。我曾对当时的评奖委员会主任成思危副委员长提议，可否参考诺贝尔奖的评选制度评这个奖，因为这是一个研究领域的事情，如果这个领域的专家提名你，然后通过专家委员会审核，最后你突然接到通知，说这一年你得到了这个奖，那是很值得开心的事情。而不要让已经很忙碌的专家整天想着填表、答辩，变得浮躁不堪。后来成思危先生说这个现在还不成熟，我之后还跟基金会的秘书长提议，但还是没有改变。所以说中国很多知识分子很忙，有很多任务在身，然而社会又非常关注这些名头和奖项，使得不少有才华的人在这些名利和头衔的追求过程中，扭曲了行为，浪费了大量精力和生命，失去了创新或创造的机会，我觉得这是对中国社会资源的极大浪费。

也会有人说，你这是酸葡萄心理，你是达不到那个标准才说这个话。不管达到达不到，我都不愿意去花费时间、精力做这个事情，更不愿意违背我个人做人做事的规则去申请这些东西。每到这种评选期都会有人找我谈话，说这不是你个人的事情，是涉及单位或学校发展的大事，还有相关院士联系我，说我们知道你清高，但大家觉得你有实力，应该主动一些，但我已不愿意受这个过程的折磨。

时代人物：您教育生涯中有两次很重要的任命，我们先不说升不升官，

最起码可以独立地贯彻自己的教育思路了，您为什么要放弃呢？

席西民：我这个人做事要有一个战略性的分析，我去，虽可以止住它现在的颓势，我相信我自己有这个能力，但是我无法挽救它衰败的命运。后来我决定去西交利物浦大学，主要是因为我对这个世界、对这个岗位的一个判断，这就是你能不能在这个位置实现你更大的价值。

时代人物：官本位的意识在中国根深蒂固。那您做出现在这样的决定之后，您会后悔吗？

席西民：没什么后悔的。我记着曾经和当年的陕西省程安东省长聊过这样的话题：一个人的影响到底是什么。你们可能注意到我近几十年写过的东西里面，有不少涉及人生及其价值的话题。在我看来，人生价值是你对这个世界的积极影响，你对这个世界的影响力波及越广、越深，你的生存意义也就越大。有的人有权力有地位，他容易产生影响。我曾经开玩笑问：一个省领导的影响力大还是一个大教授的影响力更大？其实这两者的影响是不一样的。但我更看重后者的影响，这是自己价值观决定的，不存在什么后悔。人生中，不同的人有不同的追求，我试图努力做一个对世界有积极影响力的人。那么你就会选择那些利于你实现你的积极影响力的道路。换句话说，这条道路对你来说也是最合适的，尽管另一条道路是世俗认为很荣耀、很辉煌的，但它无法成就你本身价值观的实现。

所以，人生一定要有自己的价值观和世界观，然后在选择的时候，所谓战略就是为了实现你这种世界观和价值观的意志体现，你会选择最佳的战略和最合适的道路。你把这些东西做了，做好了，你才会觉得满意，才会感到幸福。这样你也不会与别人简单去比较，更不在乎别人怎么被人前簇后拥，而我自己却一直是一个人背着包全世界跑呢。别人有别人的追求，你有你的追求，你可以拥有一个你自己欣赏的、不一样的人生。

时代人物：您更看重管理学家的身份还是教育学家的身份？你觉得作为一个教育家，你在教育这方面的建树在未来中国的影响力会有多大？

席西民：我觉得所有身份都是衔接在一起的。回过头来看，我还是比较幸运的，因为我的价值观是想要产生影响，写文章也好做演讲也好，都会产生影响。有时候去一些地方做演讲会很辛苦，但还是会跑一趟，主要也是实现这种理想吧。作为管理专家，我很庆幸我入了这一行，因为管理学的好处是它可以影响到所有方面，因为不管哪里都会涉及管理。你看有的人只能在一个领域一个点上去做事情，而我们可以做更多，小可以影响到家庭，我写了很多小文章有很多人读，可能会对他们的人生和家庭生活产生影响；大可以影响到企业、地域和国家，所以它的影响力是很全面的，刚好符合我人生实现影响的目标。

关于教育这一块，现在不少人会认为，在中国我对教育看得透看得深，很多人就会对教育学家这个标签看得更重。我也很庆幸，在人生比较成熟的年龄，有西交利物浦这样一个国际化的教育平台，让我有机会通过育人、教育理念的传播、新教育实践和经验的分享、促进大学的研究和实践，把影响无限放大。例如，近期国家教育行政学院的一批校长学员会到我们学校来考察，我们几乎每周都会有对外的各种各样的培训，实际上我们正在通过西交利物浦的探索对整个教育施加影响。

那作为企业家这一块，除过去的大量实践外，我们有些大的计划还没有对外公布，我们试图通过几场大手笔的社会实验，影响中国社会的进步和文明，这都需要企业家精神和创新能力以及驾驭力。

时代人物：在中国目前的几所中外合资办学的大学里面，在未来 10 年，西交利物浦能不能达到 No.1？

席西民：这是现在一个很有趣的现象，就是大家成天都在注意排名，其实排名有各种指标，所以也有各种各样的第一。作为中外合作办学，西交利物浦经常名列榜首，但就我个人来讲，我并不看重排名。作为一个新兴的大学，我们更讲求创新性和独特性，就是要在全球反思和重塑教育之际，抓住教育的本质，做出我们独特的价值来。当我们是有价值的、独特的时候，那一定是全球第一的。

时代人物：西安交大和利物浦大学采取的是两种完全不同的教育体系

和理念，却在西交利物浦实现了融合，在融合过程中出现过哪些问题，如何解决？

席西民：追求教育的新理念是很难的，因为传统的教育关注的是你学了多少知识，获得了多少证书，所以教育主要是以内容为导向的、被动的、以老师为主导的灌输型学习，人们更看重的是学历学位。但面对世界的竞争和未来教育的趋势，我们更注重的是学生的全面发展，也就是让学生学会学习，学会应对未来复杂多变的世界，这样的话，他们以后在现实中的生存能力会更强。要让这种教育理念落到实处去，我们需要挑战很多，包括社会观念、人才的选拔制度和方向，应该讲挑战很大。

时代人物：融合过程中最大的成功之处是什么？

席西民：我觉得西交利物浦最大的成功，一是把学生真正当成中心，就是关注学生的成长。但是我们也考虑到了中国学生的独特性，比如说中国学生生理年龄成熟了，心理年龄和社会年龄不成熟，为了帮学生们进行这样一个转变，我们专门建立了四种导师体系。帮助学生从过去的孩子变成一个年轻的成人，再让他变成一个世界公民；在学习行为上，帮他们从被动学习变成主动学习，再变成研究导向型的学习；帮他们认知自我和世界，找到自身兴趣，从过去的盲目学习转为以兴趣为导向的学习，再让他们关注自己的人生规划。如果学生能在西交利物浦这种环境下，进行这三个维度九个方面的转变，一般都会有很好的未来。实际上西交利物浦从一开始就在努力改变学生，让他们主动，学会探索问题，关注真实的世界，从真实世界中发现新现象，找到问题，然后再通过老师引导下的自主学习，尝试着解决问题。学生实际上在这样一种过程中，会得到一个很大的提高，学会了发现问题、收集信息、解决问题和提升能力。与此同时，还有非常重要的一个方面，就是我们学校给学生创造尽可能多的机会和条件，并且支持学生开展一系列的学习和活动。大家知道，学知识最重要的不是简单地记住知识，而是通过学知识改变自己。所以大学最主要的就是看你能不能给学生提供这样一种环境，让他们在这种环境中得到改变和提升。

时代人物：这对我们中国的教育改革有哪些深远影响?

席西民: 在世界的大学中，中国人担任校长、副校长的人有一些，但不多。我自己在英国利物浦大学兼任一个副校长，实际上更多的还是为了把西交利物浦做得更好一些。通过这10年，我和全世界的大学的校领导有不少接触，我发现像我们这样，对教育有整体的想法，又有实施的方案，还可以付诸实践，在世界范围内还是特别少的。特别是经过了10年，我们有8届毕业生在全球表现优异，备受认同和喜爱，这在全球也是不多的。换句话说，在中国土地上，是可以做出好的教育来的，我觉得这个案例及其启示和影响是无价的！

时代人物：未来中国式教育能被改变吗?

席西民： 中国教育正在面临改变吧，国家的很多投入都试图让中国的教育尽快改变，但是目前还是不尽如人意。因为大家的注意力还是更多地放在了那些指标上，放在了那些大的工程项目的追逐上，却没有把更多的精力放在学生上。真正的教育应该是让学生竖起来，给世界培养更多能够闯荡全球的、能够在国际上发声、有竞争力的人，这才是教育的根本目的。

时代人物：就业率是评判一个学校好坏的重要指标?

席西民： 就业率也是一个非常有趣的话题。教育部等很多地方都在以就业率来判断一个大学的好坏，实际上单看就业率不见得那么准确。西交利物浦的就业率也非常好，每年都会有一个就业分析报告，大家如果关注的话，可以看一下西交利物浦大学2014—2017年的报告，若论就业率在全国是无可比拟的。但是我们依然觉得，要真正把学生培养出来，让学生在各个地方和不同行业都能够有杰出的表现，在全世界能够受人欢迎，这才是最重要的。

时代人物：您在太仓建立新的教育基地，进行新的大学和教育探索，遇到哪些方面的挑战?

席西民： 这次在太仓建设教育基地的消息一出来，我就写了一篇文章，在微信上也有，这其实是一个探索，对未来教育的探索，对未来大学的探索。当大家一看到探索的时候，你必须说清如何探索的逻辑，这个探索是不是真的有意义，既要说服专家，还要说服各种利益相关者，更要解决家长和社会的疑问。完了以后还要和投资者商量，光建基本校园设施就要投资 28 个亿，还不算周围配套的一千亩地建设。所以，要把这个事情做成，相关利益者有很多层，学生将来愿意选择你，家长愿意支持，老师愿意加盟，投资人愿意投资，企业愿意合作，专家团队和董事会愿意批准，政府愿意支持，等等，任何事情都是很难，重新建设一个完全没有过的大学更难。

时代人物：在您成功的背后会不会有一些因素的存在，比如说性格上你有很大的优势？

席西民：我觉得真正和我个性有关系的，一是我是一个急性子的人，我一想到一个事情就恨不得立即把它变成现实。但我注重思考、注重反思、注重学习，随着年龄和阅历的提升，比较注意有意识地控制自己的行为。

二是我具有极强的反叛精神，我为什么写那本《逆俗生存》，我知道世俗是最容易跟从的，跟着世俗走是最舒服的，别人也不会去说你什么，但是世俗中一定有很多已经落后的东西，一定会扼杀很多进步的东西，只有敢于逆俗，才可能拥有新天地。你再看看我朋友给我起的堂号——“日新堂”，我每天都会想，怎样去否定昨天而拥有更好的明天。反叛，不落俗套，设法“日新”，我觉得这是我人生中很重要的一点。

三是我比较积极阳光，当别人看到一片黑暗的时候，或大家都很无奈的时候，我永远是积极地看问题，总能沐浴光明、发现机会。

时代人物：用最简单的一句话来提炼，在您的后半生想要把西交利物浦打造成怎样的国际化学校？

席西民：最简单的一句话就是，我们要让西交利物浦成为未来世界的一所国际化大学。换句话说，我们在创造一个属于未来的国际大学。教育成果绽放大都需要 10 ～ 20 年的延迟，你看我们一直都在聊未来，教育和办学必须面向未来！

6.3 从体制内走出，当了“一栋楼大学的校长”——访西交利物浦大学执行校长席酉民

《科技日报》记者张盖伦

约访西交利物浦大学执行校长席酉民的“画风”和其他大学校长很是不同。学校负责市场和沟通的工作人员连采访提纲都没要，领着记者推开校长办公室的门，说：校长，您接下来有个采访。

席酉民还在准备着第二天开会用的PPT，他看起来对这种拜访习以为常：好，稍等一下。

谈中外合作办学，谈学校发展历程，席酉民实在是太熟了。他10年前从西安交通大学副校长位置上离开，到西交利物浦开疆拓土。

他见证了中外合办大学的发展历程，也试图在西交利物浦打造未来教育的范本。

6.3.1 教育变革的时代正在重塑大学

自改革开放以来，我国就开始探索各种形式的中外合作办学活动，随着经济环境的改善，教育领域的对外开放也逐渐活跃。2003年，我国颁布了《中华人民共和国中外合作办学条例》，鼓励中国高等教育机构与外国知名高等教育机构合作办学。

西交利物浦，顾名思义，由西安交通大学和英国利物浦大学合办。当时，英国利物浦想搞国际化，西安交通大学希望借助苏州的地理条件来一场国际化教育探索，而苏州也想以教育促进工业园区的发展。“可以说三方一拍即合。”

但当时，谁也说不清楚究竟要办一所怎样的大学。“只说要在中国办一所国际化高校，但办学伊始对何为‘国际化’，理解也并不深刻。”当时，

席西民是西安交通大学副校长，学校从筹建开始，他就深度参与。

2006 年，西交利物浦拿到办学许可，招到了 164 名学生。

2008 年，席酉民完成了转身，从西安奔赴苏州，当起了西交利物浦大学的执行校长。“我一点都不纠结。”多年来，关于后不后悔之类的问题，席酉民回答过多次。“当时确实很多人看不懂我的决定，不明白我为什么好端端的，要去做一个前途未卜的‘一栋楼大学的校长’。”这话不夸张，刚起步的西交利物浦，确实就只有一栋楼。

席酉民有自己的考量。

学校虽小，但它是个国际舞台，能融入国际体系，能整合全球资源。“可能时间再往回退 30 年，我不会做这个选择。但这是教育变革的时代。时代需要重塑大学，也给了我们办好大学的机会。”席酉民希望，这所新的学校，能和全球最好的大学一道，站在同一起跑线上，在变革的时代中寻求教育的答案。

6.3.2　中外合作办学，是手段，不是目的

到 2018 年，西交利物浦大学走出了 9 届毕业生，培养了全日制大陆本科毕业生 11 000 余人。

作为一所中外合办大学，西交利物浦到底特殊在哪里？

席酉民觉得，最明显的不同，是对育人的态度。“体制内的一些大学，会把主要精力放在提升某些指标上，这些指标并非指向教育的根本使命——人才培养，然而在这些指标上的表现却会影响资源配置，换句话说，可以决定学校的资源获取。但我们没有这个需求。”从一开始，西交利物浦就强调以学生为中心，就告诉家长和学生，大学是帮助学生成长的地方。

席酉民将西交利物浦大学的发展阶段划分为 1.0、2.0 和 3.0。“我们整合美国教育的灵活性、英国教育质量控制体系和中国教育重基础的特点形成了我们自己的国际化教育体系，这算是大学的 1.0 版本。”而接下来，是要放

开手脚开启 2.0 版本，思考和构建人工智能时代的教育方案，培育出能站在机器人肩膀上引领未来新行业发展的高端人才。

这一方案席酉民在很多地方讲过多次，就是要进行融合式教育，让大学和社会、大学和企业高度融合，提供国际化的行业精英教育。这一理念践行的载体已经初具雏形，就是西交利物浦太仓校区。

“我们会有新的大学概念、新的校园、新的教育模式。再过 10 年，当其他学校开始重视本科教育了，他们会发现我们的新型大学概念已经建起来了。我们的教育理念，至少能领先世界 10 年。”他也在思考大学的 3.0。再过 10 年或更长时间，大学就是一个品牌，一套理念，一个全球知识和资源网络，一批布局在全球不同地域的有主题的和开放式的终身学习、创新、创业卓越中心。

根据公开资料，到 2018 年 6 月，我国具有独立法人资格的中外合作大学已有 9 所。它们被期待成为中国本土高等教育的“鲶鱼”。

如果从 2003 年算起，中外合办大学也已经走过了 15 年。席酉民说，也到了该总结和梳理的时候。“不是说把学校办好就算完成任务，我们还要影响中国的教育改革和世界教育的发展。中外合办大学，是手段，不是目标。”席酉民说，如果中外合办大学只是学习外国经验，或者复制外国模式，“哪来的价值？”

（《科技日报》，2018 年 12 月 12 日）

6.4 独墅湖畔 1 小时，我由此变成“市场人”

1974 年 3 月 2 日，我高中毕业返乡劳动，从学校推着自行车，驮着个竹皮箱子回家，这一劳动就是 4 年。

1977年秋季恢复高考。那时候我们在农业大会战的工地上，晚上从工地回来，点着煤油灯看书。77级的考试竞争非常激烈，快到78年春节的时候，一直拿不到通知书，想着可能没戏了。我当时是生产队的打井队队长。一天傍晚，我往井场走，半路有人叫我，说有个通知寄到你家里，我拿到一看，是录取通知书。

1978年3月2日，我推着同样的自行车，驮着同样的一个箱子，走进了陕西机械学院（现在的西安理工大学）物理师资班念书。

之后的整整40年，是我人生最重要的40年。我经历了整个中国从吃不饱穿不暖迅速变得富饶的阶段，同时，我也亲身经历和见证了中国高等教育事业40年来的大变革、大发展。

加入WTO后，中国对外承诺开放教育市场，在保护期结束时，为规范办学，2003年颁布了《中华人民共和国中外合作办学条例》。作为中外合作办学的一个典范，西交利物浦大学的办学是中国经济社会改革过程中冒出来的一个新事物。

站在这个时间点，一方面西安交大希望利用苏州的地理条件，搞一场国际化的教育探索；另一方面英国利物浦大学也有它的国际化战略；而苏州政府更希望西安交大和利物浦以中外合作办学的方式促进工业园区的发展。三方需求匹配，于是一拍即合，这个动议就这样产生了。

之后由我代表西安交大与苏州工业园区和英方进行各种谈判。2004年西安交大与利物浦大学签订协议，2005年批准筹办，2006年正式拿到license（办学执照）……这个过程既复杂又很有意思，也体现了教育变革过程中的一波三折。

为什么这个合作能够成功？首先是苏州工业园区具有天然的可能性。园区有这么多中外企业，需要人才和研发。苏州本地又缺乏理工科较强的院校，而西安交大和英国利物浦大学正好在理工方面比较强，另外西安交大的管理也很强，所以西交利物浦大学正是从理科、工科、管理三个学科起步立校的。

2008年，我受邀担任西浦执行校长，彼时，我已在西安交大做了10年副校长，此间经历了高校后勤社会化改革、大学并校热……也参与了中外合作办学在中国的起步。按照协议，执行校长这个职位，应由英国利物浦大学提名、由董事会聘任。也就是说，接受这个邀请，我需要从西安交大党委常委、副校长的岗位上辞职，变成“市场人”。这无疑是我人生中的一个重要抉择。

按照我多年的习惯，做重大决策的时候，必须在战略上非常清醒：这件事有没有长期可持续的商业模式？如果有，战略上有什么风险？你有没有能力控制这个风险？就当时的西浦来说，关于学校本身的运转，我一点不怕。最大的风险是与当地政府的关系问题：政府对这个学校怎么看？

3 月的一天，我专程从西安飞到苏州，抵苏已经是晚上 11 点钟，我邀请当时苏州工业园区独墅湖高教办主任、教投公司董事长叶峰先生到酒店见面，畅谈一小时，第二天一早返回西安，即通知英方我决定接受这个邀请，并开始与西安交大和教育部商议辞职事宜，准备全职到苏州工作。我做这个决定很重要的原因是园区政府很重视和积极支持这所学校，时代也给予这所学校无限的探索机会，所以战略上不会有太大风险。

其实我们在办西浦的时候已经意识到，传统教育遇到了很大挑战，那么西浦能否利用国际合作这个平台，创造出一种新型的适应未来社会需求的大学和教育模式？恰巧，苏州工业园区的“移民”基因、国际化都市氛围和政府开放包容的理念，让西浦有了自由翱翔的天地。

西浦 1.0 时代，我们完善了“国际化专业精英”的培养，创建了一种扁平化、网络式的大学运行架构和组织文化，形成了开放式的校园和大学与社会互动的机制以及共生共享的生态体系，建设了辐射和影响全国的教育领导力与前沿研究与培训基地；2017 年，我们已经开启了西浦 2.0 时代，将在 1.0 模式的基础上，进一步探索培养未来行业精英和业界领袖的“融合式教育”模式，探索未来新时代大学的概念和校园新形态，营造大学与社会共享共生创新社区，以履行通过西浦探索影响中国和世界教育发展的使命。

在西浦，我们讲得最多的就是反思教育、重塑教学、再定义大学。我们一直努力把美国教育的灵活性、英国教育的质量保证体系和中国教育的重基础结合起来，培养能够适应未来需求的世界玩家、国际公民。

可以说，西浦的探索是新时代全球化和网络化背景下中国高教改革的一个典型缩影，国家的快速崛起给予了高等教育工作者大力改革创新的基础和实力，充满想象空间的未来社会赋予了教育工作者创造的空间，我们对未来充满信心！

（基于“我与苏州工业园区”采访成文，整理：邹孝听）

6.5 我与西浦同成长——席西民接受德国洪堡大学博士生 JG 的采访

JG：席校长，非常感谢您给我这个机会来进行这次采访。首先我想问下您的个人身份和学历，以及您到西安交大的历程。

席西民：我个人生在农村，并在农村完成了小学到中学的教育。由于当时中国高等教育停办，我在 70 年代初完成了高中教育又回到农村，在人民公社劳动了 4 年，做过会计、队长等各种各样的职业。1977 年中国高等教育重新开门，实际上在这之前已经有数届工农兵学员了，就是不需要考试直接推荐上大学。我参加了（“文化大革命”后）第一届高考，是恢复高考制度后的第一批大学生。于 1978 年 3 月入学，在西安机械学院（现为西安理工大学）读了 4 年的物理学。1982 年毕业时有机会选择出国，有一个由诺贝尔奖获得者李政道先生组织的物理中美交流项目，我当时备考这个。但是后来选择了西安交大的一个新兴学科，叫作系统工程（管理）。所以我的硕士学位是在西安交大获得的。在读硕期间，我有机会在当时的国家科委（现在是科技部）工作了两年，同时进行我的研究和硕士论文撰写。主要任务是参加了中国比较有名的两个项目的研究，一个就是三峡工程综合评价与决策，一个是中国的能源规划。在国家科委主要是协助组织和参与这两项研究工作。坦率地讲，我可能是中国对三峡建设方案研究得最全的一个人，做了四十几个方案的综合评价和决策分析。我拿到硕士学位之后，就开始留校工作，当时又有两个机会。一个是出国，一个是在国内读博士。当时，我的导师汪应洛教授获得了中国第一个管理工程博士生指导权，西安交大成为中国当时唯一的管理工程博士点，您知道在中国，博士点和博导是要国家学位办评审批准的，机会非常稀缺。所以，我从系统工程（管理）硕士毕业后，就选择了继续在西安交大攻读管理工程博士学位。在读期间，我又有机会到国务院发展中心工作。该中心主要是为国家做一些政策研究和咨询工作，我边读博士边在这里参与一些工作，主要是研究南海石油的开发问题，为国家决策提供方案和分析，我主要负责综合评价和决策分析以及一些研究的协调工作。我 1987 年获得了中国大陆第一个管理工程博士学位。这就是我的求学过程，1987 年后我继续在西安交大工作。所以，我的学习从农村到城市，从自然科学（物理）到工程（系统工程）然后转向管理学。因硕士毕业留校，所以我在读博士的时候，就已经是研究室的主任和随后的系统工程研究所的所长了。在这之后，我一路破格，很快从讲师到副教授再到教授，并于 1993 年经国务院学位委员会评审批准成为当时全国最年轻的博士生导师。很快做了西安交大管理学院的副院长、院长，很荣幸我们那几年管理学院改革和发展得还不错，曾经在中国长期排名第一，使得清华等名校很不开心。有人疑惑为什么西安交大管院远离北京和市场中心，但却可以长期排名第一。我回答说正是远离了市场，可以更加潜心地做学问。后来我又做了西安交大的副校长，一做就是 10 年，当然其间责任有较大变动。在西安交大做副校长期间，自己曾筹办了大学，比如西安交大的城市学院，这是一个教学性大学，我是创建院长。作为常务副院长创建和运营陕西 MBA 学院至今。作为西安交大方负责人筹建了西交利物浦大学。实际上，在建校伊始，英国合作者鼓动我出来运行这个学校，因当时时机不成熟我没有接受。在西浦建成一两年时，学校发展面临一些困难和挑战，利物浦大学方又找到我，邀请我接手该校的领导职务。按照我们的办学合作协议，我目前的执行校长岗位应由利物浦大学方面推荐，这就是为什么利物浦方面来动员我。所以，我在2008年经过一番周折辞掉了西安交大所有的党务和行政职务，来到西浦做执行校长。到今天为止已经6年的时间了。这大体上就是我个人的学习和工作经历。

JG：我想问一下您老家是哪里的？

席酉民：我老家是陕西长安的。

JG：1977年恢复高考之前您是在哪所学校？

席酉民：我一直在农村，高中毕业之后在农村待了4年，在我的家乡。

JG：又是一个比较大的问题，请您简单介绍一下西安交通大学是怎么和利物浦大学合作的，然后在苏州建一个大学。

席酉民：简单一点说，西安交大到苏州来发展早于这项办学合作。当时苏州的新加坡工业园区发展得比较快，但是苏州市没有很强大的理工科大学，于是时任苏州市政府的领导和西安交大的领导有机会碰面，说西安交大能不能到苏州建一个分校或者学院来支持苏州市的发展。西安交大觉得这是一个很好的机会，苏州市政府也承诺了土地等方面的支持。当时学校有很多不同意见，但最后决定试一试，我当时负责学校的社会改革方面的工作，所以学校就决定让我来筹办。我代表学校来这边签署了协议，成立了西安交大苏州研究院，我是首任院长和法人代表。当时我从我分管的其他机构借了100万元，注册了具有独立法人资格属于事业编制的西安交大苏州研究院，开始和地方政府进行了一系列合作。但是当时，中国教育部不支持一个大学到异地办分校，恐怕影响到某校发展和分支机构的运行质量。另外，陕西省政府也很反对这个事情，您如果了解西安交大的历史就会知道，西安交大是在1956年从上海迁到陕西的，陕西省政府担心如果西安交大在苏州建分校，会不会又会回到南方去。陕西省政府也向教育部提出了不同意见，所以建设分校的协议就一直没有得到有效的实施，只是小范围地开展了一些研究、技术转让和培训等活动。到了2003年，中国加入WTO承诺对外开放教育市场的保护期结束，中国政府在以前的一些内部管理条例的基础上正式颁布了《中外合作办学条例》（*International Cooperative Education Regulation*）。西安交大曾经和利物浦大学有学术合作，利物浦大学有很强的国际化动议，所以西安交大的时任领导考虑可否利用苏州的需求和支持，依旧上述条例办一个国际化的学校，这样既可能不用太多地占用西安交大的资源，又满足市场需求，从而就有了这样一个学校。2004 年两个学校签署合作协议，去江苏省教育厅和教育部申办。2005 年被批准筹办，2006 年拿到正式的执照（license），开始招生。为什么选在苏州，从上述过程不难理解，因为有苏州当地政府的支持和优惠政策，也有强烈需求，另外办学的生态环境也适合。

JG：所以西安交大原来就想在这个地方发展？

席酉民：原来苏州政府承诺的条件有利于西安交大的发展和社会服务，所以学校决定与政府合作做一些研究、人才培养、咨询和技术转移的工作。

JG：其实是西安交大有这样一个意愿。

席酉民：对的，西安交大寻求更大发展空间，利物浦大学愿意合作，中国政府又颁布了相关条例，苏州地方政府极力支持，所以这个合作水到渠成。

JG：这两个学校建这个校园的主要动机是什么？

席酉民：理论上说这种动机都在改变，实际上来自全世界的访客大都怀疑过这种动机。在早期的时候，关于合作办学在利物浦、在英国甚至世界上都有很多讨论，甚至有殖民主义扩张的说法。但就我个人的理解，一个大学为什么要国际合作或国际化办学与这个大学的办学思想和战略有关。英国应该说教育资源比较丰富，但是英国是一个很小的国家，必须有海外的学生去支撑教育发展，或通过国际办学扩大其教育版图，与此同时获得更多教育资源，所以有些学校就有一些国际化战略。例如，英国利物浦大学就有极强的国际化动机，当时的英国利物浦大学校长 Sir James Drummond Bone，现在是牛津大学的 Balliol College 的 Master（注：2017 年曾任牛津大学副校长，2018 年退休），他极力推进利物浦大学的国际化。所以，我觉得他很愿意到中国来寻求机会，国外大学做这些事情的时候有很复杂的内部审批过程，如 senate、council 等的讨论和决策，他快刀斩乱麻，基本上简化甚或越过了一些程序来做这件事。我觉得最主要的是他有 vision（愿景），觉得自己的学校只有到国际上才可能有未来。我觉得从利物浦来说，它们最初的动机应该也是一个国际化战略的实施。从西安交大来说，有这样的机会和条件，对社会又有好处，对学校也没什么坏处，就做了。开始的时候大家未必都十分清晰该怎么做，走着走着就有不同的想法，开始的时候可能更多的是考虑通过国际化促进学校发展。对于英国来说，通过国际化可以吸引海外学生，中国则可通过国际化改进教育质量，获取教育资源和服务，进行教育的探索和改革。我想开始的时候 primary（原始）目标就是这样。等这个学校办起来以后，事情就不是那么简单了。我是第三任执行校长，第一任是英国利物浦大学副校长和资深教授，我和他一起创办了这个学校，在学校开办一年后他因年纪就离开了，利物浦从英国其他大学选了一位知名教授并任命为利物浦大学副校长续做第二任，他也是一个华裔，可能由于水土不服或其他问题，发展中遇到了一些挑战，在一年后董事会终止了他的合同，利物浦又找到了我。应该说，在我来之前具体该怎么办学还是在摸索中，虽然我们有很好的条件支持。这个学校真正有一个清晰的愿景和使命表述是在我来了之后。2006 年正式办学以后，我以西安交大执行董事的身份领导西浦发展，2008 年 8 月全职介入，直至 11 月才完全正式任职。因为，我要从西安交大这样一个公立体系中退出来，特别是从一个副部级大学校领导岗位上直接进入市场在当时不是一件容易的事情，需要教育部和中组部同意，所以用了半年多时间才把这个过程弄完。我来了之后第一件事情就是弄清楚学校到底要怎么做，它的定位、愿景、使命、战略都是什么，它面临的挑战是什么，应该说当时有一大堆的不确定性。所以在那个时候，我们研究确定了学校的发展战略，明确了长期的定位、愿景和使命。2008 年这套东西大体确定以后，到今天为止我们只是在不断地完善，但是没有革命性的改变。这大体上就是西交利物浦的一个发展过程。所以从西安交大方面来说，也是一个国际化战略的举措，如果这个学校合作办学成功，那么西安交大的国际化也不会差。第二，西安交大也可以通过合作办学学到很多东西，对它的办学和教育都有很多好处。我们也在研究给西安交大老师和学生机会，到这边来学习。第三个就是未来，三个学校之间会有更多的研究合作。相比西安交大，利物浦的好处似乎多了一些，因为现在很多中国学生愿意选择去英国待一段时间，所以除了刚才提到的战略和研究上的好处外，利物浦的最直接的好处就是吸引了一批优质的学生，这些学生如果选择继续研究生教育，他们可能还会选择利物浦。就我来看，因为我们的学生可同时获得西浦的和利物浦的两个学位，利物浦最大一个好处是没有花多少代价得到了一大批很优秀的毕业生，因为我们的学生 90% 会在全球最好的大学读研究生。大学的真正资本是什么？除了教工以外，就是校友。所以它真正的好处是除了直接学费收入以外得到了大量具有潜力的校友。当然，更重要的还是在特殊的年代创建了这所学校。我们都知道，这所学校出生的时代很不一样，这个时代给了这个学校一个机会，我把它叫作千载难逢的历史机遇。因为我们刚好处在一个金融危机以及行为改变的时代，更重要的是一些颠覆性技术彻底改变了人们的学习和生活，使得人们开始怀疑大学的课堂意义和大学的价值。在 2014 年《纽约时报》的一篇文章中，一位哈佛著名教授预言在未来 15 年之内，如果不变革，美国一半以上的大学会破产。在这样一个环境中，所有人必须反思教育，所有的大学必须思考自己的价值、重塑教学、再定义大学。在这样一个转型时期，西浦遇到了难得的突破机会，一张白纸，全球整合资源，没有历史负担，完全可以根据未来的趋势去发展，去设计一个学校，塑造适合未来的教学模式和办学理念。另外，我们效率很高，我们 5 分钟的一个决策在著名公立高校，包括像牛津（Oxford）这样一流的国际大学里可能一年也做不下来，它们内部的官僚层级体系太慢。我去牛津访问，校长与我聊天，说我很幸运，你一张白纸好绘宏图，而我在这里须在各类组织和委员会夹缝中寻机挪步。一位教授调侃说："在其他大学里，他们在讨论我们正在做什么。但在牛津，我们总是在谈论我们当下正在讨论什么。这就是差别！"（In other universities，they are talking about what we are doing. But in Oxford we are talking about what we are talking. That's a big difference.）所以，时代给予了西交利物浦一次创新和引领的机会。因此，我们要做两件事情：

第一件是弄清什么样的大学才能在未来生存，我们试图办这样一个学校，在教育理念、教学方法、办学模式、校园环境上等能适应未来的需求和趋势。第二件是建立一套体系。全世界 90% 以上大学的组织体系依然沿用官僚层级支撑体系，非常低效，这种体系适合传统的制造企业，但不适合知识组织。管理大师德鲁克（Peter F. Drucker）在 20 世纪已经指出，20 世纪理论上已经解决了工作的效率问题，但留给 21 世纪的挑战是如何解决知识工作者和知识组织的效率，作为管理教授的我，这也给我们了一个理论和实践探索的机会。我们试图以西交利物浦为案例，去发展一套基于网络的知识组织支撑体系，可称之为网络组织体系（network organization system），使得大学的运行更加有效。所以我们计划至少试图在四个方面做出贡献，第一是在教育上，试图建设一所适应未来教育的学校。第二是试图探索一种新的大学教育组织方式，使得知识工作者和知识组织能够运行得更有效。第三是探索新型的大学与社会的互动与共生关系。第四是通过我们的探索影响中国甚至世界的高等教育。我们在努力抓住这个时代给予我们的机会，在全球范围内整合资源、跟世界最好的大学站在同一起跑线上去探索新的东西。我们的优势在于没有历史包袱，可以跑得更快，缺点在于没有历史积淀，像清华、北大、牛津有百年或数百年历史，但是这种积淀对探索教育变革影响不大，反倒在一些方面有时候会变成一种创新的包袱。这就是我们现在正在做的事情。

JG：根据国内的情况，这种国际合作办学以后会有更多吗？这个窗口（window of opportunity）已经打开，会不会再关上？

席西民：我想不会。这个窗口已经打开了，会继续改进和正常化，会有更多的这样的学校出现。但是就我个人看，真正办好并不容易。您可以看到目前在中国经过政府批准的这样的学校有 9 所。真正做到有竞争力和可持续发展的还不是很多。理论上说，我觉得不会开办很多，但是还是会有新的出现。事实上，要真正办成、办好挑战很大，我并不乐观地认为未来会涌现出很多很成功的例子。仔细观察已有的办学模式你会觉得很有意思，在所有正式设立的中外独立法人学校里面，只有西交利物浦用了自己的名字，尽管包括了两个学校的名字的元素，但它是一个独立的全新的名字。其他学校都是在国外合作大学原有的名字前加了一个地名，如上海纽约、宁波诺丁汉、昆山杜克、温州凯恩等。从这点上可以猜出，它们是在中国一个城市建设一个分校或校园。如果真是这种目标，我认为就不可能完成这个时代通过国际合作创建一所新型国际大学应有的使命。全世界那么多大学，中国也有几千所大学，再复制一个老的东西，意义和价值会大打折扣。因此，要真正办成功一所大学，需要很多因素，只有共同作用才能有效。光靠政府资金、土地和合作者的热情是远远不够的。

JG：您们学校如果在上海的话不是更好吗？

席酉民：在上海可能会受到很多制约，有好处也有坏处，就像在北京一样。最好的模式就是您在您的环境下找到适合您的道路，而且这个道路是有未来的，这才是成功的基础。

JG：跟其他学校比起来的话，西交利物浦大学有什么特色，突出在哪里？

席酉民：我觉得和其他学校相比，我们不满足于做一个国外合作大学在中国的教学中心，或者学院，或者校园。我们不会拷贝传统的英国大学、也不会拷贝传统的中国大学或美国大学，而是要整合世界教育资源及最优教育实践，在中国土地上建设一所真正独立、创新型、适合未来的国际大学。我想这是最明显、最大的差别。具体来说，英国教育有很强的质量控制体系，但其中很多很死板的地方不利于学生的发展；美国体系很灵活，给学生很多自由设计的空间，视学生为成人，但似乎对学生关心和支持不够，有点放任自流；中国或苏联教育体系想教给学生尽可能多的知识，但采用的是被动式的灌输方法，对学生成长和能力训练不足。所以世界上主要教育模式各自有各自的不足。为了借鉴世界最优实践，西交利物浦在教育探索时很注重研究两个问题：一是什么样的人适合未来，能在未来生存，而且具备竞争力。二是怎样构建一种教育体系和大学形态，才能培养出这些适合未来需求的人。根据这些研究，我们发展出了西浦的“五星”教育模式，其中包括素养、能力、知识三个系统，每个系统有五个方面的具体内涵。为了帮助学生获得上述三个系统，还有教育策略体系和支撑体系，每个体系也有五个方面的具体内容。另外，我们还建立了自己的教育及质量控制体系，把美式教育的灵活性、英国教育的质量保证（尽管有点僵化，但是能保证即使教师不想教也教不坏，学生不想学想出来也要学到基本的知识和得到必要的训练，因此可以看成一个防劣的系统）、中国教育的重基础（但我们改变其被动方式为主动教育）融合起来，形成我们自己的育人理念和教学模式。第一，在互联网环境下，当代教育很容易让学生发展成一个“知道分子”，缺乏知识和理解的深度。中国传统教育虽能加强学生的深度，但中国体系习惯的被动式应试教育不利于学生能力的提升。所以我们的教育体系首先希望借用一种积极的研究导向型的方式帮学生具备比较坚厚的知识基础和终身学习及探究的能力，因为现代社会不能确保在大学学什么毕业后就干什么，深厚的基础、终身学习能力、探究和创新精神可能增强学生学习和就业的灵活性。第二就是学习美国的灵活性帮学生健康发展。中国学生在校时多不知道自己的兴趣在哪里，甚至读了研究生还不知道自己将来要做什么。在我们学校，大一的时候就充分让学生了解自己，了解所学专业和社会需求，然后根据自身兴趣选择专业，这样既保证了学习的兴趣和动力，也利于学生职业生涯发展。因我们学校有很多专业，每年在专业介绍时，各个院系就像市场一样，从专业的特点、未来、要求、市场多个方面帮学生了解并自己选择所喜爱的专业。只有学习感兴趣的东西才能有动力，这就是我们学校的特点。第三，我们借用了英国的质量保障体系的积极方面而回避其消极因素，逐步构建我们自己的质量体系。当然，我们还要从理论上证明我们的模式能培养出优秀的学生，例如，我们可以清晰地分析出我们的学生比他其他大学的同学在哪些方面更有竞争力。与同辈比较，西浦学生在独立性、综合能力和国际视野以及英语上比国内其他大学的学生有优势；在知识基础和勤奋上比其他大学的国际学生有竞争力。除理论上的分析外，从实践上看，西浦的历届毕业生在全世界的表现受到了很高的评价。我们的学生无论和中国还是国外的学生竞争，不敢说 100% 至少 50% 甚或 80% 都会胜出。这说明我们的理论模型还是站得住脚的，也说明我们的实践也基本做到位了，当然我们深知还有很大的改进空间。因此，要说西交利物浦的最大特点，就是想把全世界最好的实践整合起来建一所适应未来的大学，并针对未来对人才的需求，发展出一套自己的教育体系，帮助学生成长为有竞争力的世界公民。

JG：简单说就是您们不是一个有英国特色的中国学校，是一个完全新的独立的学校？

席酉民：这样讲不够准确，我们确实是一个面向未来的独立的国际大学，但我们也借鉴和继承了英式及其他教育体系的优点。

JG：所以您们的目标是建设一个完全新的大学？

席酉民：对，完全新的大学。我也经常和老师说，我们是要做一个未来的大学（university for future）。我们有老师在做演讲时常用一个词叫作创业型大学（entrepreneurial university），我很喜欢这一说法，我们就是要走创新的路，创造未来。因为这个时代正在进行变革，如果没有时代的变革，我们就没必要这样做。

JG：在中国的概念里面您们还是算一个民办大学，对吗？

席酉民：这也是不准确的，实际上很多人都对此有误解。我都不知道国内一流公立大学的校领导们知不知道他们自己的大学尚没有一个可遵循的组织法。

JG：公立大学怎么是一个没有按组织法设立的大学？

席酉民：我不是开玩笑的，一个大学的合法性取决于是不是有组织法，是否根据法律来构建的。中国的公立大学到目前为止没有组织法。为什么没有呢？因为在计划经济时代，它们是政府的附属机构。随着改革开放，要扩大办学自主权，分离一部分权力给大学，大学也拥有了法人地位，但在法律上严格地讲并不完善，因为没有一部法律来规范，比如说大学应该如何成立，应采取什么样的治理结构，办得不好如何解散，解散之后财产如何归属，这是一个组织存在的基本法律约定。中国的公立大学从政府的附属机构逐步过渡到独立法人的过程中，还没有设立一部大学组织法来规范这一过程。有人说我们已经有高教法，但高教法是一部行业管理的法规，只部分地包括了组织法的内容，如关于党委领导下的校长负责制部分的规定。在中国从理论和法律意义上说有四类大学，即民办、独立院校、中外合作和公立。民办大学，其组织法是《民办高等学校办学管理若干规定》，专门说明了如何成立、解散、治理和管理等问题。不管完善与否，至少还是组织法律。中外合作办学的组织法是《中华人民共和国中外合作办学条例》，对于大学怎么成立、股东怎么构成、权力怎么界定、怎么解散等问题都有说明。中国还成立了一批独立院校，也有具有组织法性质的《独立学院校设置与管理办法》。恰恰是公立大学，在从政府机构慢慢剥离出来的过程中，因立法的滞后，到目前为止还没有一部可遵循的组织法，或者说是没有按组织法注册的机构。如果从产权属性来界定，十八大以后提出混合经济所有制，指允许更多国有经济和其他所有制经济发展成为混合所有制经济，也就是说在合作发展中允许公有是私有股东合作举办发展事业，目的是促进国有企业改革。如果从股东的角度来说，中国大学就两类，一类是公立大学，一类是民营大学，包括民办、混合所有制如独立院校以及中外合作（有民营与国际公立大学合作，也有国际私立大学与国内公立大学合作，还有国际公立大学与国内公立大学合作，因运行机制更接近市场化，为与纯粹公立大学区别，可通称为民营大学）。西交利物浦大学两个股东西安交大和英国利物浦都是公立大学，各占 50% 股权。如果从股权属性上讲是公立大学，如果在中国情境下按运行机制划分可算作民营大学。目前教育部的大学信息系统里面就两类，一类是公办，一类是民办，但凡不是公办的就划归到民办里。其实，对一个很成熟的社会来说，应该没有人在意一个组织背后的股东是谁，如在美国，有那么多上市公司，没人真正关心公司背后的股东，而只重视公司运行特别是股票价值。大学也应该一样，真正成熟的社会只在乎这个学校的好坏，而不关心谁投资的学校。像美国大学大部分私立学校质量比较好，而大部分公立学校质量较差，这跟其运行机制有关。对西浦来讲，无所谓别人怎么归类我们，但从法律和逻辑上清楚大学的运行机制到底是什么很重要，现在很多大学的校长甚或不知道这一套东西。

JG：您们的经济模式是什么，是非营利的?

席西民：中外合作办学条例上有明确规定，可以有合理的回报。但是对西交利物浦来说，我们在早期申请教育部批准的时候已经放弃这个合理回报。我到了这个学校以后，进一步说服两个合作学校，在章程上明确规定这个学校的非营利性质，所以西交利物浦是非营利性的大学。但注册方式按照现行的法律来看西交利物浦属于民营非营利组织，与公立大学的事业法人地位依然不同，这一块儿仍需国家法律和制度进一步衔接。我们自己以非营利的法人实体运行，当章程规定了非营利性，就必须遵从中国的非营利组织法，其实质就是如果学校停办，其形成的所有资产归社会所有。这是要点。

JG：就是不能随便卖掉学校吗?

席西民：现在法律上尚无清晰界定，目前来看转让还是一个非常模糊和复杂的问题。如果将来真要停办或解散，按现行法律规定，其存续资产就要归到社会公共教育资源里面。我们两个合作学校承诺遵循这个规则，所以可以说西浦是一个真正的非营利组织。

JG：但是土地是苏州政府给的，这些资金是哪里来的?

席西民：苏州政府在早期确实帮我们发展了第一批校园，约定学校有权租用或者以成本价买回。新的校园建设都是我们自己投资的，包括土地。我们在第二期校园建成后会和政府进行磋商，政府代建部分是无偿租给或廉价租给学校，或学校回购，或政府投入，甚或无偿划拨给学校支持学校持续发展。

JG：主要经济来源就是学费？如果没有外面的捐助?

席西民：理论上说，我们在探索一种新的财务支持系统，我们叫它五个支柱的财务模型。第一，在没有政府投入的情况下，学费肯定是很重要的。第二，就是各种各样研究经费的支持。第三，我们成立了自己的教育资金会，可以募捐、接受捐赠和进行一定的投资及财务运营。第四，我们有当地政府各种各样的支持，比如说土地的廉价和代建校园的使用，再如政府对优秀人才招聘的补助、一些实验室的建设。第五，从教育公平性来说，只要是用纳税人的钱给予教育的支持，西交利物浦学生就应该享有同等权利，现在有的学校拿到了这部分钱，有的没有，这是政府的政策问题，我们在积极争取，我相信以后我们的学生也会享受教育支持的公民待遇，但是不知道要等多久。目前前四个支持已经能保证学校正常运转。

JG：那您们目前的研究情况怎么样？现在好像已经有一些硕士项目。

席酉民：现在研究进展顺利，而且将会进一步加强，至于研究生教育，除硕士外，我们已经有博士毕业生。

JG：他们是国内的学位还是利物浦的？

席酉民：这是个很有意思的问题，首先我们已经有硕士和博士毕业生。西浦是研究导向型学校，所有老师都需做研究。实际上我们赋予了研究导向更多的含义，学校还全面提倡研究导向型学习、研究导向型教学、研究导向型工作，这恰恰是知识型组织应具有的基本行为。我们要发展新的教育方式，不是简单与在线教育竞争，而是利用之，与之互动，以提升校园的教学，让我们的教育价值来得更大。因此，学生的学习行为、老师的教学方法、课堂的组织模式都需要创新和改变。就研究生学位而言，我们的硕士生和博士生培养是教育部批准的，颁发英国利物浦的硕士、博士学位，而且可以获得教育部认证。当然，这只是西浦研究生教育的第一步。第二步，作为中国的大学，理应设法获得中国的硕士和博士学位授予权。传统的做法是按现行的体系，首先申请单位学位授予资格，然后一个一个专业申请。另外一个途径是推动国内学位制度变革和创新，例如我国当下仍然采用的是国家学位和教授制度，这种制度设计不利于学校的品牌建设、个性发展和质量保证。例如，不同大学的学位或教授质量差异很大，国家学位和教授主观上试图维持统一标准，但客观上很难做到，也难以反映大学特色和品牌。因此，高等教育应该试行大学的教授制度和学位制度，促进大学自身提升质量、创造特色、保护品牌的主动性。学位改革已有一定动作，如取消了校徽，各学校可以设计自己的学位证书。但彻底的改变挑战不小，我实际上已经给教育部写过该方面的建议，试图推进这个制度的改变。改革就是通过创新促进大学运行更加合理，西浦已经在大学教授和学位上迈出了一步，例如西浦聘请和职称评审完全按照国际一流大学做法进行，而没有走国内大学职称体系。西浦的硕士或博士研究生在获得教育部认可的英国利物浦大学的学位的同时，也会得到西浦的一个相应学位，我们相信，假以时日，西浦的学位会受到市场的逐步认可，因为我们学位背后已有国家认可的一个国际学位在背书！当然，我们会积极努力，尝试通过制度变革再获得国家的认可。

JG：所以您们自己的硕士和博士学位还没有得到国家的认可？

席酉民：对，西浦自己的研究生学位暂时还没有得到国家认可，但我们在努力获得国家认可的同时更关心的是市场的认可，我们已经培养出了成功获得国家和国际市场认可的英国利物浦大学学位的研究生，已经证明了我们的研究生培养质量。我们试图通过我们的努力推动中国学位制度的改革。实际上有的地方已经开始改革教授和学位制度，据说浙江有的学校就自行授予学位，不需要省里的认可，这就是进步。不要怕乱，乱一段时间肯定会好的，通过市场竞争，差的被淘汰掉，好的发展起来。这是我对学位的一个看法。

JG：很多学校据我了解都有辅修专业，就是学校自己在颁发学位。

席酉民：应该都是好的学校，而且需要上级批准或认可。

JG：就是学生有一个专业，顺便还学别的东西，像什么经济课程。

席酉民：对，就是让学生在按专业大纲培养的同时学习一些其他专业的课程，从而获得一个辅修学位，有的学校叫双学位。但这个辅修学位必须属于该校有权或有资格颁发的学位，中国的学位审核还是很严格的。而且双学位基本发生在本科学习阶段。在研究生培养上，我们的设想很简单，比如说我在西浦指导教育部批准和认证的博士生，现在这个博士生通过答辩合格，获得了英国利物浦大学（QAA的认证）的博士学位，那么这个学位既是教育部认证的也是国际认可的，既然西浦有能力培养这样一个人才，为什么不能给他/她一个西浦自己的学位呢？！

JG：您们说学校硕士项目是18个月？

席酉民：我们学校硕士项目是18个月。英国是一年，我们一年半。

JG：国内硕士其实学制是 3 年。

席西民：英国一年的硕士是教学型硕士，国内的硕士大都是研究型的硕士，这是导致其学制差异的主要原因。现在不少国内大学有缩短学制的尝试，如两年、两年半等，西浦有的学生也会拖到两年毕业。我们 18 个月是指教学型硕士，在西浦研究型硕士肯定不止 18 个月，一般都会和博士培养结合起来。

JG：您们已经是一个很国际的学校，那么您们的国际化还有什么战略，同时如何保证质量？

席西民：首先是质量，国内外都有人怀疑，以前招两百个学生，现在招两千个学生，发展这么快是不是质量不行。实际上数量和质量并非线性反向相关，这可以从我们的学生数和毕业生质量的几条曲线上看出来，如学生数量在增加，质量在提高；学费在增长，申请人数也在增长；招生指标在增加，录取成绩也在提高。基本原因是，随着发展，学校发展体系在改进，资源更丰富，创新空间和灵活度更大，经验也更丰富，所以质量没有问题。理论上也许会有下降的可能，但实际上由于我们教育管理控制做得不错，我们的名声一直在上升，而且毕业生在全球的杰出表现也证明我们是成功的，似乎是一个特例。至于国际化，其实全世界都在国际化，包括美国。我最早是在美国教育部看到这个词，它下属有一个研究所，什么都是国际化，包括校园、教师、学生等，这大概是 1998 年时的情况。我也看到了大家现在普遍重视国际化，一说就是几个指标：国际学生数量、国际老师数量、国际交流机会、国际教材使用情况、国际合作项目等。现在这些流行的国际化指标，对我们来说不是问题，唯一的问题是因我们招收国际生起步晚现在国外学生数还未达到规划比例，但发展很快，而且学生来源很广，来自 50 多个国家。并且不像其他国内一些公立学校的留学生，主要是学语言、医学什么的，我们的学生大都是在不同专业来读学位的。我们对国际化的理解有三个层次：第一个层次是像上述提到的各类显性指标，例如就老师来说，按照国籍算我们 80% 的老师是外国人，非华裔的也有 50% 以上，这已经很高了；我们的教学教材也是全世界最新的。第二个层次很重要，就是这个学校有没有一个国际化平台、一套机制、一个支持系统，整合全球教育资源，支持老师和同学参与到全球的教学科研活动中。我知道，全国有很多大学有像您这样的老师，但都只是孤零零地在做研究，国内外合作体系没有建立起来。在西浦你每天都可以看到很多师生都在进行国际的交流与合作。全球资源在网上转，师生都可以参与其中。换句话说，就是学校有没有一套机制、一个支持系统来保证学生进行国际化的学习，老师进行国际化的科研和教学合作，把全世界的资源整合过来为我所用，支持师生融入世界学术生态是国际化的关键。第三个层次的国际化更重要，就是能不能成为世界玩家。怎么理解呢？国际化的落地，就是师生和学校真正成为世界玩家，换句话说，就是培养出来的人能不能真正成为有竞争力的世界公民，能在国际上发声，能够有影响，甚至可以参与国际游戏规则的制定。具体到我们学校来说，我们希望我们的毕业生在国际舞台上是佼佼者；我们的在校学生可以参与全球的活动，而且表现杰出；希望我们的老师也能参与或融入全球的科研活动中，有发言权，经常被邀请去做报告等；我更希望西浦不仅能成为中国一所杰出的国际大学，而且它的声音全世界能听到，能对中国和世界的教育重塑产生积极影响。

JG：您怎么判断现状，向往哪一种未来发展？

席酉民：我们现在虽然只有8岁，但在国际上，跨国教育论坛经常会以西浦为案例进行专题讨论，我们经常应邀参加此类国际论坛交流。我们的探索不是说完全被接受，但至少引起惊奇和反思。在国内，国际合作项目或大学和教育部觉得我们的一些做法是值得学习的，我们的一些探索现在对国内大学的改革也产生了很大的影响。西浦现在还很年轻，假如再给我们10年、20年，如果没有什么大的障碍的话，西浦一定会是一个不一样的、特别有影响力的学校。我们希望我们的学生、老师、学校都能在各自的领域里面很强大。这就是我们认为的三个层面的国际化。

JG：学校规模呢？

席酉民：15 000（注：在我们启动了融合式教育探索后，我们计划将学校规模拓展至25 000人）。

JG：目前为止呢？

席酉民：目前 8 000 多人。西浦苏州校区的目标规模是 15 000 多人，包括留学生和研究生，但我们每年有 3 000 人在国外交流学习，所以苏州校区最大注册学生可以达到 18 000 人。（注：西浦融合式教育将在太仓建设教育基地，实际容量可达 6 000 人以上。）

JG：专业会增加吗？

席酉民：专业会增加，每年都会调整，现在本科专业有三十几个。但不会大面积改变，我们不会去办很多传统的专业，我们的定位是办对人类生存质量有关键影响的专业，如生命科学、药学、环境科学、城市化建设，比如说我们马上要建的关于老龄化社会相关的专业。我们会考虑大学基本的形态，但更多的是按照我们的战略推进。

JG：外国留学生的主要目标是哪些地区？

席酉民：全世界，没有限制。事实上北美、亚洲、欧洲、非洲都有。我们的目标是做到外国留学生占学生总数的 20% 以上，但江苏省政府希望我们做到 30% ～ 50%。

JG：目前为止有多少？

席酉民：几百个人，不到 10%。但是学生的国籍很分散。

JG：中国学校从国外应该学什么，国外的学校能从您们这里学到什么，您们有什么特殊成绩？

席酉民：中国学校可以从国外学习的太多了，像中国很多一流学校事实上对本科教育不够重视，没有做好大学该做的事情。我们认为一流大学应真正关注学生的成长，在这一块，我们在教育理念、方法、模式、学生支持体系、校园基础设施等方面做了大量探索和投入。我们在极力推行一个叫作“以学生和学习为中心”的教育理念和体系。现在一些公立大学的老师不像老师，无法静心于老师该做的事情，主要精力在忙别的，如制造一些学术指标的事情、利于大学争取资源和排名的事情。我们希望营造一种大学应有的宁静环境，在这里老师真正做老师该做的事情，对学生有求必应。对国外学校来说，我们首先是国际的中国大学，对中国学生和文化的理解、中国的环境适应、中国市场的融入等，他们肯定要学我们。其次，我们又是中国的国际大学，在国际化方面，因为我们没有包袱走得更快，所以在对国际化的理解、新教育的探索等很多方面，也可以为国际大学提供参考。再次，我们在探索的改进知识工作者和知识组织效率的大学网络化组织架构目前可能是全世界唯一的，这套网络化大学组织管理方法也可供其他大学借鉴。最后，为了适应未来复杂多变的社会，西浦试图融合东西方智慧，孕育师生复杂心智，这一方面也是值得全世界教育学习和重视的。总之，这些东西也不是那么容易做的，我告诉他们，花几年时间也不一定做到，因为他们受故有文化和体系的制约。

JG：您能不能给建议？万一将来有人想办类似的项目，应该注意什么？您们建校过程中犯了一些什么错误？应该避免的是什么？您们的教训是什么？

席酉民：坦率地说，从学校发展角度来讲，我们真正要汲取经验的是早期办学目标不是很清楚，筹办时没有想得很明白，所以前两三年会有波动。从我任职以后，重点是明晰定位、确定愿景和使命、完善可持续发展的模式、调整组织架构和支撑体系、加强队伍建设和营造校园文化，然后持续不断改进，到目前为止，在这些方面可以说没有犯太大的错误。有何经验？其他学校要办的话，首先一定要想清楚目的是什么，有没有资源，长期可持续吗，治理结构是否规范等。其次，国际合作，包括地方政府支持也是很难的。在一个新的环境下办国际学校，特别是在中国情境下，会有一系列冲突，包括办学思路和当地文化及法律制度之间冲突，合作者之间的文化差异、行为差异、制度差异、利益追求的差异等，要有本事解决，要能达到一种平衡，否则很难成功。另外，要有一支有能力愿意长期投入的团队，他们必须有能力处理股东之间的平衡，处理各种关系，这会是巨大的挑战。最后，要事先确定那些有战略影响的不确定因素，并有解决方法。

（14.07.2014，14：26–15：45，JG，Administration and Information Center der Universität，Präsidentenbüro）

6.6 与马奇的共鸣

若学生们将图 6.1 作为一种繁忙之余的玩乐或一种心理放松方式，表明学生非常重视成绩，预示着对教育认知已在一定程度上偏离本质！教育必须关注我们真正从中在做人和成长上获得了什么。当关注点背离这个目标而过分看重分数时，我们在教育上已经走错了方向！

图 6.1　学生祈求考试通过的玩法

当然，只要有竞争，就一定会有考评，这是一种保持公平的无奈之路，例如我们需要对努力的人和做得好的人给予必要的承认，需要从一批人中根据某种岗位或要求选择一部分！但残酷的现实和不恰当的机制，往往会诱使人们把手段当目的，从而背离或忽视目的！

考核其实只是一种手段，是对学生努力程度和学习过程的一种评价，在某种意义上也是为了体现公平的一种表达。尽管这个考核过程如果做得好会利于目的的实现，如强化过程考核，以过程促进学生学习目的的实现，引导学生真正通过学习改变和提升自己的素养、能力和知识体系。但如果老师和学生忘了目标而一味关注考核成绩，就是教育被扭曲之时！

具有“大师中的大师”之称的管理学家马奇在《一个学者的追求》一文

中曾写道："最近，人们一提到商学院就联想到市场。商学院的使命被描述成开展教育项目（或者公共关系活动）以满足顾客和资助了商学院的富人们的愿望。这一理念带来了有用的见解，不能轻易抛弃，但是，这一理念没有抓住教育精神的基本属性。"他进而认为，"大学只是偶然的市场，本质上应该是神殿——供奉知识和人类求知精神的神殿。在大学里，知识和学问之所以受到尊重，主要不是因为它们能够造福个人和社会，而是因为它们象征、承载并传递着有关人性的见解。"他认为，"高等教育是远见卓识，不是精打细算；是承诺，不是选择；学生不是顾客，是侍僧；教学不是工作，是圣事；研究不是投资，是见证"。马奇这些关于大学和高等教育的见解对日益浮躁和世俗的高等教育无异于一声棒喝！

在今日世界里，随着知识不断丰富、传播和分享日益便捷，大学教育传授知识的功能一方面正在发生着巨大变化，另一方面高教也日趋功利化和实用主义，这不仅体现在人们越来越热衷于追求所学知识和技术的实用性，甚至更严重的是一些人不太在乎在学习过程中自身到底提升了什么，而是一味追求那些标签式的考评标志，如学位、各类证书和大学牌子等，这种对学习过程"标志物"的工具性追求，促使一些大学已沦为考证机构，这样教育就可能蜕变成了一种选择的工具，其目的特别是马奇所描绘的那种神圣殿堂式的使命就难以真正实现！

马奇对大学教育的见解更关乎人、人性、人类追求及其境界和能力的升华，在当下教育重塑之时，这恰恰是我们必须深刻思考和探索的。当知识容易获得和分享时，我们如何利用这些技术和机会让人避免肤浅和浮躁，更加深刻和智慧？如何通过关注学习考核结果（有时候只是一种标签）而实现其目的，即促进学习对人的提升？

第一个问题的回答需要对未来高等教育有全新的高度的认知。根据构建主义教育理论，学习是学习者观念、行为和能力的永久改变，换句话说是学习者人的改变。因此，回答第一个问题使得我们不得不思考更多的问题：在全球化和网络化时代，如何通过学习使学生对自己有更高的期待或更远大的理想，而不是在日益方便的生存环境下失去了奋斗的激情？怎样帮助学生充满激情不断自我努力提升素养，而不是被日益丰裕的生存条件养懒而堕入低俗？怎样帮学生不满现实而持续提高改变社会的能力，而不是因现代技术发达和社会各种服务方便而放纵自己？怎样利用在线和校园学习帮学生形成自己的知识体系，而不是满足于借助“谷哥”或“度娘”沦为肤浅或知道主义？

而第二问题的回答则依赖于学生和周围的人怎样从关注成绩转变为真正关注学习的目的，亦即对第一个问题解答所涉及的几个方面的长进；另外，也需要教育工作者不断改进考核的过程和方法；当然，还需要各种机构和社会改进人才观念及其选拔方式！

教育的变革和学生、教育工作者以及社会的转变迫在眉睫，挑战着人类的智慧！但只要我们真的行动起来，而不是麻木或因惧怕挑战而投降甚或放弃思考和改变，我们就行进在持续改进和逼近理想的路上！

附 录

Integrating with high quality educational resources, building a first-class Sino-foreign cooperative university

By ***Youmin Xi***
Executive President
Xi'an Jiaotong-Liverpool University

In May 2006, upon the official approval from Ministry of Education of The People's Republic of China (MOE), Xi'an Jiaotong University (China) and the University of Liverpool (UK) co-founded Xi'an Jiaotong-Liverpool University (XJTLU)—a university that is now a pioneering international university based in Suzhou city. XJTLU has been named as "Chinese higher education reform pathfinder", and is recognized by all sectors of the community by virtue of its unique university-running concept, high-level talent training quality as well as strong international characteristics formed on the basis of its development for years since its establishment.

Reflecting on the university' the growth process, I would like to elaborate on three major points that made XJTLU the university it is now: 1) reflection of a university's culture through its unique features and brand characteristics; 2) exploring new educational models; and 3) contributing to regional economic development.

I. Reflection of a university's culture through its unique features and brand characteristics

Generally, universities may not pay attention to building their brand or educational features if there is a lack of management independence or market competitiveness. A university's niche positioning and value rests with its educational features, that is to say, how it makes a contribution to society and with what type of unique university management model.

Brand, on the other hand, is the result of such practices over a long period of time which are embodied through its students, teachers, research and societal contribution and spread by public recognition. The core of a university's culture is reflected by its unique features and brand image.

A university's culture is three-pronged: spirit, environment and system. Spirit culture is embodied by values, the pursuit of ideals, ways of thinking, morality and emotions. The university's physical space and facilities constitute environment culture. Finally, the university's organizational and management structure constitute system culture. These three parts complement and reinforce each other and contribute to the university's education based on the core of spirit culture. Zhao Qinping, the former vice minister of education of China, considers that university culture consists of spirit, system, environment and product. The product dimension covers research in a variety of areas such as natural science and social science. In my personal opinion, students, teachers and alumni also play a significant role as messengers, in product dimension, for communicating awareness of the university culture.

The core concept of "happy life and successful career" at XJTLU conforms to the basic pursuit of the individual. Based on our research, XJTLU regards "diversity, regulation, innovation, freedom and trust" as core concepts of its own culture.

Diversity includes cultural background, nationality, personality and goals. In terms of the natural world and human social development, diversity is crucial in contributing to the realization of stability and sustainable development, and also benefits the innovation and creation, which are core essences of university.

However, diversity may also cause confusion, therefore, the formation of "principles" for coexistence is necessary to create a harmonious environment. Thus, "diversity and rules" constitute the foundation of harmony. Harmonious management underlies XJTLU's philosophy of existence and its management model. Innovation has been regarded as the true essence of the university and we have been trying our best to continuously move forward, make improvements and promote the cultivation of students' critical thinking, scientific research capabilities and constructively engaging with society.

Freedom is the patron saint of innovation. Without academic freedom, neither teachers nor students can truly realize their potential for innovation and creativity.

Trust is a core concept of XJTLU because of the complex challenges including globalization, the rapid expansion of the internet and a faced past world in which cooperation will become the norm for life, study, research and work.

II. Exploring new educational models

As a model of a private Sino-Foreign Cooperative University, XJTLU aims to differentiate itself from public universities with its focus on student development, management system revolution to face the challenges of knowledge worker and organization, new interactive relationship with society in the connected world, and the ambition to impact the education reformation in China and beyond. XJTLU was founded in an era of global reflection on education, the remodeling of teaching methods and the redefinition of universities. This provided an opportunity for XJTLU to explore a new model for higher education in line with other top international universities.

In addition, XJTLU possesses late-mover advantage whereby we have encapsulated extensive experience and knowledge of best practice from the global higher education space in formulating and implementing our own distinctive university model.

As to strategy, XJTLU aims to make contributions in three key areas. Firstly, in line with globalization, multiculturalism, and the continuation of a complex and changeable society, XJTLU cultivate international talents with cross-cultural leadership who will be in high global demand in the future. Therefore, the university intends to reform traditional higher education by drawing lessons from best practice of world education including creating an educational environment that integrates both online and offline education. Our research focuses on challenges faced by society and solutions to improve the quality of human life.

Secondly, the effectiveness of university management has been criticized for a long time in China and beyond. Up to this day, a majority of universities have applied a hierarchical organizational structure and some other universities have formed the cross-department/faculty research centers and research institutes by drawing lessons from the matrix structure. XJTLU, however, intends to explore both new organization and management models that are suitable for academics, in order to improve the effectiveness and efficiency of university management.

Thirdly, we founded an international university in China for the purpose of contributing to improved quality of human life through talent cultivation and research. Members of XJTLU not only try to make their own contributions to innovative educational models and university management, but also try to bring benefit to mankind by their practical achievements gained from our educational practice which has been the establishment of a new international university in China and the cultivation of global citizens with international perspectives and competitiveness, who are aware of future development trends and demands, with readiness for cross-cultural leadership for China and the world.

III. Contributing to regional economic development

XJTLU is located in the Yangtze River Delta region known as a world economic powerhouse and has strong cooperation with Suzhou Industrial Park (SIP). At present, more than 600 XJTLU faculty experts from over 50 countries are working together in SIP and this network work together in international innovation collaboration.

XJTLU has become an example of the internationalization of SIP. XJTLU recruits hundreds of high-quality personnel from around the world. XJTLU plays a critical role in the transformation and upgrading as well as sustained economic growth of SIP. In addition to the positive effect in brand promotion for SIP, XJTLU is also regarded as an indispensable role model for building an innovative international community in Suzhou providing intellectual support, science and education service, cross-cultural communication and social development.
XJTLU's education, research and services are making positive contributions to the development of SIP by cooperating with all sectors of the community in building a knowledge community that studies and aims to find solutions to societal challenges.

Conclusion

Reflecting on my own "Chinese Education Dream", I sincerely hope that when China becomes one of the world powers under the strong support from all sectors of the community, our education, too, becomes more powerful, and even becomes a leader in some realms. With our joint efforts, focus and assistance from all sectors, we try to realize an aspiration—when talking about the world's best universities, people would frequently mention Chinese universities as possible higher education destinations.

Professor Xi was born in 1957. He gained his BS in physics from Xi'an Science and Technology University in 1982, and his ME in system engineering from Xi'an Jiaotong University in 1984. In 1987 he was awarded the first doctorate degree in management engineering in mainland China and in 1993 he became the youngest supervisor of PhD candidates in management engineering in China. As a visiting professor, he has conducted joint research projects and discourses at universities in Canada, USA, Singapore and Japan as well as Hong Kong, Macao and Taiwan. Professor Xi's research and teaching areas cover strategic management and policy analysis, decision-making and decision support system, management behavior and firm theory, among others. He established harmony theory in 1987 and developed it to harmonious management theory. He is currently executive president of Xi'an Jiaotong-Liverpool University. Prior to this, he was vice president of Xi'an Jiaotong University.

Wednesday, September 20, 2017 CHINA DAILY 中国日报

Work experience gives students the edge

Xi'an Jiaotong-Liverpool University is rolling out a new education model to train students. **Zhang Zefeng** reports from Suzhou, Jiangsu.

Xi Youmin, executive president, Xi'an Jiaotong-Liverpool University

Top: Architecture students at the Xi'an Jiaotong-Liverpool University showcase their designs on campus in Suzhou in November. **Above:** Zimbabwean Amanda Chinembiri (right) wins an award in the first phase of Industry and Enterprise Tailored Education program. PHOTOS PROVIDED TO CHINA DAILY

This summer, most of Amanda Chinembiri's freshmen schoolmates at Xi'an Jiaotong-Liverpool University went home for the holidays.

But the electrical engineering major from Zimbabwe said she had an equally enjoyable break, by working during the one and a half months instead.

During her stint, Chinembiri wrote proposals, met deadlines and solved problems with professionals in various projects. She also familiarized herself with the company she worked for, including its business operations and strategy.

"The idea itself was very exciting," says Chinembiri. "I now know that the step from student to working professional is very big."

Chinembiri's work experience was part of a university pilot program called the Industry and Enterprise Tailored Education, which aims to train undergraduates as high-level professionals by working at enterprises in promising fields.

Chinembiri was one of the 37 freshmen who joined the program. "We had to change everything that we knew about how life could be or should be, in a professional and social context," she says.

"The program helped answer some questions that I had about the relevance of what I knew and what I wanted to do with my life."

The pilot program itself is under the university's proposed education model, Syntegrative Education. The term "syntegrative" combines the words "synergy" and "integration".

The new model is designed to integrate different types of education — including its general, professional, industry, entrepreneurship and management aspects — to train talent for the future.

Artificial intelligence and robots are already expected to disrupt and replace many traditional industries in the coming decade, according to the university's executive president, Xi Youmin. That means society will not only need specialists such as researchers in particular fields to discover new knowledge, but also leaders from industry and other areas who can steer the emerging technology to respond to changing needs.

"The main purpose is to meet future development trends and demands," he says of the new education model.

Founded in 2006, the university in Suzhou, Jiangsu province, is a joint venture between China's Xi'an Jiaotong University and the UK's University of Liverpool.

In the past decade, the university has successfully combined the flexibility of US higher education, the British quality control system and the emphasis on fundamental studies in Chinese education to train internationalized professional talent through its student-centered and research-led education.

Chen Bing, associate professor of urban planning and design at the university, says: "Syntegrative education is part of the new model of the future.

"It means all the things you learned from university can be put into practice."

The university's Syntegrative Education is built on its current professional talent training approach, with three main programs: Industry and Enterprise Tailored Education, Entrepreneur College, and the Innovation and Entrepreneurship Community.

Partnering with big companies such as JC Group and Probro Logistics, the tailored education programs allow students to learn and access internship opportunities in sectors including finance, film and television, urbanization, enterprise development and logistics.

Qualified graduates who complete different stages of the programs get a chance to experience professional work in the respective companies. They may also get sponsored for a two-year, part-time master's degree to help the company solve practical issues.

Students who complete all the stages of learning and earn their master's while working will be "very strong candidates" for the future of the industry, says Xi.

The program also gives freshmen the opportunity to find out their interests and passion at an early stage, so that they can make career adjustments even before they graduate.

Second-year economics and finance major Qu Yingrui, who participated in this year's tailored education program, says that it helped her gain an in-depth understanding of her current discipline. The field study also helped her get a clearer direction in terms of her future development.

"This experience made me realize that I am more interested in research," says Qu, 19. "I am planning to continue my graduate education."

Apart from the Industry and Enterprise Tailored Education, the Entrepreneur College is expected to be developed in due course to promote entrepreneur education for all the students. The university will also create an Entrepreneur Park business incubator for students to pursue their ideas.

The Innovation and Entrepreneurship Community will work with local government and enterprises to create an innovation and entrepreneurship community catering to emerging industry elites.

The main purpose is to use the university as a platform to leverage the resources in the local community, develop a creative environment and support innovation, says Xi.

It is all part of higher education's responsibility, to "train people for the future", he says.

Contact the writer at zhangzefeng@chinadaily.com.cn